Karl-Dieter Ulke

Agnostisches Denken im Viktorianischen England

Symposion

PHILOSOPHISCHE SCHRIFTENREIHE

BEGRÜNDET VON
MAX MÜLLER, BERNHARD WELTE, ERIK WOLF

HERAUSGEGEBEN VON
ROBERT SPAEMANN,
KLAUS HEMMERLE, ALEXANDER HOLLERBACH

Karl-Dieter Ulke

Agnostisches Denken im Viktorianischen England

VERLAG KARL ALBER FREIBURG/MÜNCHEN

Als Habilitationsschrift auf Empfehlung der Pädagogischen Hochschule Rheinland gedruckt mit Unterstützung der Deutschen Forschungsgemeinschaft.

CIP-Kurztitelaufnahme der Deutschen Bibliothek

Ulke, Karl-Dieter:
Agnostisches Denken im Viktorianischen England / Karl-Dieter Ulke. – Freiburg [Breisgau], München: Alber, 1980.
(Symposion; 62)
ISBN 3-495-47432-3

Symposion 62

Satz und Druck: Allgäuer Zeitungsverlag GmbH Kempten
ISBN 3-495-47432-3

Vorwort

Obwohl Nachschlagewerke beim Stichwort „Agnostizismus“ auf die englische Philosophie des 19. Jahrhunderts verweisen, werden die historischen Ausprägungen und das unterschiedliche Problembewußtsein innerhalb dieser Denkrichtung von der bisherigen Literatur nicht ausreichend beachtet. Schon im Blick auf eine angemessene Philosophiegeschichtsschreibung sind Differenzierungen deshalb überfällig. Darüber hinaus wird zu wenig gesehen, daß sich das agnostische Denken keineswegs mit Randproblemen befaßt, denen nur noch historische Bedeutung zukäme, sondern mit Grundfragen der Erkenntnistheorie und der Religionsphilosophie, die zunehmend an Aktualität gewinnen. Die sachliche Relevanz des agnostischen Denkens dürfte heute mehr denn je in seiner Eignung liegen, die Kritik an bestimmten philosophischen und „ideologischen“ Konzeptionen auf eine solidere Basis zu stellen; aufgrund seines spezifischen Ansatzes gewinnt es nämlich die Legitimation, jene Denk- und Verhaltensentwürfe zurückzuweisen, die, an unbefragte und darum fragwürdige Voraussetzungen gebunden, ausschließliche Geltung beanspruchen. Der so verstandene aktuelle Aspekt agnostischen Denkens kann im Rahmen dieser Untersuchung freilich nur angedeutet werden.

Die vorliegende Arbeit wurde von der (früheren) Pädagogischen Hochschule Rheinland 1977 als Habilitationsschrift angenommen. Das Manuskript wurde für die Drucklegung geringfügig bearbeitet. Mein Dank gilt insbesondere Herrn Professor Dr. Dr. Heinz Robert Schlette, der die Arbeit durch seinen ermutigenden und kritischen Rat gefördert hat. Herrn Professor Dr. Günter Gawlick (Bochum) und Herrn Professor Dr. Willi Oelmüller (Paderborn), die als Gutachter am Habilitationsverfahren mitgewirkt haben, danke ich für wertvolle und anregende Hinweise. Der Deutschen Forschungsgemeinschaft schulde ich Dank für die Gewährung eines Druckkostenzuschusses.

Ich widme das Buch meiner Frau und meinen Kindern.

Bonn, im Mai 1980 Karl-Dieter Ulke

Inhalt

1. Zur Einführung

Im gegenwärtigen Sprachgebrauch gilt ein Agnostiker häufig als Skeptiker oder als Atheist. Obwohl die erste Bedeutung halb richtig, die zweite ganz falsch ist, haben beide Interpretationen einen gewissen Rückhalt in der Herkunftsgeschichte des agnostischen Denkens. Dieses Denken beerbt einerseits, als Erkenntnishaltung, auf langen Wegen und Umwegen die griechisch-römische Antike; bereits die skeptischen Schulen von Pyrrhon von Elis bis Sextus Empiricus forderten, angesichts der Unerkennbarkeit der Dinge das Urteil auszusetzen (ἐποχή).[1] Andererseits aber, terminologisch, wurde der Ausdruck „Agnostiker" unmittelbar nach seiner Prägung im Viktorianischen England zum weltanschaulichen Verdikt umgemünzt. Th. H. Huxley mußte den Vorwurf, ein „Ungläubiger" und „Materialist" zu sein, abweisen, seitdem er 1869 seine Weigerung, metaphysische Fragen zustimmend oder ablehnend zu beurteilen, in den Wortprägungen „Agnostiker", „agnostisch" und „Agnostizismus" zum Ausdruck gebracht hatte.[2]

---

[1] Sextus Empiricus, Grundriß der pyrrhonischen Skepsis. Einleitung und Übersetzung von M. Hossenfelder, Frankfurt a. M. 1968. Vgl. R. Richter, Der Skeptizismus in der Philosophie. Bd. I–II, Leipzig 1904–1908; A. Goedeckemeyer, Die Geschichte des griechischen Skeptizismus, Leipzig 1905 (Reprint: Aalen 1968); F. Ueberweg, Grundriß der Geschichte der Philosophie. Bd. I: Die Philosophie des Altertums, hrsg. v. K. Praechter, Darmstadt 1967, S. 461–475, 581–587; A. Giannarás, Der Perspektivismus der griechischen Skepsis, in: Philosophische Perspektiven I, hrsg. v. R. Berlinger u. E. Fink, Frankfurt a. M. 1969, S. 216–228; O. Gigon, Zur Geschichte der sogenannten Neuen Akademie, in: ders., Studien zur antiken Philosophie, Berlin–New York 1972, S. 412–431; A. Graeser, Bemerkungen zum antiken Skeptizismus, in: Allgemeine Zeitschrift für Philosophie 3 (1978) 22–44. – Darüber hinaus sei auf zwei ausgezeichnete Artikel in Nachschlagewerken verwiesen: M. Hossenfelder, Skepsis, in: HphG 1359–1367; R. H. Popkin, Scepticism, in: Enc Phil VII 449–461.

[2] Siehe unten S. 183–186, 200 f., 203.

1) In der Geschichte des Denkens ist die enge Nachbarschaft des Skeptizismus zum Agnostizismus unverkennbar, und es gibt kontinuierliche „Unterströme" mehr oder weniger latent skeptischen und agnostischen Denkens, die von der Antike über das späte Mittelalter bis zum 19. Jahrhundert und zur Gegenwart führen.[3] Skeptizismus und Agnostizismus voneinander abzugrenzen, wäre jedoch eine Aufgabe, der man sich eigens zuwenden müßte. Es liegt nicht in der Absicht der vorliegenden Untersuchung, die spezifische Eigenart dieser beiden Denkhaltungen zu thematisieren.

Soll aber in einem allerersten, noch unscharfen Vorgriff umschrieben werden, was agnostisches Denken ist, dann empfiehlt sich ein Rückgriff auf das benachbarte skeptische Denken. Kant, der als Agnostiker anzusprechen ist, „was in Deutschland wahrscheinlich ein bißchen verwegen und ungewohnt klingt",[4] hat diese Nachbarschaft gesehen und reflektiert, obwohl er sie terminologisch noch nicht erwähnen konnte. Er gibt dem Ausdruck „skeptisch" eine negative und eine positive Bedeutung. Negativ ist nach ihm ein Skeptizismus zu beurteilen, der die Infragestellung aller Erkenntnisgewißheit schließlich beendet, indem er den Zweifel selbst als endgültig behauptet und damit die Wahrheitssuche zum Stillstand bringt. Positiv hingegen beurteilt Kant die „skeptische Methode" als das kritische Verfahren, „etwas als ungewiß zu behandeln und auf die höchste Ungewißheit zu bringen, in der Hoffnung, der Wahrheit auf diesem Wege auf die Spur zu kommen«.[5] In ähnlichem Sinne wendet Hegel gegen den Kant-Kritiker G. E. Schulze ein, „daß mit jeder wahren Philosophie der Skeptizismus selbst aufs innigste eins" und „in jedem echten philosophischen Systeme *im-*

[3] Es existiert keine Geschichte des Skeptizismus, die skeptisches Denken als Inzitament nicht-skeptischer philosophischer Entwürfe berücksichtigt. Vgl. jedoch an Einzelstudien etwa die Arbeiten von R. H. Popkin, die in der Bibliographie zu seinem Artikel „Scepticism" aufgeführt sind (s. o. Anm. 1), und insbesondere sein Buch „The History of Scepticism from Erasmus to Descartes" (New York 1964).

[4] Diese Äußerung findet sich in nachgelassenen Vorlesungen von Th. W. Adorno, Philosophische Terminologie. Zur Einleitung. Bd. I, Frankfurt a. M. 1973, S. 110.

[5] Log (KGS IX 83 f.). – Vgl. O. Marquard, Skeptische Methode im Blick auf Kant, Freiburg–München 1958; G. Tonelli, Kant und die antiken Skeptiker, in: Studien zu Kants philosophischer Entwicklung, hrsg. v. H. Heimsoeth, D. Henrich u. G. Tonelli, Hildesheim 1967, S. 93–123; E. Rudolph, Skepsis bei Kant. Ein Beitrag zur Interpretation der Kritik der reinen Vernunft, München 1978.

plicite zu finden" ist als „die freie Seite einer jeden Philosophie".[6] Agnostisches Denken wäre also, sofern es diesem offenen „Skeptizismus" seinen Impuls verdankt, als Erkenntnishaltung zu umschreiben, die auf jene Wahrheit bezogen bleibt, die sie nicht zu erreichen vermag. Anders gesagt: Agnostisches Denken entspringt dem „skeptischen" Zweifel, ohne mit ihm identisch zu sein, und bildet eine eigenständige Erkenntnishaltung, ohne zur „dogmatischen" Position zu erstarren.

Nach dieser vorläufigen Kennzeichnung agnostischen Denkens sei die historische Ausgangsposition des agnostischen Denkens im England des 19. Jahrhunderts skizziert. Es ist kein Zufall, daß die unmittelbare Vorgeschichte des Viktorianischen Agnostizismus mit der aufrüttelnden Wirkung des Humeschen „Skeptizismus" eingesetzt, der zum bestimmenden Denkantrieb für Reid und Kant geworden ist. Denn es war nicht nur Kant, der „durch die Erinnerung des David Hume" aus seinem „dogmatischen Schlummer" erwachte[7] und den Rationalismus der Leibniz-Wolffschen Schulphilosophie anzuzweifeln begann. Auch Reid erwuchsen aus der Lektüre Humes[8] erste Zweifel am Idealismus Berkeleys, den er bis dahin unkritisch geteilt hatte. Insofern ist es durchaus berechtigt, wenn der Reid-Editor Hamilton den skeptischen Hume zum „Urheber" des schottischen Common sense-Denkens und der auf Kant folgenden Philosophie erklärt: „For out of Reid and Kant, mediately or immediately, all our subsequent philosophy is evolved; and the doc-

---

[6] G. W. F. Hegel, Verhältnis des Skeptizismus zur Philosophie. Darstellung seiner verschiedenen Modifikationen und Vergleichung des neuesten mit dem alten, in: HTW II 227, 229. – Vgl. H. Buchner, Zur Bedeutung des Skeptizismus beim jungen Hegel, in: Hegel-Studien, Beiheft 4 (1969) 49–56; K. Düsing, Die Bedeutung des antiken Skeptizismus für Hegels Kritik der sinnlichen Gewißheit, in: Hegel-Studien 8 (1973) 119–130.

[7] Prol (KGS IV 260).

[8] Vgl. Reids Brief an Hume, der in Hamiltons zweibändiger Reid-Edition enthalten ist: Th. Reid, Philosophical Works. With notes and supplementary dissertations by William Hamilton. Vol. I, Edinburgh [8]1885 (Reprint: Hildesheim 1967), p. 91. – Zu Thomas Reid vgl. die Einleitung zu dem eben genannten Reprint der „Philosophical Works": H. M. Bracken, a. a. O. p. XVII–XXIX; Hist Phil V 364–373; P. D. Cummins, Reid's Realism, in: Journal of the History of Philosophy 12 (1974) 317–340; G. E. Davie, Berkeley's Impact on Scottish Philosophers, in: Philosophy. The Journal of the Royal Institute for Philosophy XL (1965) 222–234; S. A. Grave, The Scottish Philosophy of Common Sense, Oxford 1960; ders., Reid, Thomas, in: EncPhil VII 118–121.

trines of Kant and Reid are both avowedly *recoils* from the annihilating scepticism of Hume – both attempts to find for philosophy deeper foundations than those which he had so thoroughly subverted."[9]

Indem Kant und Reid von Humes Skeptizismus – wie Hamilton hier sagt – *zurückgestoßen* werden, gewinnen sie den Impuls, jene selbständigen Denkbewegungen hervorzubringen, die sich in England, Deutschland und ganz Europa fortsetzen sollten. *Hamiltons* historische Leistung aber bestand darin, daß er die voneinander abweichenden Richtungen und Zielsetzungen *beider* Denkbewegungen erkannte. Weil er Kant gelesen und verstanden hat, was dessen Hume-Kritik beabsichtigte, blieb er nicht nur der spekulativ begabteste Schüler Reids. Die von ihm geleistete kritische Rezeption der Common sense-Philosophie Reids *und* der Transzendentalphilosophie Kants ließ ihn zum Protagonisten eines Denkens werden, das seinerseits „Schule" gemacht hat. Hamilton ist der erste britische Philosoph, der die Fragestellung Kants begriffen, aufgegriffen und damit die „Kontinentalsperre" durchbrochen hat.[10]

Die folgenden Erörterungen befassen sich mit dem von Hamilton inaugurierten Denken und mit den Wirkungen, die dieses Denken im England des 19. Jahrhunderts gezeitigt hat. Hamilton hat allerdings weniger eine „Schule" begründet als eine „Strömung" ins Leben gerufen. Obwohl beide Bezeichnungen ungenau sind, läßt sich sagen, daß sein Denken die mehr als sechzig Jahre umfassende „Strömung" des Viktorianischen Agnostizismus ausgelöst hat. Dabei wiederum sind geographische und zeitliche Ausdehnung weit zu

---

[9] R I 91, Anm. Hamiltons (Hervorhebung von mir); vgl. L I 392–402.

[10] Einzelheiten zur historischen Ausgangssituation sind in größeren Zusammenhängen dargestellt von R. Metz, Die philosophischen Strömungen der Gegenwart in Großbritannien. II Bde., Leipzig 1935, hier: Bd. I, S. 3–19 (vgl. auch die spätere, erweiterte englische Fassung dieses Standardwerks zur englischen Philosophie des 19. und beginnenden 20. Jahrhunderts: A Hundred Years of British Philosophy, London 1938); ders., England und die deutsche Philosophie, Stuttgart–Berlin 1941 (die peinlichen Beschwörungen „deutschen Wesens" muß man in diesem knapp gehaltenen, historisch kenntnisreichen Durchblick überlesen); S. V. Rasmussen, The Philosophy of Sir William Hamilton, Copenhagen–London 1925, p. 11–28; T. T. Segerstedt, The Problem of Knowledge in Scottish Philosophy. Reid – Stewart – Hamilton – Ferrier, Lund 1935; R. Wellek, Immanuel Kant in England 1793–1838, Princeton 1931 (trotz einzelner Ungenauigkeiten in Darstellung und Interpretation bleibt diese rezeptionsgeschichtliche Arbeit unentbehrlich).

fassen, insofern unter England das gesamte britische Inselreich zu verstehen ist und die charakteristischen Züge der „Viktorianischen" Epoche nicht erst 1837, mit dem ersten Regierungsjahr von Königin Victoria, in Erscheinung treten.[11] Um den historischen Ort und Stellenwert des Viktorianischen Agnostizismus zu verdeutlichen, empfiehlt es sich, die Entwicklungslinien der englischen Philosophie des 19. Jahrhunderts zu umreißen.[12]

Zu Beginn des Jahrhunderts herrschte neben den Ausläufern der sensualistischen Assoziationsphilosophie (David Hartley, Joseph Priestley) die Common sense-Schule Thomas Reids (Dugald Stewart, Thomas Brown), der gegenüber sich die beginnende Kant-Rezeption in England vor allem aus zwei, einander wechselseitig bedingenden Gründen nicht durchsetzen konnte: Die Insularität englischer Denktradition blockierte den Einfluß kontinentalen Denkens und ließ bei den ersten Kant-Rezeptoren teilweise groteske Fehlinterpretationen entstehen, die ihrerseits, weil sie nicht ernst genommen wurden, die insulare Abgeschlossenheit nur noch befestigten. Es war darum ein nationales Ereignis, als sich William Hamilton 1829 in einem Beitrag der „Edinburgh Review" kenntnisreich, eindringlich und aufgeschlossen mit der Vernunftkritik Kants auseinandersetzte und dabei Gemeinsamkeiten zwischen der Skeptizismus-Kritik Reids und Kants herausarbeitete. Dieser Bei-

---

[11] J. H. Buckley weist zu Recht darauf hin, daß sich das geistige Klima des „Victorianism" weder seiner Herkunft noch seiner Wirkung nach in Jahreszahlen eingrenzen läßt (The Victorian Temper. A Study in Literary Culture, New York 1964, p. 1–13, bes. p. 8 f.).

[12] Vgl. zum folgenden Gesamtüberblick: H. B. Acton, Idealism, in: Enc Phil IV 110–118, hier: 115–118; Hist Phil V und VIII; E. C. Mason, Deutsche und englische Romantik. Eine Gegenüberstellung, Göttingen 1959; R. Metz, A Hundred Years of British Philosophy, a. a. O.; J. A. Passmore, A Hundred Years of Philosophy, Harmondsworth 1968 (eine hervorragende Darstellung der – primär englischen – Erkenntnistheorie und Logik von der Mitte des vorigen bis zu den sechziger Jahren des gegenwärtigen Jahrhunderts, mit neuerer angelsächsischer Literatur im ausführlichen Anmerkungsteil); W. F. Schirmer, Der Einfluß der deutschen Literatur auf die englische im 19. Jahrhundert, Halle 1947; W. R. Sorley, A History of British Philosophy to 1900, Cambridge 1965; L. Stephen, The Importation of German, in: ders., Studies of a Biographer, London 1898 (reprinted 1910). Vol. II, p. 38–75; G. Warnock, Englische Philosophie im 20. Jahrhundert, Stuttgart 1971; R. Wellek, Immanuel Kant in England, a. a. O.; ders., Confrontations. Studies in the intellectual and literary relations between Germany, England, and the United States during the nineteenth century, Princeton 1965; A. Quinton, British Philosophy, in: Enc Phil I 369–396.

trag enthält bereits das Programm des späteren Hochschullehrers, dessen Wirksamkeit um die Jahrhundertmitte ihren Höhepunkt erreichte. Es gelang seinen Schülern, insbesondere Henry Longueville Mansel und John Veitch, auch nach dem Tode Hamiltons (1856) die Dominanz der „Philosophie des Bedingten" gegen den wachsenden Einfluß vor allem John Stuart Mills zu festigen und bis 1865 aufrechtzuerhalten.

In diesem Jahre verlor die Philosophie Hamiltons ihre Vorrangstellung, obwohl sie als „Agnostizismus" in den jeweils andersartigen Umprägungen von Herbert Spencer und Thomas Henry Huxley bis zum Ausgang des Jahrhunderts fortbestand.[13] 1865 trafen das Ansehen Hamiltons zwei „Schläge", die zwar aus völlig verschiedenen Richtungen geführt wurden, im Bewußtsein der philosophischen Öffentlichkeit aber zu fast „tödlicher" Wirkung konvergierten. John Stuart Mill veröffentlichte eine gegen Hamilton *und* Mansel gerichtete, vernichtend gemeinte und vernichtend aufgenommene siebenhundertseitige „Examination of Sir William Hamilton's Philosophy",[14] der Hegelianer John Hutchinson Stirling eine ebenso knappe wie unsachlich-polemische Streitschrift gegen Hamilton[15] und zugleich jenes zweibändige Werk „The Secret of Hegel", das der Idealismus-Rezeption im England der zweiten Jahrhunderthälfte die Wege ebnete.

Diese nun dominierende idealistische Strömung verband – vorbereitet durch Coleridge und Carlyle – einzeln herausgegriffene Denkmodelle und -aspekte des Deutschen Idealismus (vor allem Hegels) mit Elementen der angelsächsischen Denktradition. Nach knapp vier Jahrzehnten mußten auch die neuen „Germanisers" – so wurden die englischen Vermittler deutschen Denkens schon um die Jahrhundertmitte genannt – einer anderen philosophischen Richtung weichen, die sich selbst als „realistisch" bezeichnete. Das Ende dieser für britisches Denken untypischen Strömung, die auch

[13] Siehe unten S. 187–208 samt zugehörigen Anm. 37–140. Auch die anderen, hier im groben Gesamtüberblick skizzierten historischen Zusammenhänge werden selbstverständlich noch am jeweiligen Ort im Detail aufgegriffen.

[14] J. St. Mill, An Examination of Sir William Hamilton's Philosophy and of the principal philosophical Questions discussed in his Writings, London 1865 (deutsch: Eine Prüfung der Philosophie Sir William Hamiltons, Halle 1908).

[15] J. H. Stirling, Sir William Hamilton, being the Philosophy of Perception. An Analysis, London 1865; ders., The Secret of Hegel. II Vols., London 1865.

als „New-Hegelianism" bezeichnet wird, läßt sich durch das Jahr 1903 markieren, in dem der Anschluß an die einheimische empiristische Tradition wiederhergestellt wurde. In diesem Jahr veröffentlichte Bertrand Russell sein Erstlingswerk „Principles of Mathematics", George Edward Moore seinen Aufsatz „The Refutation of Idealism". Die hier herausgestellten Jahreszahlen 1865 und 1903 bilden freilich nur Grenzmarkierungen eines groben, vieles auslassenden und anderes beziehungslos nebeneinander stellenden Gesamtüberblicks.

2) Die spärliche Literatur zum Viktorianischen Agnostizismus ist nicht geeignet, eine historisch angemessene Darstellung dieser Denkströmung zu vermitteln. Obwohl detaillierte Hinweise auf die einschlägigen Arbeiten hier nicht vorwegzunehmen, sondern im Kontext der jeweiligen Einzeldarstellungen zu geben sind, läßt sich generell feststellen, daß die bisher vorliegenden Interpretationen und die in Nachschlagewerken gebotenen Beurteilungen der Viktorianischen Agnostiker vor allem aus zwei Gründen als korrekturbedürftig erscheinen. Zum einen werden die sehr verschiedenen Ausprägungen des Viktorianischen Agnostizismus unzureichend voneinander abgehoben, und zum anderen werden die Viktorianischen Agnostiker als Exponenten eines Denkens vernachlässigt, dem es mißlungen ist, sich gegen andere philosophische Positionen auf Dauer zu behaupten.

Die folgende Untersuchung will zunächst dazu beitragen, eine historisch angemessene Darstellung der divergierenden Ausprägungen des Viktorianischen Agnostizismus zu leisten. Meine vorrangige Aufgabe besteht also darin, die Aussagen der Quellen selbst durch möglichst textgetreue Interpretationen zu erschließen. Auf hermeneutische Probleme ist hier nicht im einzelnen einzugehen; sie stellen sich in gleicher Schwierigkeit wie bei jedem Versuch, den immanenten Aussagen von Texten gerecht zu werden. Erst im Verlauf der Untersuchung kann sich zeigen, ob die zu interpretierenden Texte dieser bisher nicht ausgeschöpften Denkströmung ein angemesseneres Verständnis erlauben und größere Aufmerksamkeit verdienen.

Gleichwohl verfolge ich nicht die Absicht, in diese Untersuchung alle Denker des Viktorianischen England einzubeziehen, die ausdrücklich oder aufgrund ihrer Erkenntnishaltung als Agnostiker anzusprechen sind.[16] Ich beschränke mich darauf, das agnostische Denken von Hamilton, Mansel und Huxley zu thematisieren, weil sich bei meiner Beschäftigung mit der Geschichte des Viktorianischen Agnostizismus herausgestellt hat, daß diesen Denkern exemplarische Bedeutung zukommt. Hamilton, Mansel und Huxley werden also keineswegs willkürlich und auch nicht primär aus Gründen der Stoffbeschränkung gewählt, sondern weil sich an den von ihnen ausgebildeten Denkhaltungen eindeutiger und klarer *charakterisieren* läßt, was agnostisches Denken sein und leisten kann. Denn einer Interpretation bestimmter agnostischer Artikulationen muß nicht zuletzt daran gelegen sein, über die detaillierte Darstellung und Erörterung hinaus die grundsätzliche Problematik agnostischen Denkens zu verstehen. Deshalb kommen andere englische Agnostiker des 19. Jahrhunderts wie etwa Herbert Spencer und Leslie Stephen auf den folgenden Seiten zwar mehrfach zu Wort, jedoch ausschließlich im Kontext des thematisch behandelten Denkens von Hamilton, Mansel und Huxley.

Aus den genannten Gründen will diese Arbeit in erster Linie bestimmte Darstellungslücken schließen, darüber hinaus aber vom jeweiligen historischen Befund aus zu „sachlichen" Fragen nach der Gültigkeit dieses Denkens vorstoßen. „Sachlich" wird also insofern gefragt, als offen gebliebene Fragen nach der Valenz agnostischen Denkens an ihrem historischen Ort aufgegriffen und problematisiert werden. In diesem Sinne interessieren historische Anlässe und Abhängigkeiten sowie begrifflich und terminologisch faßbare Denkfiguren zugleich als Ausdruck von Denkantrieben und Denkbewegungen, in denen sich etwas von der „Kraft" oder der „Schwäche" des jeweiligen Agnostizismus niedergeschlagen hat.

Die unterschiedliche philosophische Qualität der hier zu erörternden Viktorianischen Agnostizismen kommt auch in unterschiedlicher Ausführlichkeit der Darstellung zum Ausdruck. So muß das agnostische Denken Hamiltons den weitaus größten Raum beanspruchen, weil es einerseits – im Gegensatz zu den Konzeptionen des Theologen Mansel und des Biologen Huxley – seinem Ansatz, seiner Durchführung und seiner Zielsetzung nach ein konsequent

---

[16] Vgl. R. W. Hepburn, Agnosticism, in: Enc Phil I 56–59. Aufgrund ihrer Erkenntnishaltung sind bereits Hamilton und Mansel als „Agnostiker" zu bezeichnen, obwohl der Terminus erst 1869 von Huxley geprägt wurde.

philosophisches Denken ist und weil sich andererseits die beiden späteren Agnostizismen auf Hamilton berufen. Doch abgesehen vom ungleichen Umfang sind die mit Hamilton, Mansel und Huxley befaßten drei Teile gleich aufgebaut: Nach einer einführenden bio-bibliographischen Skizze wird das agnostische Denken des jeweiligen Autors differenziert entfaltet und sodann in seiner spezifischen Eigenart gekennzeichnet. Die letzten Seiten des Buches gelten dem Versuch, die erörterten Agnostizismen miteinander zu vergleichen und dabei die teils verbrauchte, teils unausgeschöpfte „Sache" agnostischen Denkens anzudeuten.

2. Agnostisches Denken bei William Hamilton

2.1 William Hamilton – Person und Werk

William Hamilton,[1] 1788 in Glasgow geboren, studierte an den Universitäten Glasgow, Edinburgh und Oxford Medizin, Chemie, Physik, Mathematik, Rechtswissenschaft und Philosophie. Bereits der Sechzehnjährige war ein leidenschaftlicher Leser und Büchersammler. Sein Interesse für philosophische Studien erwachte in Oxford, obwohl er dort keine unmittelbare Anregung und Förderung durch philosophische Lehrer erfuhr.[2] Hamilton beklagt zwar in dieser Zeit die Gleichförmigkeit des Lehrbetriebs, unternimmt jedoch bald selbständige Studien – er liest vor allem Aristoteles – und bezeichnet rückblickend die Jahre im Balliol College (1807–1810) als die glücklichsten seiner Jugend.[3] Er galt in Oxford als bester Aristoteles-Kenner und wählte selbst das Gesamtwerk des Aristoteles einschließlich der klassischen Kommentare als Thema seines Bakkalaureatsexamens (1810). Die von ihm eingereichte Lite-

---

[1] Dieser einführenden bio-bibliographischen Skizze liegen zunächst die Werke Hamiltons selbst und die Hinweise der Herausgeber seiner posthum erschienenen Schriften, H. L. Mansel und J. Veitch, zugrunde. Darüber hinaus wurde folgende, in chronologischer Folge aufgeführte Literatur benutzt: J. Veitch, Memoir of Sir William Hamilton, Bart., Edinburgh – London 1869; J. Veitch, Hamilton, Edinburgh – London 1882; L. Stephen, Hamilton, Sir William, in: Dictionary of National Biography, ed. by L. Stephen and S. Lee. Vol. XXIV, London 1890, p. 227–232; L. Stephen, The English Utilitarians. Vol. III, London 1900, p. 377–385; R. Wellek, Kant in England, Princeton 1931; B. A. Brody, Hamilton, William, in: Dictionary of Scientific Biography, ed. by Ch. C. Gillispie. Vol. VI, New York 1972, p. 80–83.

[2] J. Veitch, Memoir, a. a. O. p. 55.

[3] „... Balliol, the oldest College in the University, ... in which I spent the happiest of the happy years of youth, which is never recollected but with affection, and from which, as I gratefully acknowledge, I carried into life a taste for those studies which have constituted the most interesting of my subsequent pursuits.“ (D 750)

raturliste soll an Zahl und Niveau der Titel alle je in Oxford für die Prüfung „in Literis Humanioribus" vorgelegten Literaturlisten übertroffen haben.[4] In dieser Zeit schuf sich Hamilton den Grundstock seiner stupenden Belesenheit, die in allen seinen Schriften zum Ausdruck kommt und die – von seinen Zeitgenossen oft gerühmt[5] – auch sein schärfster und einflußreichster Kritiker John Stuart Mill anerkennen sollte.[6] Daß ihm dennoch ein „fellowship", also die Aufnahme unter die Lehrenden des College, versagt wurde, könnte an der Unpopularität der Schotten in Oxford gelegen haben.[7]

Noch vor seinem Magisterexamen (1814) kehrte der Zweiundzwanzigjährige nach Glasgow zurück, um dort – entgegen dem Wunsch seiner Eltern, die ihn zum Arzt bestimmt hatten – sein rechtswissenschaftliches Studium abzuschließen. 1813 wurde er als Rechtsanwalt Mitglied des Schottischen Gerichtshofes in Edinburgh. Während dieser Zeit gelang es ihm, durch ausdauernde und aufwendige genealogische Forschungen den Nachweis der adligen Abstammung seiner Familie zu erbringen; daher führte er seitdem den Titel „Sir William Hamilton, Bart." (= Baronet). Als Jurist scheint Hamilton wenig erfolgreich gewesen zu sein. Neben mangelndem Interesse für diese Tätigkeit spielte auch der Umstand eine Rolle, daß er als Whig die „progressive" Politik der Parlamentsaristokratie vertrat. 1817 besuchte Hamilton Deutschland, um für die rechtswissenschaftliche Bibliothek („Advocate's Library") von Edinburgh Fachliteratur zu erwerben; dabei bediente er sich des Lateinischen, weil er Deutsch nicht beherrschte. Drei Jahre später, bei einem weiteren Aufenthalt in Deutschland, verfügte er über ausreichende – später von ihm noch vertiefte – Deutschkenntnisse; sie bildeten die Voraussetzung für Hamiltons Kant-Rezeption. Im Schottland und England der ersten Hälfte des 19. Jahrhunderts war die neuere deutsche (und französische) Philosophie so gut wie unbekannt.

---

[4] J. Veitch, Memoir, a. a. O. p. 58.

[5] Er galt in Oxford als „a monster of erudition" (vgl. J. Veitch, Memoir, a. a. O. p. 85).

[6] Vgl. J. St. Mill, An Examination of Sir William Hamilton's Philosophy and of the principal philosophical Questions discussed in his Writings. An Analysis, London 1865, p. 640 f. (Deutsch: Eine Prüfung der Philosophie Sir William Hamiltons, Halle 1908, S. 698 f.).

[7] B. A. Brody, a. a. O. p. 81.

Die Schriften Kants lagen seit dem Ende des 18. Jahrhunderts zwar auszugsweise vor, aber nur höchst unzulänglich übersetzt und noch unzulänglicher interpretiert.[8] Die erworbenen Deutsch-Kenntnisse befähigten Hamilton zu seinem sowohl historisch als auch spekulativ einzigartigen Versuch, das ihm überkommene Common sense-Denken mit der Transzendentalphilosophie Kants zu verschmelzen und sich dabei mit dem nachkantischen Deutschen Idealismus auseinanderzusetzen.

1820 bewarb sich Hamilton um den Lehrstuhl für Moralphilosophie an der Universität Edinburgh, der durch den Tod von Thomas Brown vakant geworden war. Da im Stadtrat („Town Council"), der die Stelle zu vergeben hatte, die Tories die Mehrheit besaßen, erhielt Hamilton trotz glänzender Empfehlungsschreiben die Stelle nicht. 1821 ließ sich jedoch der Stadtrat durch die Rechtswissenschaftliche Fakultät von Edinburgh bestimmen, den – freilich sehr gering dotierten – Lehrstuhl für Geschichte („Civil History") an Hamilton zu vergeben. Er las teils über moderne französische Geschichte bis zur Revolution, teils über europäische Literatur. Da sein besonderes Augenmerk der deutschen Reformationszeit galt, ernannte ihn die „Gesellschaft für deutsche Sprache" in Berlin zu ihrem Mitglied. Zwischen 1829 und 1836 schrieb Hamilton für die Zeitschrift „Edinburgh Review" eine – noch zu nennende – Reihe umfangreicher Aufsätze zu philosophischen, pädagogischen, hochschulpolitischen und literarischen Fragen (darunter einen Beitrag über die „Dunkelmännerbriefe"), in denen sein ausgeprägtes Problembewußtsein und ein immenses Materialwissen zum Ausdruck kam. Diese Arbeiten schufen ihm internationale Anerkennung. 1836 erhielt er den Lehrstuhl für Logik und Metaphysik an der Universität Edinburgh, den er zwanzig Jahre lang bis zu seinem Tod (1856) innehatte.

Hamilton hat keine Monographie geschrieben und kein systematisches Werk hinterlassen. Seine Schriften lassen sich in drei Gattungen einteilen. Zunächst sind die in der „Edinburgh Review" erschienenen *Aufsätze* zu nennen, die zuerst 1852, ein Jahr später um neue Arbeiten vermehrt in zweiter und 1866 in dritter Auflage unter dem Titel „Discussions on Philosophy and Literature, Educa-

---

[8] Vgl. R. Wellek, a. a. O. bes. p. 5–50.

tion and University Reform" als Sammelband erschienen. Mehr als die Hälfte des 800-Seiten-Bandes (der 2. Auflage, nach der hier zitiert wird) ist philosophischen Themen gewidmet,[9] und zwar – abgesehen von den Appendices – ausschließlich in Form von Rezensionen. Aber Hamilton benutzt diese eher „fremdbestimmte" literarische Gattung, um im Zuge kritischer Erörterung sein eigenes Denken zu entfalten. So umreißt er bereits in seinem ersten knapp vierzigseitigen Beitrag, einer Rezension zweier Werke des einflußreichen französischen „Eklektikers" und Historikers Victor Cousin, in Auseinandersetzung mit dem Sensualismus Condillacs und mit dem Idealismus vor allem Fichtes und Schellings, anknüpfend an Kants Rationalismus-Kritik seine „Philosophie des Bedingten". Formal auffällig und für Hamiltons Arbeitsweise bezeichnend ist weiterhin die Fülle von Zitaten, die über unmittelbare Quellenbelege weit hinausgehen. Nahezu alle klassischen und sehr viele kaum bekannte philosophische und theologische Autoren von der Antike bis zur Abfassungszeit der Beiträge erscheinen sowohl im Text als auch in den Anmerkungen, die sich oft zu seitenlangen Exkursen

[9] Obwohl es, ohne vorzugreifen, unmöglich ist, die Beiträge im einzelnen zu charakterisieren, sollen doch ihre Titel und Umfänge angegeben werden. Das bietet einerseits den Vorteil, die weitgespannten Arbeits- und Interessengebiete Hamiltons wenigstens andeutungsweise kennenzulernen, andererseits die Möglichkeit, die später angeführten Aussagen der „Discussions" ihrem spezifischen thematischen Kontext nach einzuordnen. Der Band enthält folgende Beiträge: On the Philosophy of the Unconditioned. In Reference to Cousin's Doctrine of the Infinito-Absolute (p. 1 ff.). – Philosophy of Perception (p. 39 ff.). – Johnson's Translation of Tennemann's Manual of the History of Philosophy (p. 100 ff.). – Logic. In Reference to the recent English Treatises on that Science (p. 118 ff.). – Deaf and Dumb. History of their Instruction, in Reference to Dalgarno (p. 176 ff.). – Idealism. With Reference to the Scheme of Arthur Collier (p. 187 ff.). – Epistolae obscurorum virorum; the National Satire of Germany (p. 204 ff.). – On the Revolutions of Medicine. In Reference to Cullen (p. 242 ff.). – On the Study of Mathematics, as an Exercise of Mind (p. 263 ff.). – On the Conditions of Classical Learning. Relative to the Defence of Classical Instruction by Professor Pillans (p. 341 ff.). – On the Patronage and Superintendence of Universities (p. 362 ff.). – On the State of the English Universities, with more especial Reference to Oxford (p. 401 ff.). – On the State of the English Universities, with more especial Reference to Oxford (Supplemental) (p. 450 ff.). – On the Right of Dissenters to Admission into the English Universities (p. 479 ff.). – On the Right of Dissenters to Admission into the English Universities (Supplemental) (p. 534 ff.). – Cousin on German Schools (p. 560 ff.). – Appendix I. Philosophical (p. 601 ff.). – Appendix II. Logical (p. 650 ff.) – Appendix III. Educational (p. 708 ff.).

auswachsen. Stellenwert und Problematik dieser „Traditionsbeweise“ werden uns noch beschäftigen, weil sie mehr belegen wollen als Hamiltons enzyklopädische Belesenheit.

Eine zweite Gattung bilden seine *Editionen.* Er edierte die Werke von Thomas Reid mit ausführlichem Anmerkungsapparat und mit einem umfangreichen Anhang, der aus Abhandlungen Hamiltons besteht. Die zweibändige, 1846 erschienene Ausgabe der „Philosophical Works“ von Thomas Reid umfaßt rund tausend Seiten, wobei jede Seite in zwei kleingesetzte Kolumnen aufgeteilt ist. Hamiltons Anteil, also Fußnoten und „Supplementary Dissertations“, beläuft sich auf knapp die Hälfte des Gesamtumfangs, das heißt auf etwa 800 normale Buchseiten. Eine weitere Edition, elf Bände „Collected Works“ des Common sense-Philosophen Dugald Stewart, an der Hamilton während seiner letzten drei Lebensjahre arbeitete, erschien 1854 bis 1860. Er konnte die Ausgabe jedoch nicht zum Abschluß bringen; die Bände X und XI wurden von seinem Schüler und Biographen John Veitch herausgebracht.

Schließlich sind seine *Vorlesungen* („Lectures on Metaphysics and Logic“) zu nennen, die er zwischen 1836 und 1856 gehalten und niedergeschrieben hat und die seine Schüler Henry Longueville Mansel und John Veitch 1859, drei Jahre nach seinem Tod, in vier Bänden mit einem Gesamtumfang von knapp 1900 Seiten veröffentlichten.[10] Diese „Lectures“, in denen Hamilton nicht selten auf frühere Arbeiten und auf Exzerpte seines Common Place-Book zurückgreift, entwickeln, auch darin den Aufsätzen der „Edinburgh Review“ verwandt, ihre Thematik vorzugsweise in Auseinandersetzung mit gegensätzlichen philosophischen Positionen und Denkweisen. Inhaltlich sind jene Partien am fruchtbarsten, in denen der Autor seine agnostische Grundposition entfaltet, während die rein erkenntnispsychologischen und formallogischen[11] Einzelfragen gan-

---

[10] Wie die Herausgeber der Vorlesungen mitteilen, schrieb Hamilton die Vorlesungen unter Zeitdruck für gewöhnlich nachts, bevor er sie hielt; Hamilton selbst habe im Bewußtsein ihres „temporary purpose“ nie an ihre Veröffentlichung gedacht (L I, p. X).

[11] B. A. Brody widmet freilich etwa fünf Spalten seines sechsspaltigen Artikels dem Logiker Hamilton und erklärt, die metaphysischen Positionen des Autors seien „far less important for the history of thought in general and for the history of science in particular than his logic“ (a. a. O. p. 81); Hamiltons in Weiterführung der aristotelischen Logik entwickelte, von ihm selbst so genannte

zer Kapitelketten (vor allem der letzten beiden Bände) für unsere Fragestellung weniger relevant sind. Die Appendices der Vorlesungsbände enthalten einige problemgeschichtlich (und auch für Hamiltons eigene Denkgeschichte) sehr aufschlußreiche Fragmente.

Die hier kurz charakterisierten, inhaltlich und formal sehr verschiedenen Arbeiten Hamiltons sind im Verlauf von rund zweieinhalb Jahrzehnten entstanden. Doch unbeschadet ihrer Verschiedenheit und trotz der zeitlichen Abstände ist Hamilton dem philosophischen Grundentwurf seiner ersten Aufsätze so sehr gefolgt, daß sein ganzes Werk als eine bruchlose kontinuierliche Entfaltung dieser Anfänge zu bezeichnen ist.

2.2 *Absicht und Möglichkeit von Philosophie*

Hamiltons über sein ganzes Werk verstreute Äußerungen zu Absicht und Möglichkeit von Philosophie sind auf den ersten Blick so divergent, daß der Vorwurf des Eklektizismus, den man generell gegen seine Philosophie erhoben hat, auch speziell auf sein Philosophieverständnis zuzutreffen scheint.[1] An dieser Einschätzung ist

---

Lehre von der „quantification of the predicate" sei sein Hauptverdienst und habe eine hervorragende Rolle gespielt „in the development of mathematical logic in Great Britain during the Nineteenth Century" (ebd.). Die wirkungsgeschichtliche Beurteilung Hamiltons durch Brody mag auf sich beruhen bleiben, obwohl sie einen höchst einseitigen Standpunkt verrät. Hamilton selbst jedenfalls, der sich keineswegs primär als Logiker versteht, hat den logischen Darlegungen und Untersuchungen innerhalb seines Werks eher eine – seine erkenntnismetaphysischen Grundpositionen – stützende und insofern instrumentelle Funktion zugewiesen. Diese von der vorliegenden Arbeit zu erhärtende Auffassung kann sich vorab, in dieser Einführungsskizze, einerseits auf den von Hamilton kritiklos hochgeschätzten Aristoteles berufen, dessen Wissenschaftseinteilungen die Logik bekanntlich nicht als eigenen Teil aufführen, sondern als vorbereitendes Organon für jeden Zweig des Wissens verstehen; sie kann sich andererseits auf eine längere, autobiographisch gehaltene Äußerung Hamiltons beziehen, die er kurz vor seinem Tod niedergeschrieben hat: falls er in der Philosophie etwas Verdienstvolles geleistet habe („If I have done anything meritorious in philosophy ..."), dann dies, Kant durch Reid und Reid durch Kant so zu korrigieren, daß die natürlichen Bedingungen und Grenzen menschlicher Erkenntnis bestimmt werden (L I 402).

[1] Was andere Hamilton-Interpreten eher umschreiben, formuliert F. Nauen ausdrücklich: „Diese Philosophie ist allerdings im Grunde nichts anderes als ein künstlicher Eklektizismus ..." (F. Nauen, Die Erkenntnislehre William Hamiltons, Straßburg 1911, S. 5) Nauen weist zwar mit Recht auf das – noch zu erörternde – Verfahren Hamiltons hin, „bei den Philosophen der alten und

richtig, daß die von unserem Autor getroffenen durchaus verschiedenartigen Einzelcharakterisierungen dessen, was Philosophie leisten will und kann, definitorisch auf keinen gemeinsamen Nenner zu bringen sind. Es ist jedoch zu zeigen, daß die scheinbar auseinanderstrebenden Kennzeichnungen von Philosophie konzentrisch durch ein „Faktum“ bestimmt sind, dessen Anerkennung das Postulat der definitorisch fixierbaren Einheitlichkeit eines etwaigen Philosophie-„Begriffs“ von Hamilton unterläuft und als falsch gestellt außer Kraft setzt. „It is, indeed, impossible, adequately to define philosophy. For what is to be defined comprises what cannot be included in a single definition. For philosophy is not recognized from a single point of view ...“[2] Diese Feststellung Hamiltons, die er gegen Beginn seiner Vorlesungen trifft, deutet auf die Vielzahl von Charakterisierungen, die er vornimmt. Daß die gleiche Aussage darüber hinaus von grundsätzlicher Bedeutung für sein Philosophie-Verständnis ist, wird am Schluß dieses Kapitels verständlich werden.

Obwohl das *Erstaunen* nicht das wesentliche und noch weniger das einzige Motiv des Philosophierens bildet, kommt ihm große Be-

---

neuen Zeit Belege für seine philosophischen Auffassungen zu sammeln“. Es ist jedoch nicht einzusehen, wie von daher pauschal und grundsätzlich „die eklektizistische Richtung seines Geistes“ begründet werden kann (a. a. O. S. 10 f.). Die Zulässigkeit der zumindest einschränkenden, meist jedoch – wie hier – disqualifizierend gemeinten Bezeichnung eines philosophischen Denkens als „eklektisch“ ist doppelt problematisch. Denn einerseits wird dieses Prädikat aus der Sicht und aufgrund der Beurteilungskriterien von „geschlossenen Systemen“ vergeben. So schreibt beispielsweise Fichte in seiner Wissenschaftslehre von 1804 gegen Jacobi: „giebt's keine Philosophie aus Einem Stücke, so giebt's überhaupt keine Philosophie“ (J. G. Fichte, Nachgelassene Werke, hrsg. v. I. H. Fichte, Bonn 1834–1835. Bd. II, S. 237). Andererseits dürfte es den Vertretern bzw. zustimmenden Interpreten solcher Philosophien „aus Einem Stücke“ nicht leicht werden, ihre Beurteilungskriterien angesichts der geschichtlichen Rezeptionsvorgänge verbindlich zu machen, die *jedes* philosophische Denken durchlaufen hat. Vgl. zum Bedeutungswandel der Bezeichnung „Eklektizismus“ W. Nieke, Eklektizismus, in: HWPh II, Sp. 432 f. – Diese Fragen sind hier natürlich nicht im einzelnen zu erörtern. Sie sollen nur auf eine – für die „Sache“ des Denkens – fragwürdige Sprachregelung verweisen. Selbst dann, wenn Philosophen sich selbst als Eklektiker bezeichnen (wie z. B. der von Hamilton rezensierte Victor Cousin), ist damit über das Fehlen oder Vorhandensein eines selbständigen Denkentwurfs noch nichts entschieden. In diesem Sinne sind auch die differenzierenden Ausführungen von F. Copleston zum „Eklektizismus“ als Bezeichnung nur teilweise überzeugend (Hist Phil IX 37–39).

[2] L I 50.

deutung zu: „Wonder has been contemptuously called the daughter of ignorance; true, but wonder, we should add, is the mother of knowledge.“[3] Mit dem Erstaunen und der Neugierde erwachsen *Zweifel* an den Gewohnheiten und Vorurteilen der Menge.[4] Dabei sind geistige Disziplin und Beherrschung der Leidenschaften vonnöten, um nicht alte Vorurteile durch neue zu ersetzen; um Irrtümern zu entgehen, ist sorgfältiges, nicht übereiltes Nachdenken erforderlich: „It might seem that Precipitate Dogmatism and an inclination to Scepticism were opposite characters of mind. They are, however, closely allied, if not merely phases of the same disposition.“[5] Gegen den negativen Einfluß des assoziierenden Denkens, als einer Quelle von Irrtümern und Fehlurteilen, empfiehlt Hamilton seine Auffassung von Philosophie als „einziges Heilmittel“: „The Philosophy of the Human mind ... accustoms us to discriminate the casual from the necessary combinations of thought; it sharpens and corroborates our faculties, encourages our reason to revolt against the blind preformations of opinion, and finallly enables us to break through the enchanted circle within which Custom and Association had enclosed us.“[6]

Philosophie erstrebt *begründetes Wissen*: nicht historische oder empirische Erkenntnis der Dinge (γνῶσις ὅτι ἔστιν), sondern notwendige Erkenntnisse der Dinge (γνῶσις διότι ἔστιν); sie will die *letzten Ursachen* ergründen[7] und die *Einheit der Welt* verstehen.[8] Dieses Verlangen nach Erkenntnis und nach Erkenntnis der Einheit der Welt in ihren Ursache-Wirkungs-Zusammenhängen liegt in der Konstitution des Menschen begründet.[9]

---

[3] L I 77–79, hier: 78.

[4] „... custom is called, by Pindar and Herodotus, the Queen of the world“ (L I 89); „... the multitude must be led ... by enlightened conductors“ (L I 85); „... philosophy is, as Aristotle has justly exposed it, not the art of doubting, but the art of doubting well“ (L I 93).

[5] Es wird sich noch mehrfach und deutlich zeigen, daß das alte Gegensatzpaar Dogmatismus-Skeptizismus hier nur scheinbar eine psychologisierende Deutung erfährt.

[6] L IV 128 f.

[7] L I 55–59, 61 wird Herbert Spencers Einteilung der Wissenschaften vorweggenommen: Sofern alle Wissenschaften Ursachen erforschen, bilden sie „so many branches of philosophy“.

[8] L I 66–71.

[9] „The causes of philosophy lie in the original elements of our constitution.

In diesen Aussagen werden, wie auch die von Hamilton angeführten Zitate belegen, überwiegend antike und humanistisch-aufklärerische Elemente aufgegriffen; sie markieren einen ersten Aspekt von Hamiltons Philosophie-Verständnis.

In seinem Aufsatz „On the Study of Mathematics, as an Exercise of Mind" weist Hamilton dem Studium der Mathematik „as a mean of liberal education"[10] im Vergleich zu dem der Philosophie nur einen untergeordneten Stellenwert zu.[11] Er wendet sich gegen eine Überschätzung der Mathematik, weil diese eine Geisteshaltung fördert, die philosophischem Denken nicht nur fremd, sondern entgegengesetzt ist. Mathematik hat mit Zeichen, Philosophie mit Wirklichkeiten zu tun; Mathematik entwickelt lediglich potentielles zu aktuellem Wissen, während Philosophie von Unwissenheit zum Wissen fortschreitet: „Mathematics *know nothing of causes*; the *research of causes* is Philosophy; the former display only the that (τὸ ὅτι); the latter mainly investigates the why (τὸ διότι). – The truth of mathematics is the *harmony of thought and thought*; the truth of Philosophy is the *harmony of thought and existence*. – Hence the absurdity of all applications of the mathematical

---

We are created with the faculty of knowledge, and, consequently, created with the tendency to exert it." (L I 65) – „The conscious Ego, the conscious Self, by its nature one, seems also constrained to require that unity by which it is distinguished, in everything which it receives, and in everything which it produces." (L I 67)

[10] D 264.

[11] „If we consult reason, experience and the common testimony of ancient and modern times, none of our intellectual studies tend to cultivate *a smaller number of faculties, in a more partial and feeble manner, than mathematics*." (D 274) – Es ist interessant, daß Hamilton fünf Zeilen später vermerkt: „*Germany* is the country which has far distanced every other in the theory and practice of education." (D 274) Zum Beleg bezieht sich Hamilton auf Schriften zeitgenössischer, heute kaum noch bekannter deutscher Pädagogen. Das ausgedehnte Schrifttum und die breite Wirksamkeit des Philanthropismus in Deutschland waren ihm offensichtlich ebensowenig bekannt wie die Tatsache, daß einer der Hauptvertreter dieser deutschen Aufklärungspädagogik – E. Ch. Trapp – die erste (bereits 1779 durch den Freiherrn von Zedlitz, Kultusminister Friedrichs II., geschaffene) Professur für Pädagogik in Halle innegehabt hat (vgl. A. Reble, Geschichte der Pädagogik VI: Zeitalter der Aufklärung, in: H. H. Groothoff u. M. Stallmann [Hrsg.], Pädagogisches Lexikon. Mit einem Anhang über die Geschichte der Pädagogik und über das Bildungswesen der Länder, Stuttgart und Berlin ²1964, Sp. 1106; J. Dolch, Lehrplan des Abendlandes. Zweieinhalb Jahrtausende seiner Geschichte, Ratingen 1959, S. 312 f.).

method to philosophy."[12] Da philosophische Begriffe – im Gegensatz zur Mathematik – fast durchweg der Erfahrung entstammen, bedienen sich die Philosophen zu ihrer Bezeichnung der Alltagssprache („common language", „ordinary language"), obwohl ihnen zur ausreichenden Präzisierung ihrer Gedanken eine adäquate Sprache eher not täte als der Konkurrenzwissenschaft mit ihrer „absolute equivalence of mathematical thought and mathematical expression".[13] Im Gegensatz zur Mathematik gelangt Philosophie nicht zu demonstrativer, sondern nur zu wahrscheinlicher Gewißheit,[14] und während Mathematik „auf einmal gelernt werden kann", ist das philosophierende Beobachten, Denken und Urteilen ein Prozeß; ein Mathematiker zu sein, bietet nicht die Garantie, kein Dummkopf oder Barbar zu sein.[15] Nach diesem harten Wort zieht Hamilton ein erstes Resumé: „From this general contrast it will easily be seen, how an excessive study of the mathematical sciences not only does not prepare, but absolutely *incapacitates the mind*, for those intellectual energies which philosophy and life require."[16] Das Studium der Mathematik kann nur ein einziges Laster eindämmen – die Zerstreuung –, und es kann nur eine einzige, nämlich die diesem Laster korrespondierende Tugend fördern: die Aufmerksamkeit.[17] Darüber hinaus ist es von

[12] D 280.

[13] D 281; vgl. L I 382, wo Hamilton von der Philosophie erklärt: „There is indeed only one external condition on which it is dependent, and that is language; and when, in the progress of civilisation, a language is once formed of a copiousness and pliability capable of embodying its abstractions without figurative ambiguity, then a genuine philosophy may commence."

[14] D 281. Die Angewiesenheit der Philosophie auf den Zusammenhang von Erfahrung, Alltagssprache und Wahrscheinlichkeit deutet sich wiederholt an, etwa D 291: *„Mathematical language, precise and adequate, nay absolutely convertible with mathematical thought, can afford us no example of those fallacies which so easily arise from the ambiguities of ordinary language ... Mathematics afford us no assistance, either in conquering the DIFFICULTIES or in avoiding the DANGERS which we encounter in the great field of probabilities wherein we live and move."* D 292 f. heißt es: „The mathematician ... is exclusively engrossed with the deduction of inevitable conclusions, from *data* passively received; while the cultivators of the other parts of knowledge, mental and physical, are for the most part, actively occupied with the quest and scrutiny, in the collection and balancing of probabilities, in order to obtain and purify the facts on which their premises are to be established."

[15] D 282.

[16] D 282.

[17] D 313 f.

ebenso beschränktem Wert wie das Studium der Naturwissenschaften, die ihrerseits auf das Korrektiv der Philosophie als der „Science of the Mind“ angewiesen sind.[18]

Philosophie allein ist von absolutem Wert für die Geisteskultur („cultivation of the mind“) des Menschen, welche ihm überhaupt erst die Möglichkeit schafft, Innen- und Außenwelt („Mind and Matter“) zu erkennen und die insofern – obwohl zwecklos (im Sinne von „not professional“[19]) – von größtem praktischen Nutzen ist. Als „Science of the Mind“ ist sie nämlich ein Mittel, das dem Menschen zur Erreichung seiner Ziele dient. Wie Hamilton in seiner ersten einführenden Vorlesung erklärt, ist der Mensch nicht um der Erkenntnis willen, sondern die Erkenntnis um des Menschen willen;[20] der Mensch ist von Natur aus und insofern notwendig ein Selbstzweck.[21] Die natürliche Bestimmung des Menschen besteht in der harmonischen Entfaltung aller seiner Fähigkeiten, unter denen „intellectual activity“ die wichtigste ist, um „perfection and happiness“ zu erreichen.[22] Die „Liberal education“[23] enthebt den Menschen der Notwendigkeit, zur Sicherung seines Lebensunterhalts seine Dienste zu verkaufen („purchase“) und sich so „auf ein Instrument für andere zu reduzieren“.[24] Im Gegensatz zu den Naturwissenschaften muß jeder, der sich mit dieser „Science of the Mind“ befaßt, selbst einschlägige Aktivitäten und Erfahrungen hervorbringen; darum ist die Aufgabe des philosophischen Lehrers nicht primär, Wissen zu vermitteln, sondern zu dieser „best gymnastic of the mind“ anzuregen, die zugleich „the main duty of the mind“ darstellt:[25] „One great, – perhaps the one greatest advantage, resulting from the cultivation of Philosophy, is

[18] L I 35: „The study of mind is necessary to counterbalance and correct the influence of the study of matter; and this utility of Metaphysics rises in proportion to the progress of the natural sciences, and to the greater attention which they engross.“

[19] Vgl. D 263.

[20] L I 3.

[21] L I 5.

[22] L I 5, 7, 20.

[23] Vgl. H. M. Klinkenberg, Artes liberales/artes mechanicae, in: HWPh I 531 bis 533; J. Koch (Hrsg.), Artes liberales. Von der antiken Bildung zur Wissenschaft des Mittelalters, Leiden–Köln 1959.

[24] Vgl. die sozialkritische Bemerkung Hamiltons R II 578 a, Anm.

[25] L I 16, 14.

the habit it induces of vigorous thought, that is, of allowing nothing to pass without a searching examination, either in your own speculations, or in those of others. We may never, perhaps, arrive at truth, but we can always avoid self-contradiction."[26] Nach Hamilton gibt es kein anderes Studium, das die Seele so erfüllt und befriedigt, wie das Studium ihrer selbst. Deshalb sind spekulative Wahrheiten nur insofern von Wert, als das Streben nach ihnen die geistige Aktivität des Menschen herausfordert und fördert: „absolute certainty and absolute completion would be the paralysis of any study".[27] Wenn die Spekulation das Denken paralysiert,[28] ist intellektuelle Barbarei das Ergebnis. Mit Berufung auf Lessing erklärt Hamilton: „We exist only as we energize... a working error is better than a sleeping truth."[29]

Insofern Philosophie unsere höheren Kräfte aktiviert, erklärt Hamilton, ist sie von hervorragendem Nutzen.[30] Nach ihm muß die Philosophiegeschichte, die diesem Kriterium genügt, erst noch geschrieben werden. Auch die Einteilung der Philosophie in theoretische und praktische ist unter diesem Aspekt nicht sinnvoll, denn einerseits ist Philosophie immer theoretisch, weil sie erkennen will; andererseits ist Philosophie, als Entfaltung der Geisteskräfte, immer praktisch:[31] „In this view, theory is, therefore, simply a knowledge of the principles by which practice accomplishes its ends."[32] Deshalb nennt sich Hamilton selbst einen „utilitarian".[33] Wir können dieses Bekenntnis zum Nutzen der Philosophie, obwohl es selten so eindeutig formuliert ist wie hier, als einen zweiten – und zwar relativ eigenständigen und konsistenten – Grundzug in Hamiltons Philosophie-Verständnis bezeichnen.

Der dritte und entscheidende Aspekt nimmt Elemente der Grundposition neuzeitlicher Erkenntniskritik auf. Er besagt – wiederum in verstreuten und nicht immer eindeutigen Äußerungen –,

[26] L II 84 f.
[27] L I 10.
[28] Vgl. VT (KGS VIII 415): „Der *Dogmatism* (z. B. der Wolffischen Schule) ist ein Polster zum Einschlafen und das Ende aller Belebung, welche letztere gerade das Wohltätige der Philosophie ist."
[29] D 40.
[30] D 41.
[31] L I 110–114.
[32] L I 173.

daß der erste und schließlich sogar einzige Gegenstand des Denkens das Denken selbst sein müsse: „The Botanist, the Zoologist, the Mineralogist, can accumulate only by care, and trouble, and expense, an inadequate assortment of the objects necessary for their labours and observations. But that most important and interesting of all studies of which man himself is the object, has no need of anything external; it is only necessary that the observer enter into his inner self in order to find there all he stands in need of, or rather it is only by doing this that he can hope to find anything at all. If he only effectively pursue the method of observation and analysis, he may even dispense with the study of philosophical systems. This is at best only useful as a mean towards a deeper and more varied study of himself, and is often only a tribute paid by philosophy to erudition."[34]

Unter den vielen Einteilungen und Unterteilungen der Philosophie, die Hamilton vornimmt, ohne sie streng durchzuhalten, findet sich auch die Abgrenzung von „metaphysischer Wahrheit", welche

[33] L I 4. – Hamilton zitiert an anderer Stelle Francis Bacon: „Non inutiles scientiae existimandae sunt, quarum in se nullus est usus, si ingenia acuant et ordinent." (D 42) Es spricht viel für die Vermutung, daß dieser „utilitarische" Zug von Bacon über Hume bis zur Gegenwart für englisches Philosophie-Verständnis kennzeichnend geblieben ist. Obwohl sich das hier nicht im einzelnen verfolgen läßt, sei darauf hingewiesen, daß dieser Zug *auch* in den beiden einzigen transzendentalphilosophisch-idealistischen „Zwischenphasen" philosophischen Denkens in England, nämlich einmal bei Hamilton und dann zur Zeit des „Anglo-Idealismus", leicht verwandelt anzutreffen ist. So heißt es beispielsweise bei dem Hegelianer J. E. McTaggard: „Der Nutzen der Metaphysik liegt in dem Trost, den sie uns geben kann ..." (Philosophical Studies, ed. by S. V. Keeling, London 1934, p. 151) F. H. Bradley, der führende Vertreter des englischen Idealismus, schreibt in der Einleitung zu seinem Hauptwerk „Appearance and Reality": „Die Metaphysik hat ihren Standpunkt auf Seiten der menschlichen Natur, nämlich in der Sehnsucht, über die Wirklichkeit nachzudenken und sie zu verstehen ... es scheint wünschenswert, daß es eine solche Zuflucht für den Menschen gibt, der darauf brennt, konsequent zu denken und jedoch zu gut ist, um ein Sklave des stupiden Fanatismus oder einer unanständigen Sophisterei zu werden ... Auf bestimmte Weise finden wir etwas Höheres, das uns aufrecht erhält, demütigt, reinigt und auch entzückt. Und für bestimmte Menschen ist dieses intellektuelle Bemühen, das Universum zu verstehen, das wichtigste Mittel, die Gottheit zu erleben. Vielleicht hat sich keiner, der dies erlebt hat (wie verschieden er es auch immer beschreiben mag), jemals viel aus der Metaphysik gemacht. Wo es aber deutlich gefühlt worden ist, hat es sich immer aus sich selbst gerechtfertigt." (Erscheinung und Wirklichkeit. Ein metaphysischer Versuch, Leipzig 1932, S. 3–5 passim)

[34] L I 383.

die Übereinstimmung des Denkens mit den „notwendigen Tatsachen des Geistes“ bezeichnet, von „psychologischer Wahrheit“, welche die Übereinstimmung des Denkens mit den „kontingenten Tatsachen des Geistes“ bezeichnet.[35] Dennoch wird die „psychologische Wahrheit“ dem Bereich der Philosophie nur zum Teil ausgegliedert. Denn die „psychological consideration“ befaßt sich mit der Verläßlichkeit der Wahrnehmung, von der wiederum die Beantwortung der Frage nach Existenz und Nichtexistenz der Außenwelt abhängt.[36] Andererseits ist die Bezeichnung „Psychology“ nicht auf den Bereich der empirischen Sinneserfahrungen begrenzt, sondern wird gleichgesetzt mit „Philosophy of the Human Mind“.[37] Hamilton bezeichnet sogar „Ontology or Metaphysics proper“ als „Inferential Psychology“, wohl um damit ausdrücklich zu betonen, daß jeder Versuch, die unbekannten Seinsprinzipien zu erkennen, von den bekannten Erscheinungstatsachen auszugehen hat – mag ein solcher Versuch gelingen oder scheitern.[38]

Trotz dieser unklaren Terminologie kann man jedoch im allgemeinen davon ausgehen, daß Hamilton die Bezeichnungen „Science of the Mind“, „Philosophy of the Mind“ und „Psychology“ synonym verwendet. Wenn er der letzteren den Vorzug vor den beiden anderen gibt, so aus zwei Gründen – aus einem sachlichen Grund, „as psychology is only a developed consciousness, that is, a scientific evolution of the facts of which consciousness is the guarantee and revelation“[39] und aus einem grammatischen Grund, insofern „psychology“ eine adjektivische Verwendung erlaubt.[40] Natürlich läßt sich auch „philosophy“ adjektivisch verwenden, allerdings

---

[35] L IV 68. [36] L I 43. [37] L I 129.

[38] L I 125. – Es ist nicht recht verständlich, wie die Herausgeber der „Lectures“ bedauern können, daß Hamilton den Bereich der in diesem Sinne gefaßten „Ontology or Metaphysics proper“ nur gelegentlich streift. Sie versuchen diesen Mangel durch den Hinweis auf den „abstruse character“ der einschlägigen Fragen und durch deren Ungeeignetheit für einführende Vorlesungen zu rechtfertigen, übersehen dabei jedoch völlig, daß Hamiltons Philosophie, die alle Erkenntnis auf den Bereich des Bedingten begrenzt, aufgrund ihrer eigenen Voraussetzungen dieses Desiderat gar nicht erfüllen *konnte.* Wenn sie daher schreiben, ein von ihm verfaßter Traktat über Ontologie, der die letzten Ergebnisse der Philosophie des Bedingten enthielte, wäre ein einzigartiges Geschenk an die philosophische Welt gewesen (L I, p. VIII), kann man nur vermuten, daß diese fundamentale Verkennung und Fehleinschätzung der unklaren Terminologie ihres Lehrers entsprungen ist.

[39] D 87.

nicht zusammen mit der spezifischen Bestimmung „... of the Mind". Ohne dieses Spezifikum werden die Ausdrücke jedoch mißverständlich, weil im englischen Sprachbereich auch „the sciences conversant with the phaenomena of matter" als „Philosophy" bezeichnet werden.[41] Hamilton bezieht sich mehrfach auf die aristotelische Bedeutung von ψυχολογία.

Vielleicht steht „Psychologie" in dem spezifischen Sinne, den Hamilton dem Ausdruck gibt, der Bedeutung von „Erkenntnismetaphysik" noch am nächsten; die folgende Passage scheint das zu bestätigen: „Science and Philosophy are conversant either about Mind or about Matter. The former of these is Philosophy properly so called. With the latter we have nothing to do, except in so far as it may enable us to throw light upon the former, for Metaphysics, in whatever latitude the term be taken, is a science, or complement of sciences, exclusively occupied with mind. Now the Philosophy of Mind, – Psychology or Metaphysics..."[42] Die Nomenklatur, die Hamilton in den Vorlesungen einführt, verdunkelt häufig mehr, als sie erklärt; man kann sie jedoch nicht übergehen, weil sich auch darin sein Philosophieverständnis artikuliert.

Das eigentliche Ziel der Philosophie ist die Erforschung des menschlichen Geistes als der entscheidenden Instanz und Voraussetzung allen möglichen Wissens: „philosophy is, consequently, bound to make the mind its first and paramount object of consideration. The study of mind is thus the philosophical study by preeminence."[43] Weil Philosophie auf Wahrheit zielt, ist sie, um Wahrheit zu erlangen, an das *Bewußtsein* als „Instrument und Kriterium" verwiesen. Die Möglichkeit, Wahrheit zu erlangen, setzt die Wahrhaftigkeit des Bewußtseins voraus. Werden vorgefaßte Meinungen in das Bewußtsein eingetragen, so entartet das

---

[40] L I 130–132.

[41] L I 63. – „We not only call Physics by the name of Natural Philosophy, but every mechanical process has with us its philosophy. We have books on the philosophy of Manufactures, the philosophy of Agriculture, the philosophy of Cookery etc. In all this we are the ridicule of other nations. Socrates, it is said, brought down philosophy from the clouds, – the English have degraded her to the kitchen; and this, our prostitution of the term, is, by foreigners, alleged as a significant indication of the low state of the mental sciences in Britain." (L I 63 f.)

[42] L I 121.

[43] L I 62.

Denken zum Dogmatismus. Wird auch nur eine einzige Aussage des Bewußtseins für möglicherweise falsch gehalten, so ist die Glaubwürdigkeit des Bewußtseins erschüttert und Skeptizismus die konsequente Folge: falsus in uno, falsus in omnibus.[44] Hamilton löst also das Konstitutionsproblem im Rahmen seines Philosophie-Verständnisses[45] durch den Hinweis auf die absolute Glaubwürdigkeit des Bewußtseins: „philosophy is the development and application of the constitutive and normal truths which consciousness immediately reveals."[46] Es wird im einzelnen zu entfalten sein, daß die Wahrhaftigkeit des Bewußtseins, Bedingung aller Bedingungen,[47] ihrerseits unbedingt („absolute" = „unconditioned") und darum nicht mehr logisch demonstrierbar ist.

Überschaut man die hier herausgearbeiteten drei „Aspekte" oder „Grundzüge" von Hamiltons Philosophie-Verständnis, so verlieren die Einzelaussagen des Autors viel von ihrer „eklektisch" wirkenden Unverbundenheit. Wie die auf Wahrheit zielende Philosophie auf die Wahrheit des Bewußtseins verwiesen ist, so sind das „Suchen nach Ursachen" und das „Verlangen nach Einheit" auf das Bewußtsein als einheitstiftende Ur-Sache („primary fact") verwiesen. Die Ausschaltung von Vorurteilen und die scheinbar nur „psychologisierende" Deutung von Dogmatismus und Skeptizismus verweisen auf ungerechtfertigte Vor- und Übergriffe auf die Wahrhaftigkeit des Bewußtseins. Der immanente „Nutzen" der „Pflege" und „Entfaltung" der menschlichen Geisteskräfte ist nicht länger nur vordergründig utilitarisch-pragmatisch oder im Sinne eines traditionell humanistischen Bildungsideals zu deuten, sondern als aktive, in der Praxis vollzogene Entgegennahme und Entfaltung der untrüglichen Mitteilungen des Bewußtseins zu verstehen. Weil aber die Wahrhaftigkeit des Bewußtseins als absolute Vorbedingung allen legitimen Philosophierens nicht mehr beweisbar und auch keines Beweises bedürftig ist, *kann* sich bei Hamilton keine begrifflich adäquate Definition von Philosophie finden.[48]

---

[44] R II 746 f.; L I 283 f.

[45] R I 209, Anm. Hamiltons.

[46] R II 746; vgl. R II 752.

[47] Vgl. D 15.

[48] Vgl. oben S. 24 mit dem Hamilton-Zitat L I 50, das nun in seiner tieferen *Begründung* zu verstehen ist. F. Nauen, a. a. O. S. 9, 11 f., 16, hat daher Unrecht, Hamilton einen unzureichenden „Begriff der Philosophie" vorzuhalten; einen „Begriff" von Philosophie *wollte* Hamilton nicht bilden, denn schon die Intention verbot sich durch das ihm eigene Verständnis von Philosophie.

2.3 Das Bewußtsein als einziges Erkenntniskriterium

2.31 Die Wahrhaftigkeit des Bewußtseins

Es ist bekannt, daß in Äußerungen über Absicht und Möglichkeit von Philosophie, die mit dem Anspruch auftreten, Allgemeingültiges auszusagen, immer schon der spezifische Denkansatz ihres Autors zum Vorschein kommt – gleich ob solche Äußerungen im Zusammenhang thematisiert werden (etwa als „Einführung in die Philosophie“) oder verstreut begegnen (wie bei Hamilton). So kann es nicht überraschen, daß Hamiltons von ihm selbst so genannte Philosophie des Geistes („Philosophy of the Mind“) am Kulminationspunkt seines Philosophieverständnisses einsetzt. Sie beginnt – und endet – mit dem Bewußtsein („consciousness“) als erster und entscheidender *kognitiver* Instanz, die darüber hinaus dank ihrer Eigenart und Einzigartigkeit von ausschlaggebender *anthropologischer* Bedeutung ist.

Nach Hamilton ist das Bewußtsein die Quelle, aus der jede Tatsache („fact“) in der Philosophie des Geistes abgeleitet sein muß, so daß Philosophie nichts anderes darstellt als eine wissenschaftliche Entfaltung jener Tatsachen, die das Bewußtsein offenbart („reveals“); kein Philosoph leugnet, daß die prinzipielle Möglichkeit von Philosophie auf der Authentizität des Bewußtseins basiert. Darum ist der Skeptiker zu dem Versuch gezwungen, den Dogmatiker dadurch zu widerlegen, daß er dessen „Hypothese“ von der Wahrhaftigkeit des Bewußtseins durch den Nachweis widersprüchlicher Aussagen dieses Bewußtseins erschüttert und entkräftet. Dieser Versuch des Skeptizismus, die Beweislast für die Unzuverlässigkeit des Bewußtseins auf sich zu nehmen, ist freilich zum Scheitern verurteilt. Denn die Zuverlässigkeit des Bewußtseins anzweifeln heißt die Zuverlässigkeit philosophischen Denkens anzweifeln und damit philosophischen Selbstmord begehen.[1]

Diese radikale Formulierung vom „Selbstmord“ der Philosophie durch skeptische Bezweiflung und Verneinung des Bewußtseins findet sich mehrfach, auch in differenzierter Begründung bzw. auf bestimmte philosophische Positionen bezogen; sie wird uns noch

[1] Vgl. zum Folgenden L I 264–268.

beschäftigen. Vorerst ist zu belegen und zu entfalten, worin Hamilton die unvergleichliche Bedeutung des Bewußtseins sieht. Als unfehlbare Norm der Gewißheit und Wahrheit („infallible standard of certainty and truth"),[2] als einzige Offenbarung unserer Vernunftnatur („only revelation of our intellectual nature") und als einziges Kriterium („sole criterion") zur Interpretation der Inhalte dieser Offenbarung besitzt es uneingeschränkte Geltung, so daß die Geschichte der Philosophie als eine Geschichte der Abweichungen von diesem irrtumsfreien Kriterium erscheint; die Abweichungen aber kamen zustande durch Philosophien, die – statt sich dem Schiedsspruch des Bewußtseins zu unterwerfen – für ihre ohne oder gegen diese Instanz gefaßten Urteile nachträglich deren Autorität reklamierten.[3] Die Nähe zu Kants „Gerichtshof" der reinen Vernunft[4] ist um so weniger zu verkennen, als Hamilton – die Schwurformel vor Gericht variierend – die Vorurteile der Philosophen mit den Worten kommentiert: „They have seldom or never taken the facts of consciousness, the whole facts of consciousness, and nothing but the facts of consciousness."[5]

Es ist später zu erläutern, welche Unterscheidungen Hamilton bezüglich der „facts of consciousness"[6] im einzelnen trifft. Der Versuch, dabei zu einer klaren und dem Autor gerecht werdenden Interpretation zu kommen, stößt vor allem deshalb auf erhebliche Schwierigkeiten, weil Hamiltons Klassifizierungen – die nicht selten in sich fragwürdig sind – weder als solche noch von der Terminologie her konsequent durchgehalten werden. Nicht einmal für das hier thematische einzige Kriterium der „facts of consciousness", eben für das eine und einzigartige Bewußtsein selbst, verwendet Hamilton das eine und einzige Wort „consciousness", sondern daneben andere, die ganz oder partiell damit identisch sind.[7] Ohne

[2] L I 268.
[3] Vgl. auch L I 283 f., 286 f.
[4] KrV A XI.
[5] L I 267.
[6] Vgl. etwa L II 26–28, 351 f., 354 f.; L IV 152; R I XXXIV a, XXXV a.
[7] Etwa „mind", „intellect", „intelligence", νοῦς, „reason", „Common Sense" (der mit dem unreflektierten „gesunden Menschenverstand" so gut wie nichts zu tun hat, sondern eher die Ursprünglichkeit und Allgemeingültigkeit der Zeugnisse des seiner selbst gewissen Bewußtseins bedeutet; vgl. etwa L II 14–17, 26–28 und s. unten S. 45–50).

also hier schon auf die „facts of consciousness" im Sinne unterschiedlicher Erkenntnisse, die wiederum durch unterschiedliche Erkenntniskräfte und Erkenntnisweisen bedingt sind, einzugehen, sei anhand eines längeren Passus verdeutlicht, was Hamilton grundsätzlich darunter versteht: „In the first place, – every mental phaenomenon may be called a fact of consciousness. But as we distinguish consciousness from the special faculties, though these are only modifications of consciousness, – only branches of which consciousness is the trunk; so we distinguish the special and derivative phenomena of mind from those which are primary and universal, and give to the latter the name of *facts of consciousness,* as more eminently worthy of that appellation ... Whenever, therefore, in our analysis of the intellectual phaenomena, we arrive at an element which we cannot reduce to a generalisation from experience, but which lies at the root of all experience, and which we cannot, therefore, resolve into any higher principle, – this we properly call a fact of consciousness. Looking to such a fact of consciousness as the last result of an analysis, we call it an *ultimate* principle; looking from it as the first constituent of all intellectual combination, we call it a *primary* principle. A fact of consciousness is, thus, a simple, and, as we regard it, either an ultimate, or a primary, datum of intelligence. It obtains also various denominations; sometimes it is called an *a priori principle,* sometimes a *fundamental law* of mind, sometimes a *transcendental condition* of thought, etc. etc."[8]

Insbesondere die von Hamilton hervorgehobenen Bezeichnungen am Ende des zitierten Abschnitts, die allesamt auf Kant verweisen,[9] sollen die Fakten des Bewußtseins auf das Bewußtsein als „erstes Faktum" zurückführen, auf eine Urgegebenheit also, die nicht zu begreifen, sondern der zu vertrauen ist: „... that primary fact ... which we must take upon trust, but which we could not comprehend ... A fact of consciousness is thus, – that whose existence is given and guaranteed by an original and necessary belief."[10] Die Wahrheit und Wahrhaftigkeit des Bewußtseins als

[8] L I 269 f.
[9] Siehe unten S. 125–129.
[10] L I 270 f.

Bedingung der Möglichkeit allen Wissens[11] ist entweder immer gegeben oder nie.[12] Hamilton fordert daher zu der erkenntnis-metaphysischen Grundentscheidung auf, diese kognitive Erst- und Letztinstanz entweder als glaubwürdig anzuerkennen[13] und auf diesem Fundament wahre Philosophie zu entfalten – oder sie zu verwerfen und im Nihilismus als Tod der Philosophie zu enden.[14]

Die Lösung der erkenntnistheoretischen Konstitutionsproblematik muß in diesem Stadium dezisionistisch wirken, die Aufforderung, sich zu ihr zu bekennen, als Appell an eine unbegründete und daher irrationale Behauptung erscheinen. Hamilton weiß das und verwendet viel Mühe darauf, seine Lösung als legitime – ja als einzig mögliche und darum legitime nicht nur zu erläutern, sondern auch zu erhärten. Um dieses Ziel zu erreichen, wählt er eine doppelte Verfahrensweise. Einerseits unternimmt er den Versuch, die Wahrhaftigkeit des Bewußtseins durch eine in sich schlüssige Legitimationskette verbindlich zu machen. Andererseits versucht er, in Auseinandersetzung mit philosophischen Denkansätzen die Wahrhaftigkeit des Bewußtseins zu erweisen; diese zeige sich, positiv, sobald bzw. soweit das Zeugnis des Bewußtseins ungeschmälert akzeptiert und konsequent respektiert wird, – sie zeige sich aber auch negativ, sobald bzw. soweit statt Zutrauen besserwisserische Eigenmächtigkeit eingreift. Das erste Verfahren, eher implizit als explizit erkennbar, wählt einen „immanenten" Weg, während das zweite ausdrücklich die Konfrontation sucht. Obwohl bei Hamilton selbst diese beiden Verfahrensweisen nicht unterschieden, sondern in ihrer Verflechtung geboten werden, sind sie meines Erachtens durchaus verschiedenartig angelegt. Darum ist es erlaubt, wenn nicht geboten, sie getrennt darzulegen und zu erörtern.

---

[11] L II 138; D 64.

[12] R II 743.

[13] Das englische „believe" (bzw. „belief") liegt in seiner Bedeutungsbreite bekanntlich zwischen dem bloßen „Meinen" und dem religiösen „Glauben"; hier hat es am ehesten den Sinn von „begründeter Überzeugung" und „Evidenz". Zu Hamiltons aufwertendem Verständnis von „belief" und „feeling" vgl. R I 760 und s. unten S. 38 f., 94, 119–124. – Vgl. auch den instruktiven Beitrag von A. Quinton, Knowledge and Belief, in: Enc Phil IV 345–352.

[14] Vgl. R II 750–752.

2.32 Die unerkennbare Wahrhaftigkeit des Bewußtseins

Hamilton versucht zu erweisen, daß die tatsächlich gegebene Wahrhaftigkeit des Bewußtseins zwar nur „gefühlt" und „geglaubt" werden kann,[15] insofern sie auf ursprünglichen Überzeugungen beruht, daß ihre Anerkennung jedoch nicht durch einen Appell ans „blinde Gefühl" zustandekommt.[16] Weil diese Anerkennung nicht mit begrifflicher Stringenz begründet werden kann, andererseits aber den Makel des Irrationalen verlieren muß, nobilitiert Hamilton den Bedeutungsgehalt von „Feeling" und „Belief" in Richtung eines rational ausweisbaren Wissens und zeigt darüber hinaus, daß die Ratio selbst („reason") letztlich auf dem Glauben („belief") beruht. So heißt es zum Stichwort „Gefühl" im Rahmen einer Nomenklatur: „Feeling in English (as *Sentiment* in French, *Gefuehl* in German etc.) is ambiguous: – And in its present application (to say nothing of its original meaning in relation to Touch) we must discharge that signification of the word by which we denote the phaenomena of pain and pleasure. Feeling is a term preferable to Consciousness, in so far as the latter does not mark so well the simplicity, ultimacy, and incomprehensibility of our original apprehensions, suggesting, as it does, always something of thought and reflection. In other respects, Consciousness – at least with a determining epithet – may be the preferable expression. In the sense now in question, Feeling is employed by Aristotle, Theophrastus, Pascal, Malebranche, Bossuet, Leibnitz, Buffier, D'Aguesseau, Berkeley, Hume, Kames, Hemsterhuis, Jacobi, Schultze, Bouterweck, Fries, Köppen, Ancillon, Gerlach, Franke, and a hundred others. In this meaning it has been said, and truly, that ‚Reason is only a developed Feeling'."[17]

Zum Stichwort „Belief or Faith" heißt es, ebenfalls im Rückgriff auf Autoritäten der Philosophie- und Theologiegeschichte, unter anderem: „St. Austin accurately says – ‚We *know,* what rests upon *reason;* we believe, what rests upon *authority*'. But reason itself must rest at last upon authority; for the original data of

---

[15] Vgl. R II 743 a, 760 a.

[16] R II 751 b.

[17] R II 760. Der am Schluß angeführte Satz „Reason is only a developed Feeling" wird leider nicht belegt. Hamilton zitiert zwar gern und häufig, nennt aber nicht immer die Quelle.

reason do not rest on reason, but are necessarily accepted by reason on the authority of what is beyond itself. These data are, therefore, in rigid propriety, Beliefs or Trusts. Thus it is, that in the last resort, we must, perforce, philosophically admit, that belief is the primary condition of reason, and not reason the ultimate ground of belief. We are compelled to surrender the proud *Intellige ut credas* of Abelard, to content ourselves with the humble *Crede ut intelligas* of Anselm."[18]

Es kann Hamilton unmöglich entgangen sein, daß das anselmianische „Crede ut intelligas" nicht auf „original data of reason" zielt, sondern eindeutig theologisch gemeint ist. Im Gegenteil: Sein Begründungsverfahren kann und will den theologischen Horizont, in dem es steht, nicht verleugnen. Es ist nun zu zeigen, daß die „Glieder" seiner Legitimationskette daran keinen Zweifel lassen.

Nach Hamilton muß der Mensch, um irgendwelche Wirklichkeiten erkennen zu können, den *gegebenen* ursprünglichen Überzeugungen seines Bewußtseins vertrauen. Er erfährt mit unmittelbarer Gewißheit, daß die Zeugnisse des Bewußtseins wahr sind. Ein Beweis für die Wahrhaftigkeit dieser Gewißtheit erbringenden Instanz ist weder nötig noch möglich. Er ist unnötig, weil und solange sich nicht nachweisen läßt, daß die Bekundungen des Bewußtseins widersprüchlich sind; er ist unmöglich, weil und solange sich nicht begründen läßt, warum der Mensch so ist, wie er ist. Diese Irreduzibilität ist anthropologisch begründet: „To ask how any fact of consciousness is possible, is to ask how consiousness itself is possible; and to ask how consciousness is possible, is to ask how a being intelligent like man is possible. Could we answer this, the Serpent had not tempted Eve by a hyperbole: – ‚We should be as Gods'. But as we did not create ourselves, and are not even in the secret of our creation, we must take our existence, our knowledge *upon trust:* and that philosophy is the only true, because in it alone *can* truth be realised, which does not revolt against the *authority* of our natural *beliefs*."[19]

Da die *Natur* des Menschen weder ergründet noch verändert werden kann, ist auch das Bewußtsein „als natürliche Offenbarung

[18] R II 760 b.
[19] D 63.

unseres geistigen Seins“[20] hinzunehmen. Diese Voraussetzung ist das Fundament jeder Philosophie, die mit der Natur in Einklang steht und darum zu wahren Erkenntnissen vorzudringen vermag,[21] wohingegen der Zweifel an dieser Voraussetzung philosophisches Denken zu selbstmörderischem – weil der Natur widerstreitendem – Skeptizismus und Nihilismus führt; denn der Zweifel am Bewußtsein widerspricht sich selbst: „... in doubting the fact of his consciousness, the sceptic must at least affirm the fact of his doubt; but to affirm a doubt is to affirm the consciousness of it; the doubt would, therefore, be self-contradictory – i. e., annihilate itself.“[22]

Diese Argumentation verwendet, leicht erkennbar, Elemente der Gewißheitsbegründung von Descartes, und Hamilton wird bei *seinem* Versuch der Gewißheitsbegründung der „veracity of consciousness“ auch den entscheidenden Begründungsschritt des Descartes nachvollziehen. Zuvor bleibt festzuhalten, daß Hamilton – darin über Descartes hinausgehend – der Überzeugung ist, daß der Mensch mit der Unterstellung eines lügnerischen Bewußtseins nicht nur auf gültige Erkenntnis verzichtet, sondern die Würde seiner Natur preisgibt: „Consciousness, once convicted of falsehood, an unconditional scepticism, in regard to the character of our mental being, is the melancholy, but only rational result. *Any* conclusion may now with impunity be drawn against the hopes and dignity of human nature. Our *Personality*, our *Immateriality*, our *Moral Liberty*, have no longer an argument for their defence. ‚Man is the dream of a shadow‘; God is the dream of that dream.“[23]

Kraft der Unveränderlichkeit und Ursprünglichkeit seiner Natur[24] bietet das Bewußtsein ausschließlich wahre Erkenntnisse und versagt sich nur dem, der seine Augen dem *„Licht“ der Natur* verschließt und auf die „Führung“ des Bewußtseins verzichtet.[25]

---

[20] L I 268.

[21] Vgl. D 87–89.

[22] R I 442 b, Anm. Hamiltons. – Hier ist allerdings zu bedenken, daß der Akt des Zweifelns, der als Bewußtseinsakt unbezweifelbar ist, nur die *Existenz* des Bewußtseins bestätigt, nicht dessen Wahrhaftigkeit.

[23] D 96.

[24] Vgl. L I 267, 44.

[25] D 68. – Hamilton bezieht sich für den Gebrauch der Lichtmetapher an anderer Stelle auf Descartes, der das „lumen naturale“ der Scholastiker aufnimmt (R II 763 a, 782 a).

Der Lichtmetapher wird der *Vergleich mit der Bibel* als Offenbarungsquelle zur Seite gestellt: „Consciousness is to the philosopher what the bible is to the theologian. Both are revelations of truth – and both afford the truth to those who are content to receive it, as it ought to be received, with reverence and submission. But as it has, too frequently, fared with the one revelation, so has it with the other. Men turned, indeed, to consciousness, and professed to regard its authority as paramount, but they were not content humbly to accept the facts which consciousness revealed, and to establish these without retrenchment or distortion, as the only principles of their philosophy; on the contrary, they came with opinions already formed, with systems already constructed, and while they eagerly appealed to consciousness when its data supported their conclusions, they made no scruple to overlook, or to misinterpret, its facts when these were not in harmony with their speculations. Thus religion and philosophy, as they both terminate in the same end, so they both depart from the same fundamental condition."[26]

---

[26] L I 83. – R II 746 b: „In philosophy, men have abused the code of natural, as in theology, the code of positive, revelations ..." – D 63 erklärt Hamilton bei der Interpretation von Th. Reid: „... all that is comprehensible, hangs from some *revealed fact*, which we *must believe as actual*, but cannot construe to the reflective *intellect in its possibility*". Er bemerkt jedoch zugleich in der zugehörigen Anm., die Bezeichnung „revealed" enthalte nichts Übernatürliches („This expression is not meant to imply anything hyperphysical"). – Vgl. dazu KrV B 801 f.: „Transzendentale Hypothesen des spekulativen Gebrauchs der Vernunft, und eine Freiheit, zu Ersetzung des Mangels an physischen Erklärungsgründen, sich allenfalls hyperphysischer zu bedienen, kann gar nicht gestattet werden, teils weil die Vernunft dadurch gar nicht weiter gebracht wird, sondern vielmehr den ganzen Fortgang ihres Gebrauchs abschneidet, teils weil diese Lizenz sie zuletzt um alle Früchte der Bearbeitung ihres eigentümlichen Bodens, nämlich der Erfahrung, bringen müßte. Denn, wenn uns die Naturerklärung hier oder da schwer wird, so haben wir beständig einen transzendenten Erklärungsgrund bei der Hand, der uns jener Untersuchung überhebt, und unsere Nachforschung schließt nicht durch Einsicht, sondern durch gänzliche Unbegreiflichkeit eines Prinzips, welches so schon zum voraus ausgedacht war, daß es den Begriff des absolut Ersten enthalten mußte." – In der Nomenklatur seiner Note A „On the Philosophy of Common Sense" schreibt Hamilton zum Stichwort „Revelations, Inspirations": „These expressions are intended metaphorically to characterise the incomprehensible manner in which we are made suddenly aware of existence; and, perhaps, to indicate that our knowledge rests ultimately on a testimony which ought to be implicitly believed, however unable we may be explicitly to demonstrate, on rational grounds, its credibility." (R

Die vom Bewußtsein offenbarten Fakten haben letztlich *Gott zum Garanten,* der kein Betrüger sein und die von ihm hervorgebrachte Natur nicht lügenhaft geschaffen haben kann: „'The voice of Nature is the voice of God'."[27] Am äußersten „Ende" der Legitimationskette begegnet also Descartes' Fiktion eines „deus malignus",[28] die Hamilton (wie schon Descartes) nur einführt, um ihre Widersprüchlichkeit zu zeigen: Es wäre absurd, anzunehmen, der in seiner Vollkommenheit unendlich wahrhaftige Gott sei Urheber eines betrügerischen, in die Irre gehenden Bewußtseins.[29] Hamilton bezieht sich mehrfach auf diesen cartesischen „deus malignus",[30] um herauszuarbeiten, daß unser erkennender Geist nicht lügenhaft sein kann[31] und daß darum dem *Bezweifler* der Wahrhaftigkeit Gottes und der Natur die Beweislast zufällt.

Hamiltons Begründungsverfahren, das seine gesamte weitere Argumentation trägt, ist im folgenden Abschnitt kurz und prägnant zusammengefaßt: „Our knowledge rests ultimately on certain facts of consciousness, which as primitive, and consequently incomprehensible, are given less in the form of *cognitions* than of *beliefs.* But if consciousness in its last analysis – in other words, if our *primary experience* be a faith; the reality of our knowledge turns on the veracity of our constitutive beliefs. As ultimate, the quality of these beliefs cannot be inferred; their truth, however, is in the first instance to be presumed. As given and posessed, they must

II 761 b) Trotz dieser Einschränkungen, die Hamilton vornimmt, ist festzuhalten, daß er die Bezeichnungen „revelation" und „reveal" bewußt, ausdrücklich und häufig verwendet. Die Worte sind theologischem Vokabular entlehnt. Sie sollen jedoch lediglich zum Ausdruck bringen, daß sich die Glaubwürdigkeit des Bewußtseins nicht rational demonstrieren läßt; diese ist unbegreiflich, aber evident. Vgl. unten Anm. 35.

[27] D 63. – Die Anführungszeichen weisen dieses (R II 773 a ebenfalls angeführte) Wort als Zitat aus, die Quelle nennt Hamilton jedoch leider nicht.

[28] Vgl. W. Röd, Descartes. Die innere Genesis des Cartesianischen Systems, München–Basel 1964, S. 66 f., 103.

[29] Die Gültigkeit dieses Arguments hängt natürlich von der Beweisbarkeit der Existenz eines solchen Gottes ab. Während jedoch Descartes die Existenz des höchst vollkommenen Wesens *bewiesen* zu haben glaubt, setzt sie Hamilton als bloße Erklärungs*möglichkeit.* Das ist freilich kein Zufall, sondern liegt in der Konsequenz seiner auf Phänomenerkenntnis begrenzten Philosophie des Bedingten (s. unten S. 91–100, 114–118).

[30] Etwa R II 743 b, 751 a, 782 a; L II 410.

[31] L II 404.

stand good until refuted; *neganti incumbit probatio.* It is not to be presumed, that our Intelligence gratuitously annihilates itself; – that Nature operates in vain; – that the Author of Nature creates only to deceive."[32] So zeigt sich, daß die Wahrhaftigkeit des Bewußtseins zwar insofern begründbar ist, als sich ihre Evidenz aufweisen läßt; es zeigt sich aber zugleich, daß diese begründbare Evidenz ihrerseits prinzipiell unbeweisbar – und das Bewußtsein selber mit den Mitteln begrifflicher Analyse unerkennbar bleibt.[33]

Dieses Resultat, zu dem Hamilton auf der Suche nach einem absolut verbindlichen Wahrheitskriterium gelangt, und der darin vertretene Anspruch sind nur scheinbar eine geringfügig anders formulierte Wiederholung des alten Gedankens von „lumen naturale". Was Hamiltons Position von der traditionellen Anthropologie und Naturauffassung der Metaphysik, die bis zur „universalen praktischen Philosophie" Christian Wolffs reicht,[34] wesentlich und ausdrücklich unterscheidet, ist eine Beunruhigung, die ihn als einen Denker ausweist, der den Erkenntnisoptimismus der Aufklärung nicht mehr zu teilen vermag. Anders als die genannte Tradition, die sich mit dem Rekurs auf Natur und deren Urheber erkenntnistheoretisch völlig und absolut abgesichert glaubte, insofern der Prozeß ihres Fragens abgeschlossen und ohne offene Frage blieb – anders also als diese von ihrer Lösung des Konstitutionsproblems überzeugte und befriedigte Tradition wird Hamiltons Denken beunruhigt und vorangetrieben durch die Einsicht, daß das Wahrheitskriterium in und trotz seiner Evidenz *unerkennbar* ist, anders gesagt: daß die Gründe des Denkens dem Denken unerreichbar bleiben.[35]

---

[32] D 86. [33] Vgl. D 64.

[34] Vgl. J. Ritter, ‚Naturrecht' bei Aristoteles. Zum Problem einer Erneuerung des Naturrechts, in: ders., Metaphysik und Politik. Studien zu Aristoteles und Hegel, Frankfurt a. M. 1969, S. 133–179.

[35] L I 155: „Some have denied the reality of any unknown ground of the known phaenomena; and have maintained that mind and matter have no substantial existence, but are merely the two complements of two series of associated qualities. This doctrine is, however, altogether futile. It belies the veracity of our primary beliefs; it leaves unsatisfied the strongest necessities of our intellectual nature; it admits as a fact that the phaenomena are connected, but allows no cause explanatory of the fact of their connection. Others, again, have fallen into an opposite error. They have attempted *to speculate concerning the nature of the unknown grounds* of the phaenomena of mind and matter,

Schon hier kommt in aller Deutlichkeit zum Vorschein, wodurch Hamiltons Versuch einer Lösung des Konstitutionsproblems charakterisiert ist: Er weicht weder ins metaphysische Behaupten noch ins phänomenalistische Erklären aus. Sein Denken ist in diesem strengen Sinne agnostisch. Nach ihm ist Philosophie wesentlich bestimmt von der „Tendenz", die letzten Ursachen zu erreichen und erklärbar zu machen, obwohl diese letzten Ursachen außerhalb der Reichweite der Philosophie liegen und nicht zu erklären sind.[36] Das erkennende Bewußtsein ist nur a posteriori, von seinen Äußerungen her zu fassen; Erkenntnisse sind zu erklären, nicht jedoch deren „unknown basis". Die Gewißheit, daß unser Denken seinen Gegenständen entspricht, könnten wir auch – selbst wenn die Möglichkeit bestünde – nicht durch den Einsatz „of a new set of faculties" erhärten, denn deren Wahrhaftigkeit wäre ebensowenig erwiesen wie die der bereits vorhandenen Fähigkeiten.[37] Das Bewußtsein als allgemeine, notwendige und letzte Bedingung läßt sich nicht definieren, weil es allem Wissen zugrundeliegt:[38] „Consciousness cannot be defined ... The reason is plain. Consciousness lies at the root of all knowledge."[39]

---

apart from the phaenomena, and have, accordingly, transcended the legitimate sphere of philosophy." (Hervorhebung von mir) – Es ist außerordentlich aufschlußreich, diesen Passus zusammenzulesen mit R II 761 b und mit Kant, KrV B 801 f. (beide zitiert in Anm. 26, s. oben). Dann zeigt sich nämlich die engste Nähe Hamiltons zu Kant, der ebenfalls der spekulativen Vernunft verwehrt, sich hyperphysischer Erklärungsgründe zu bedienen, damit – bei bewahrter Unbegreiflichkeit des (den Erscheinungen zugrundeliegenden) Prinzips – Einsicht (Evidenz) zustandekommt.

36 L I 58 f.: „... it is the scope, that is, the aim of philosophy, to trace up the series of effects and causes, until we arrive at causes which are not also themselves effects. These first causes do not indeed lie within the reach of philosophy, nor even within the sphere of our comprehension; nor, consequently, on the actual reaching them does the existence of philosophy depend. But as philosophy is the knowledge of effects in their causes, the tendency of philosophy is ever upwards; and philosophy can, in thought, in theory, only be viewed as accomplished, – which in reality it never can be, – when the ultimate causes, – the causes on which all other causes depend, – have been attained and understood."

37 L IV 67 f.

38 L I 157 f., 182 f., 190 f.

39 L I 191. – Es ist aufschlußreich, diese Formulierung Hamiltons vom Bewußtsein, das an der „Wurzel" allen Wissens liegt, mit dem Bild vom Baum der Philosophie zu vergleichen, das Descartes seinem Übersetzer Picot mitteilt, und die Auslegung dieses Bildes in M. Heideggers Antrittsvorlesung „Was ist Metaphysik?" (Frankfurt a. M. [11]1975, bes. S. 7–12) zu verfolgen. Der Ertrag dieses

Das Bewußtsein als Grundbedingung aller Erkenntnis – der ursprünglichen Überzeugungen wie der davon begrifflich ableitbaren Urteile – ist unerkennbar. Es ist der Wahrhaftigkeit seiner Überzeugungen gewiß, weil es der Wahrhaftigkeit seiner selbst gewiß ist. Es bleibt ihm jedoch versagt, das Kriterium der Wahrhaftigkeit seiner selbst logisch stringent zu begründen. Denn ein Kriterium, das die absolute Wahrhaftigkeit des Bewußtseins begründen könnte, müßte selbst die Absolutheit besitzen, die es gerade begründen soll. Der erkennende Geist kann nach Hamilton zwar mit Recht von der Wahrheit seiner tatsächlichen Erkenntnisse überzeugt sein, vermag jedoch nicht, deren Herkunft und Ursprung anzugeben. Anders gesagt: Das Denken kann einsehen, daß es den Grund seines Denkens nicht erkennen kann.

2.33 Die Autorität der unerkennbaren Wahrhaftigkeit des Bewußtseins

Nach dem Versuch, im Rahmen der Konstitutionsproblematik die Bedeutung dessen herauszuarbeiten, was wir Hamiltons Legitimationskette und sein immanentes Verfahren nannten, ist nun dieselbe Konstitutionsproblematik anhand der philosophischen Auseinandersetzungen zu erörtern, die Hamilton geführt hat. Man könnte auch sagen, daß zunächst Hamiltons „systematische" Behandlung der Konstitutionsproblematik vorgebracht wurde und nun ihre kontroversphilosophische (und insofern „historische") Bewährung dargestellt wird. Diese in der Auseinandersetzung zu erbringende Bewährung der Wahrhaftigkeit des Bewußtseins konzentriert sich auf die Frage, wie Hamilton die einerseits von Reid, andererseits von Kant vorgenommene Interpretation des „Common Sense"[40] beurteilt.

Vergleichs wäre etwa so zu umreißen: Während Descartes die Philosophie in der Metaphysik (mit ihren theologischen Implikaten) „verwurzelt" sieht, sollte nach Heidegger die Metaphysik – entgegen ihrer bisherigen Geschichte – noch einmal im „Sein" ihren „Grund" und „Boden" suchen. In diesem Sinn wäre Descartes als „Metaphysiker" und Heidegger als „Fundamentalontologe" zu verstehen. Hamilton konnte weder Metaphysiker noch Ontologe sein, weil er nicht einmal bis zur „Wurzel", geschweige denn zu deren „Grund" gelangte.

[40] Während Reid meist „common sense" schreibt, läßt Hamilton „Common

Die Bedeutung des Terminus „Common Sense“ ist seiner Herkunftsgeschichte nach überaus komplex und darum mißverständlich. Denn zum einen verweist „Common Sense“ auf den „sensus communis“, der bereits bei Aristoteles als „Gemeinsinn“ (κοινὸν αἰσθητήριον) und als praktisches Wissen (ψρόνησις) begegnet; der in der Mittleren Akademie als „Wohlbegründetheit“ (εὔλογον) die Norm praktischen Handelns abgibt; der sodann als ethisches Motiv in der römischen Stoa eine zentrale Rolle spielt; der weiterhin von der Scholastik fortgebildet wird (Thomas v. Aquin nimmt die aristotelische Bedeutung auf); der schließlich, nach verschiedenen Umformungen in Humanismus und Aufklärung, bei Thomas Reid und seiner Schule eine systematische Funktion innerhalb der Philosophie erhält. Hinzukommt, daß das Argument vom „consensus omnium“ im Verlauf der Geschichte ebenfalls eine überaus große Vielfalt von Bedeutungen und Applikationen gefunden hat.[41] Auf der anderen Seite aber hat der Begriff des Common Sense sowohl in der schottischen Common sense-Philosophie als auch durch Kant Deutungen erfahren, die nach Hamiltons Auffassung Mißdeutungen sind.

Es empfiehlt sich daher, Hamiltons Auffassung vom Common Sense unmittelbar vorzustellen und seine Note A „On the Philoso-

Sense“ meist mit großen Anfangsbuchstaben beginnen – wohl deshalb, weil er seine Auffassungen von (den Irrtümern) der schottischen Schulphilosophie abheben wollte. Ich bevorzuge daher, mit Hamilton, hier die Großschreibung.

[41] Eine Geschichte des „sensus communis“ und „consensus omnium“, die vom aristotelischen „Gemeinsinn“ bis zu den Konsenstheorien des 20. Jahrhunderts reichte, ist m. W. noch nicht geschrieben worden. Die „Testimonies“ von Hamiltons Note A – eine beachtliche, aber oft willkürlich zusammengetragene Materialsammlung – könnten darauf hinweisen, daß ihm ein solches Projekt vorschwebte. Vgl. P. Edwards, Common Consent Arguments for the Existence of God, in: Enc Phil II 147–155; H.-G. Gadamer, Wahrheit und Methode. Grundzüge einer philosophischen Hermeneutik, Tübingen 1960, S. 16–31; S. A. Grave, The Scottish Philosophy of Common Sense, Oxford 1960; ders., Common Sense, in: Enc Phil II 155–160; K. Oehler, Der Consensus omnium als Kriterium der Wahrheit in der antiken Philosophie und der Patristik. Eine Studie zur Geschichte des Begriffs der Allgemeinen Meinung, in: ders., Antike Philosophie und byzantinisches Mittelalter. Aufsätze zur Geschichte des griechischen Denkens, München 1969, S. 234–271; R. Schian, Untersuchungen über das ‚argumentum e consensu omnium‘, Hildesheim 1973 (behandelter Zeitraum: vorsophistische Zeit bis erstes vorchristliches Jahrhundert); T. T. Segerstedt, The Problem of Knowledge in Scottish Philosophy. Reid–Stewart–Hamilton–Ferrier, Lund 1935.

phy of Common Sense",[42] die in ihrem einleitenden Abschnitt die „Bedeutung der Lehre" erklärt, wörtlich wiederzugeben: „Our cognitions, it is evident, are not all at second hand. Consequents cannot, by an infinite regress, be evolved out of antecedents, which are themselves only consequents. Demonstration, if proof be possible, behoves to repose at last on propositions, which, carrying their own evidence, necessitate their own admission; and which being, as primary, inexplicable, as inexplicable, incomprehensible, must consequently manifest themselves less in the character of cognitions than of *facts*, of which consciousness assures us under the simple form of *feeling* or *belief*... it is sufficient to have it conceded, in general, *that such elements there are;* and this concession of their existence being supposed, I shall proceed to hazard some observations, principally in regard to their authority as warrants and criteria of truth... Limiting, therefore, our consideration to the question of authority; how, it is asked, do these primary propositions – these cognitions at first hand – these fundamental facts, feelings, beliefs, certify us of their own veracity? To this the only possible answer is – that as elements of our mental constitution – as the essential conditions of our knowledge – they *must* by us be accepted as true. To suppose their falsehood is to suppose that we are created capable of intelligence, in order to be made the victims of delusion; that God is a deceiver, and the root of our nature a lie. But such a supposition, if gratuitous, is manifestly illegitimate."[43]

Common Sense ist für Hamilton also das Ensemble und der In-

---

[42] Es handelt sich um Hamiltons erste der – den Werken Reids anhangweise beigefügten – „Supplementary Dissertations", die den vollen Titel trägt „On the Philosophy of Common Sense; or, Our primary beliefs considered as the ultimate Criterion of Truth". Die Abhandlung umfaßt 120 Spalten in Petitsatz (R II 742–803) und ist folgendermaßen gegliedert: „I. The meaning of the doctrine, and purport of the argument, of Common Sense. II. The conditions of the legitimacy, and legitimate application, of the argument. III. That it is one strictly philosophical and scientific. IV. The essential characters by which our primary beliefs, or the principles of Common Sense, are discriminated. V. The nomenclature, that is, the various appellations by which these have been designated. VI. The universality of the philosophy of Common Sense; or its general recognition, in reality and in name, shown by a chronological series of testimonies from the dawn of speculation to the present day."

[43] R II 742 f.

begriff jener ursprünglichen Überzeugungen und ersten Erkenntnisse, die ihre Evidenz in sich selber tragen. Common Sense bildet ein *Kennwort* für das menschliche Bewußtsein, das sein Wahrheitskriterium nicht von einer ihm äußerlichen Instanz bezieht und daher eines Beweises weder bedürftig noch fähig ist. Der Terminus bildet allerdings nur *ein* Kennwort, dem viele andere entsprechen. Daher kann Hamilton – in seiner oft wechselnden Terminologie – den Common Sense etwa als „natürliches Bewußtsein" bezeichnen[44] und gleichbedeutend mit dem aristotelischen νοῦς als dem „locus principiorum", gleichbedeutend auch mit der (praktischen) „Vernunft" Kants und mit den englischen Bezeichnungen „Reason", „Intellect", „Intelligence" und „Regulative Faculty" verwenden. Den Erkenntnissen dieser dem Geist angeborenen, apriorischen Fähigkeit kommt Notwendigkeit zu; sie bilden die unabdingbare Voraussetzung, Erkenntnisse aus Erfahrung zu gewinnen.[45]

Hamilton nennt und erläutert vier wesentliche Kennzeichen zur Unterscheidung ursprünglicher Erkenntnisse von davon abgeleiteten Erkenntnissen: „1. their Incomprehensibility – 2. their Simplicity – 3. their Necessity and absolute Universality – 4. their comparative Evidence and Certainty."[46] In seinem Hang zu – oft schulmeisterlich wirkenden – Unterteilungen empfiehlt er jeder Philosophie, die Irrtümer korrigieren oder von vornherein vermeiden will, drei Maximen: „1. That we admit nothing, not either an original datum of consciousness, or the legitimate consequence of such a datum; 2. That we embrace all the original data of consciousness, and all their legitimate consequences; and 3. That we exhibit each of these in its individual integrity, neither distorted nor mutilated, and in its relative place, whether of pre-eminence or subordination."[47]

Obwohl keine Erkenntnis, ist der Glaube an die ursprünglichen Überzeugungen des Bewußtseins nicht irrational, sondern einsichtig, insofern er um seine eigene Glaubwürdigkeit weiß: „*The Philosophy of Common Sense*, is the doctrine which founds all our knowledge on belief... But, on the other hand, the manifestation of this

---

[44] R II 747 a.
[45] L II 15–17; R II 550 b, Anm. Hamiltons.
[46] R II 754 a.
[47] R II 747 a.

belief necessarily involves knowledge... It is thus impossible to separate belief and knowledge, – feeling and intuition. They each suppose the other."[48] Hamilton schreibt in geradezu provozierender Ausdrücklichkeit: „The argument from Common Sense is one strictly philosophical and scientific"[49] und erklärt, daß der Rekurs auf die natürlichen Überzeugungen der Menschheit nicht die Entscheidung flieht, indem er sich dem Urteil der Menge anpaßt. Der Philosoph vertraut nicht einem blinden Gefühl, denn er weiß, warum er dem Bewußtsein vertraut. Seine Haltung ist nicht dezisionistisch, wenn er sich für die Glaubwürdigkeit des Bewußtseins entscheidet, denn seine Berufung auf den Common Sense ist „no appeal to the undeveloped beliefs of the unreflected many". Das Urteil dessen, dem seine Voraussetzungen durch Reflexion einsichtig geworden sind, mag faktisch mit dem Urteil des einfachen Mannes zusammenfallen, – als Verteidiger oder Richter darf letzterer nicht fungieren: „we only appeal to the consciousness of those not disqualified to pronounce a decision".[50] Das begründete Vertrauen in den Common Sense[51] ist nach Hamilton „wissenschaftlich" qualifiziert, ganz im Gegensatz zu den Auffassungen des gesunden Volksempfindens, mit denen man die schottische Philosophie spöttisch identifiziert hat.[52]

Es fällt auf, daß Hamilton die Legitimität des Glaubens an das natürliche Bewußtsein nicht nur durch eine selbständige Ab-

---

[48] L IV 71, 73. – Bei dieser Erörterung des Verhältnisses von „belief" und „knowledge" geht Hamilton von der *umgangssprachlichen* Bedeutung des Wortes „belief" aus. An anderer Stelle beklagt er die wegen ihrer Mehrdeutigkeit anfechtbare Bezeichnung „Common Sense" und schreibt: „... it can only claim toleration in the absence of a better." (L II 349) Das erinnert an seinen Hinweis in den frühen Aufsätzen, der Philosophie stehe (im Gegensatz zur Mathematik) leider keine adäquate Sprache zur Verfügung (D 281, 291; vgl. L I 382). Dieser von ihm selbst hervorgehobene Befund muß auch einmal zu seiner Entlastung angeführt werden, nachdem seine – ebenfalls von ihm selbst leidvoll empfundene – terminologische Vielfalt und Vieldeutigkeit beklagt wurde. Inkonsequent ist Hamilton nur insofern, als er anderen Philosophen jene Ungenauigkeit bei der Einführung und Anwendung ihrer Begriffe vorwirft, die er nach eigenem Eingeständnis selbst nicht vermeiden kann.

[49] R II 751.

[50] R II 752.

[51] „... *we believe, because we know;* for belief is only unaccountable when it is not the consequent or concomitant of knowledge." (R I 327, Anm. Hamiltons)

[52] R II 751 f.

handlung zu erweisen versucht – nämlich durch die genannte Note A –, sondern daß er diese Glaubwürdigkeit in allen seinen schriftlich erhaltenen Äußerungen mit eloquenter Ausführlichkeit und einer bis zum Überdruß gehenden Hartnäckigkeit verteidigt. Ob er diese Verteidigung, vielleicht sogar schwerpunktmäßig, gegen Zweifel führen mußte, die in ihm selbst aufgekommen sind und sich immer wieder erhoben haben, ist nicht nachzuweisen, obwohl die vielen eindringlichen Wiederholungen dafür sprechen könnten. Sicher ist, daß mit dieser Ausgangsposition sein gesamter Denkentwurf steht oder fällt und daß er darum jede Möglichkeit wahrnehmen mußte, sie zu stärken und von abweichenden Positionen abzusetzen. Darum wendet sich Hamilton in aller Schärfe gegen die „Irrationalisierung" dieses Glaubens, gegen dessen Gleichsetzung mit den Meinungen der großen Menge, gegen dessen Fehlinterpretation durch schottische und deutsche Philosophen.

Von den Philosophen der Schottischen Schule, so das Urteil Hamiltons, hat Thomas Reid die Eigenart des Common Sense am besten verstanden und entfaltet, während Beattie und Brown zahlreiche erhebliche Irrtümer unterlaufen sind;[53] von den deutschen Philosophen des 18. Jahrhunderts hat Jacobi Sinn und Tragweite des Common Sense am unmittelbarsten erfaßt, während Kant nur durch eine glückliche Inkonsequenz zur Re-Etablierung dieses Prinzips in seiner praktischen Philosophie gelangte, jedoch auch darin schwere Irrtümer beging. Worauf gründet Hamilton seine Beurteilung von Reid und Kant?

Reid hält den Widerstreit („opposition") zwischen Philosophie und Common Sense für falsch, will darum Vernunft und Common Sense versöhnen („reconcile"), die beide den „Allmächtigen" zum Urheber haben; er möchte lieber dem Pöbel zugezählt werden als die seltsamen, abscheulichen und demütigenden Auffassungen von der menschlichen Natur teilen, die einige Philosophen hegen.[54] Jeder Mensch vermag aufgrund der evidenten Prinzipien des Common Sense zu urteilen und zu handeln; die Bezeichnung ist unzweideutig und seit altersher verbürgt.[55] Reid schreibt: „It is absurd to

[53] R II 792. – Vgl. Hamiltons ausführliche und scharfe Auseinandersetzung mit Beattie (D 39–99 u. ö.).
[54] R I 127–129.
[55] R I 421–425.

conceive that there can be any opposition between reason and common sense. It is indeed the first-born of Reason; and, as they are commonly joined together in speech and in writing, they are inseparable in their nature.“[56]

Das Vertrauen in die naturgegebenen Erkenntniskräfte des Menschen hält nach Reid den stärksten Angriffen des Skeptizismus stand und nötigt keineswegs zur Urteilsenthaltung bezüglich der Existenz der Außenwelt: „I know, moreover, that this belief is not the effect of argumentation and reasoning; it is the immediate effect of my constitution... Perhaps the sceptic... says..., you ought to resolve firmly to withhold assent, and to throw off this belief of external objects, which may be all delusion. For my part, I will never attempt to throw it off... my reasons are these: First, because it is not in my power... Secondly, I think it would not be prudent to throw off this belief, if it were in my power... I profess I would rather make one of the credulous fools whom Nature imposes upon, than of these wise and rational philosophers who resolve to withhold assent at all this expense... Thirdly... I gave implicit belief to the informations of Nature by my senses ... I find that without it I must have perished by a thousand accidents... Therefore I consider this instinctive belief as one of the best gifts of Nature. I thank the Author of my being, who bestowed it upon me, before the eyes of my reason were opened...“[57] Schon Reids Begründungskette für die Wahrhaftigkeit des Bewußtseins endet bzw. beginnt also bei Gott als dem Urheber der menschlichen Natur, der in seiner Vollkommenheit und Allmacht nicht täuschen kann. Reid nennt es „metaphysischen Wahnsinn“, den ursprünglichen und natürlichen Prinzipien des Common Sense zu mißtrauen.[58]

Es ist ersichtlich, daß die Grundposition Reids zum Common Sense vom Herausgeber seiner Werke geteilt wird.[59] Das „Sondergut“ Hamiltons besteht in Differenzierungen, die an Reid vor al-

---

[56] R I 425.

[57] R I 183 f.

[58] R I 209.

[59] Hamilton schreibt: „The argument from common sense, if not omnipotent, is powerless: and in the hands of a philosopher by whom its postulate cannot be allowed, its employment, if not suicidal, is absurd.“ (D 91; vgl. D 92 f., 64)

lem sprachliche Ungenauigkeiten, mangelnde Kenntnis der historischen Quellen und Fehler bzw. Inkonsequenzen bei der Exposition des richtigen Zieles seiner Philosophie kritisieren,[60] und in Differenzierungen, die so erheblich sind, daß sie gewichtige Abweichungen darstellen. Im gegenwärtigen Zusammenhang fällt insbesondere eine solche Abweichung ins Gewicht, die nur kurz zu skizzieren ist, weil sie bereits Bekanntes aufnimmt. Hamilton zitiert zwar zustimmend Reids Rekurs auf den Common Sense als der konstitutiven, allen Menschen innewohnenden Erkenntnisfähigkeit,[61] wehrt sich jedoch dagegen, „Common Sense" ohne weiteres mit „Reason" und zugleich mit dem Urteil der Menge gleichzusetzen.[62] Die Glaubwürdigkeit des Bewußtseins hinzunehmen, genügt nicht. Erst die *Einsicht* in diese Glaubwürdigkeit und die Fähigkeit, primär-ursprüngliche von sekundär-abgeleiteten Erkenntnissen zu unterscheiden bzw. die rechtmäßige Zurückführbarkeit sekundärer Erkenntnisse auf ursprüngliche Überzeugungen zu *begründen,* macht die Berufung auf den Common Sense zu einem wissenschaftlichen und philosophischen Argument.[63] Daß zur reflektierenden Überprüfung der Nachweis fehlender Selbstwidersprüchlichkeit gehört, wird uns später bei der Erörterung des Skeptizismus-Vorwurfs und der Funktion der Logik beschäftigen.[64]

Es ist sehr viel schwieriger, die Einschätzung des Common Sense bei *Kant* ähnlich eindeutig zu umreißen wie bei Reid. Denn zu-

---

[60] Vgl. etwa D 94, Anm.; R I XXXIII f.; R II 743 f.

[61] So führt Hamilton die folgenden Sätze Reids gegen Thomas Brown an: „We have here a remarkable conflict between two contradictory opinions, wherein all mankind are engaged. On the one side stand all the vulgar, who are unpractised in philosophical researches, and guided by the uncorrupted primary instincts of nature. On the other side, stand all the philosophers, ancient and modern; every man, without exception, who reflects. In this division, to my great humiliation, I find myself classed with the vulgar." (D 60. – Reid schreibt dies R I 302 b)

[62] Vgl. R I 127 a, Anm. Hamiltons. – Um die unterschiedlichen Auffassungen zu verdeutlichen, seien aus der Vielzahl anführbarer Belege je eine bereits bekannte Äußerung Reids und Hamiltons gegenübergestellt. Reid: „This belief is not the effect of argumentation and reasoning; it is the immediate effect of my constitution." (R I 183) – Hamilton: „It is thus impossible to seperate belief and knowledge, – feeling and intuition. They each suppose other." (L IV 73)

[63] R II 751 b, 747 a, 754 f.

[64] Siehe unten S. 79–87, 100–106.

nächst äußert sich Kant zum „gemeinen" oder „gesunden Menschenverstand" nur beiläufig; sodann verwendet er an deutschen Äquivalenten verschiedene, in ihren Bedeutungen variierende Begriffe, so daß oft schwer zu bestimmen ist, welche von ihnen mit dem (in sich wiederum bedeutungsverschiedenen) Common Sense der Schotten übereinstimmen, partiell identisch sind oder nicht die geringste Ähnlichkeit besitzen; schließlich bezieht er sich nur selten auf die schottischen Common Sense-Philosophen, und dann eher allgemein. Vielleicht ist es dennoch möglich, ohne unzulässige Vereinfachung im wesentlichen drei Bedeutungsebenen zu unterscheiden und anhand einiger Belege skizzenhaft zu verdeutlichen: eine vorwiegend ablehnende Beurteilung des Common Sense in den „Prolegomena", eine ambivalente Einschätzung in der „Kritik der Urteilskraft" und eine Befürwortung in der „Grundlegung zur Metaphysik der Sitten".

In der Vorrede zu den „Prolegomena" erklärt Kant: Reid, Oswald, Beattie und schließlich auch Priestley hätten die – durch Hume bezweifelte – Verknüpfung von Ursache und Wirkung als schlichte Gegebenheit angenommen, weil sie, statt reine Vernunft zu befragen, die Berufung auf den „gemeinen Menschenverstand" setzten. Dieser sei, obwohl „eine große Gabe des Himmels", unwissenschaftlich, und der Rekurs auf ihn sei, genau betrachtet, „nichts anderes als eine Berufung auf das Urteil der Menge".[65] In der gleichen Schrift heißt es, die „allgemeine Menschenvernunft" sei „ein Zeuge, dessen Ansehen nur auf dem öffentlichen Gerüchte" beruht.[66] Die „Wünschelrute des sogenannten Menschenverstandes" richte sich nur auf zufällige, aposteriorische Erfahrungsdaten. „Gemeiner Verstand hat also weiter keinen Gebrauch, als sofern er seine Regeln (obgleich dieselben ihm wirklich *a priori* beiwohnen) in der Erfahrung bestätigt sehen kann; mithin sie *a priori* und unabhängig von der Erfahrung einzusehen, gehört vor den spekulativen Verstand und liegt ganz außer dem Gesichtskreis des gemeinen Verstandes."[67] Es hat sich gezeigt, daß Hamilton demgegen-

---

[65] Prol (KGS IV 258 f.); vgl. KrV B 811 f.: „... sich trotzig auf den gesunden Menschenverstand berufen (eine Zuflucht, die jederzeit beweist, daß die Sache der Vernunft verzweifelt ist) ..."
[66] Prol (KGS IV 277).
[67] Prol (KGS IV 369 f.). – Hierhin gehören auch Äußerungen Kants, auf die L.

über auf der Fähigkeit des Common Sense besteht, seine eigene apriorisch gegebene Glaubwürdigkeit *einzusehen* und daß darum eine Identifizierung mit dem Urteil der Menge *nicht* zulässig ist. Im Unterschied zu Kant gibt Hamilton dem Common Sense die gleiche Autorität, die Kant dem „gemeinen Verstand" verweigert und dem „spekulativen Verstand" zuerkennt.

Die „Kritik der Urteilskraft" bietet insofern einen mehrdeutigen Befund, als in der „Geschmackskritik"[68] des ersten Teils vom „gemeinen Verstande" der „Gemeinsinn" abgehoben wird, welcher „nicht nach Gefühl, sondern jederzeit nach Begriffen, wiewohl gemeiniglich nur als nach dunkel vorgestellten Begriffen urteilt". Die hier erörterten „Geschmacksurteile" führen zwar keine „unbedingte Notwendigkeit" bei sich, müssen jedoch ein „subjektives Prinzip" haben, das die Kritik des Gefallens bzw. Mißfallens allgemeingültig und mitteilbar macht.[69] Eben dieses Prinzip ist der „Gemeinsinn", der sich vom vulgären „gemeinen Menschenverstand" durch die Fähigkeit unterscheidet, über seine eigenen Urteile zu reflektieren. Dadurch wird er zum „sensus communis" als einem „gemeinschaftlichen ... Beurteilungsvermögen", das nicht „subjektiven Privatbedingungen" folgt, sondern sein Urteil „gleichsam an die gesamte Menschenvernunft" hält.[70] Er bleibt aber – „weil zwar das Prinzip nur subjektiv, dennoch aber für subjektiv-allgemein" genommen wird – „eine bloße idealische Norm".[71] Die Verläßlichkeit des „Gemeinsinns", verstanden als Ermöglichungsgrund der Allgemeingültigkeit von Geschmacksurteilen, wäre demnach zwischen den apriorischen Urteilen der spekulativen Vernunft und den empirisch-zufälligen Urteilen der Menge anzusiedeln.

Die positive Einschätzung des „gemeinen Menschenverstandes"

Krüger (Der Begriff des Empirismus. Erkenntnistheoretische Studien am Beispiel Lockes, Berlin 1973, S. 113 f.) aufmerksam macht. Der gesunde Menschenverstand sei, schreibt Kant, „wie Rindfleisch und Schöpsenfleisch ein gricht vor Bürger und Bauern" (KGS XVIII 488); die „Panegerysten des gemeinen Menschenverstandes" ergeben sich dem „Schwärmen", indem sie das Wahrheitskriterium in Empfindungen suchen; die „qualitas occulta des gesunden Verstandes" sei unannehmbar, weil dieser „gar keine Rechenschaft giebt" (ebd. 272); „Der sogenannte Gesunde Verstand ist asylum ignorantiae" (ebd. 275).

[68] KU (KGS V 158).

[69] KU (KGS V 237–240).

[70] KU (KGS V 293).

[71] KU (KGS V 239).

(bzw. der „gemeinen Menschenvernunft") in Kants praktischer Philosophie läßt sich durch Aussagen der „Grundlegung zur Metaphysik der Sitten" verdeutlichen. Im ersten Abschnitt, der den „Übergang von der gemeinen sittlichen Vernunfterkenntnis zur philosophischen" erörtert, heißt es: „So sind wir denn in der moralischen Erkenntnis der gemeinen Menschenvernunft bis zu ihrem Prinzip gelangt, welches sie sich zwar freilich nicht so in einer allgemeinen Form abgesondert denkt, aber doch jederzeit wirklich vor Augen hat und zum Richtmaße ihrer Beurteilung braucht. Es wäre hier leicht zu zeigen, wie sie mit diesem Kompasse in der Hand in allen vorkommenden Fällen sehr gut Bescheid wisse zu unterscheiden, was gut, was böse, pflichtmäßig oder pflichtwidrig sei, wenn man, ohne sie im mindesten etwas Neues zu lehren, sie nur, wie Sokrates tat, auf ihr eigenes Prinzip aufmerksam macht ... Hier kann man es doch nicht ohne Bewunderung ansehen, wie das praktische Beurteilungsvermögen vor dem theoretischen im gemeinen Menschenverstande so gar viel voraus habe ... Wäre es demnach nicht ratsamer, es in moralischen Dingen bei dem gemeinen Vernunfturteil bewenden zu lassen und höchstens nur Philosophie anzubringen, um das System der Sitten desto vollständiger und faßlicher, imgleichen die Regeln derselben zum Gebrauch (noch mehr aber zum Disputieren) bequemer darzustellen, nicht aber um selbst in praktischer Absicht den gemeinen Menschenverstand von seiner glücklichen Einfalt abzubringen und ihn durch Philosophie auf einen neuen Weg der Untersuchung und Belehrung zu bringen? – Es ist eine herrliche Sache um die Unschuld, nur ist es auch wiederum sehr schlimm, daß sie sich nicht wohl bewahren läßt und leicht verführt wird. Deswegen bedarf selbst die Weisheit – die sonst wohl mehr im Tun und Lassen als im Wissen besteht – doch auch der Wissenschaft, nicht um von ihr zu lernen, sondern ihrer Vorschrift Eingang und Dauerhaftigkeit zu verschaffen ... So wird also die *gemeine Menschenvernunft* nicht durch irgend ein Bedürfnis der Spekulation (welches ihr, solange sie sich genügt, bloße gesunde Vernunft zu sein, niemals anwandelt), sondern selbst aus praktischen Gründen angetrieben, aus ihrem Kreise zu gehen und einen Schritt ins Feld einer *praktischen Philosophie* zu tun ..."[72]

[72] GMS (KGS IV 403–405).

Hier wird ohne kommentierende Verdeutlichung ablesbar, daß die Dichotomie zwischen gemeiner und spekulativer Vernunft aufgehoben ist: „Aus dem Angeführten erhellt: daß alle sittlichen Begriffe völlig *a priori* in der Vernunft ihren Sitz und Ursprung haben, und dieses zwar in der allgemeinsten Menschenvernunft ebensowohl als der im höchsten Maße spekulativen ..."[73] Hamilton macht Kant jedoch die Inkonsequenz der Beurteilung der Vernunft in ihrem theoretischen und in ihrem praktischen Gebrauch zum Vorwurf: „... Kant could not consistently defer to the Authority of Reason in its practical relations, after having shown that Reason in its speculative operations resulted only in a complexus of antilogies. On the contrary, I have endeavoured to show that Reason, – that Consciousness within its legitimate limits, is always veracious ..."[74] Hamilton erklärt, trotz der bewundernswerten

---

[73] GMS (KGS IV 411). – GMS (KGS IV 456): „... daher wird es der subtilsten Philosophie ebenso unmöglich wie der gemeinsten Menschenvernunft, die Freiheit wegzuvernünfteln."

[74] L II 543; vgl. auch R II 752 f., wo Kants in den „Prolegomena" geäußerte Kritik an der Schottischen Schule aufgenommen wird, und D 623. – Hamilton hat Kant im Original gelesen und sich ernsthaft mit ihm auseinandergesetzt. Das geht schon aus seiner – wiederum in Aufsatzform gehaltenen – Rezension der 1832 erschienenen englischen Übersetzung von W. G. Tennemanns „Grundriss der Geschichte der Philosophie für den akademischen Unterricht" (Leipzig 1812) hervor. Die Besprechung (D 100–117) äußert sich enttäuscht über die verdorbene Chance, Kant mit dieser Übersetzung dem englischen Publikum nahezubringen; sie kritisiert heftig die Fehlinterpretation des Übersetzers, die durch ungenügendes Vertrautsein mit den Schriften Kants und durch mangelnde Deutschkenntnisse zustandegekommen sei. Hamilton kennt und schätzt Tennemanns elfbändige „Geschichte der Philosophie" (Leipzig 1798–1819), von der er sagt, sie lasse vielen englischen Denkern mehr Gerechtigkeit widerfahren, als sie im eigenen Land genießen (vgl. z. B. D 92, 191). – Diese im Detail begründete vernichtende Kritik an der Tennemann-Übersetzung läßt bereits zwei Momente der Kant-Rezeption Hamiltons erkennen, die zugleich für die englische Kant-Rezeption bis zum zweiten Drittel des 19. Jahrhunderts kennzeichnend sind: Die „deutsche Metaphysik" („German metaphysics", „German schools", „German philosophy" sind stehende Ausdrücke) wird im allgemeinen als dunkel und schwer verständlich empfunden (vgl. etwa D 103: „the profound abyss of German metaphysics"), und man knüpft fast ausschließlich an die „negativen" Schlußfolgerungen der theoretischen Philosophie Kants an. „Negativ" ist im Sinne der bekannten Formulierung Kants zu verstehen: „Der größte und vielleicht einzige Nutzen der Philosophie der reinen Vernunft ist also wohl nur negativ; da sie nämlich nicht, als Organon zur Erweiterung, sondern, als Disziplin, zur Grenzbestimmung dient, und, anstatt Wahrheit zu entdecken, nur das stille Verdienst hat, Irrtümer zu verhüten." (KrV B 823)

Schärfe und Klarheit seines Denkens habe Kant der einen und selben Vernunft anfangs in seiner theoretischen Philosophie aberkannt, was er ihr in seiner praktischen Philosophie schließlich zuerkennt. Es sei zutiefst inkonsequent, zunächst das theoretische Unvermögen der Vernunft herauszuarbeiten und sodann dieselbe Vernunft in ihrem praktischen Gebrauch als Autorität einzusetzen. Statt ihr ein für alle Mal zu vertrauen, verwirft und verspottet die erste Kritik jenen „belief" in den Common Sense, der in der zweiten Kritik re-etabliert wird: „Though Kant... apparently derides the common sense of mankind, and altogether rejects it as a metaphysical principle of truth; he at last, however, found it necessary (in order to save philosophy from the annihilating energy of his *Speculative Reason*) to rest on that very principle of an ultimate belief, (which he had originally spurned as a basis even of a material reality), the reality of all the sublimest objects of our interest – God, Free Will, Immortality, etc. His *Practical Reason*, as far as it extends, is, in truth, only another (and not even a better) term for *Common Sense*."[75]

Hamilton sieht diese seine Kant-Kritik, die ihm zur Bestätigung der Glaubwürdigkeit des Common Sense dient, bestätigt durch F. H. Jacobi. Dieser Umstand kann insofern nicht überraschen, als Jacobi seinerseits auf Thomas Reids Interpretation des „Glaubens" rekurriert hat.[76] Hamilton kritisiert Kant mit Jacobi, den er emphatisch als „Deutschlands Platon" bezeichnet.[77] Die Zitate aus Jacobis Werken nehmen unter den „Testimonies" der Note A sechs Spalten ein.[78] Zwar wird auch Kant in diesen „Testimonies" als Zeuge für die allgemeine Anerkennung des Common Sense aufgeführt, aber bezeichnenderweise so, daß seine Inkonsequenz durch Jacobi ausgesprochen wird: „His theoretical philosophy which he first developed, proceeds on a rejection, in certain respects, of the necessary convictions of mankind; while on these convictions his practical philosophy, the result of his maturer contemplations, is

[75] D 93.

[76] Auf die Gemeinsamkeiten zwischen Hamiltons und Jacobis Kant-Kritik ist später einzugehen (s. unten S. 129–131, 137–146).

[77] R II 793 a. – Vgl. D 312: „... whom his countrymen have hailed the Plato of the latter age", und „the philosophy of the modern Plato".

[78] R II 793–796.

wholly established. As *Jacobi* well expresses it – ,The Critical philosophy, first out of love to science, theoretically subverts metaphysic; then – when all is about to sink into the yawning abyss of an absolute subjectivity – it again, out of love to metaphysic, subverts science (Werke II, p. 44).“[79] Darüber hinaus habe Kant freilich auch den „Glauben“ der praktischen Vernunft irrig aufgefaßt; dieser sei kein Postulat, sondern ein Datum, nicht ein Interesse an bestimmten Wahrheiten, sondern „das Faktum, das Prinzip, die Gewähr ihrer Erkenntnis und Wirklichkeit“.[80]

Ohne diese Kant-Kritik hier schon im einzelnen zu erörtern, sei nur die zuletzt angeführte – weil für unseren Zusammenhang zentrale – Äußerung Hamiltons aufgegriffen, um zu fragen: Spricht Kant nicht selbst mehrfach, ausdrücklich und in entscheidenden Begründungszusammenhängen seiner zweiten Kritik vom „Faktum“ der reinen praktischen Vernunft? Konnte oder wollte Hamilton nicht sehen, daß Kant zum „Grundgesetz der reinen praktischen Vernunft“ bemerkt: „Man kann das Bewußtsein dieses Grundgesetzes ein Faktum nennen, weil man es nicht aus vorhergehenden Datis der Vernunft... herausvernünfteln kann...“? Weiter heißt es dort: „Doch muß man, um dieses Gesetz ohne Mißdeutung als gegeben anzusehen, wohl bemerken, daß es kein empirisches, sondern das einzige Faktum der reinen Vernunft sei, die sich dadurch als ursprünglich gesetzgebend *(sic volo, sic iubeo)* ankündigt... Das vorher genannte Faktum ist unleugbar.“[81] Worin liegt der Unterschied zu Hamiltons „fact of consciousness“, das von ihm durch die Bezeichnungen „primary datum of intelligence“, „a priori principle“, „fundamental law of mind“ und „transcendental condition of thought“ näher erklärt wird?[82]

Hamiltons Kritik erscheint demnach als unangebracht, weil Kant durchaus ein „Faktum“ der – praktischen – Vernunft kennt und nennt; sie kann lediglich darauf insistieren, daß Kant – im Unterschied zu Hamilton – kein Faktum der *theoretischen* Vernunft kennt und nennt. Hamilton *könnte* darum auch kritisieren, daß das erkenntnistheoretische Urdatum der Common Sense-Philosophie

---

[79] R II 792 b (Hervorhebung von mir).
[80] R II 793 a.
[81] KpV (KGS V 31 f.).
[82] L I 270.

nicht nur unerkennbar sei, sondern *als unerkennbares* anerkannt und in seiner „Evidenz“ respektiert werde.[83]

Die Schwierigkeit, in diesem Punkt Klarheit zu gewinnen, liegt in der ambivalenten (hier tatsächlich „eklektisch“ vorgehenden) Kant-Rezeption Hamiltons begründet: Er versucht zunächst, Kants Vernunftkritik durch den Aufweis der Zwiespältigkeit zwischen „negativer“ und „positiver“ Philosophie zu destruieren, um dann den „positiven Ertrag“ für die eigene Lösung des erkenntnistheoretischen Konstitutionsproblems „konstruktiv“ einzubringen. Was Kant für die theoretische Vernunft negiert und für die praktische Vernunft postuliert, das nimmt Hamilton für seine „theoretische Vernunft“ in Anspruch – für „consciousness“ und „Common Sense“ – und hält Kant vor, daß er nicht dasselbe getan hat. Die Fragwürdigkeit dieses Verfahrens ist offenkundig. Falls man jedoch Hamilton das Recht zugesteht, die von ihm behauptete Inkonsequenz Kants in *seiner* Philosophie zu korrigieren (also die Aussagen zum „Faktum“ der praktischen Vernunft für „consciousness“ und „Common Sense“ zu reklamieren), dann wäre eine begründete Kritik an Kant möglich, die Hamilton selbst allerdings nicht vorgebracht hat. Dann wäre nämlich zu fragen, warum Kant es unterließ, sein „Faktum“ der Vernunft so *eindeutig und ausdrücklich* als irreduzibel und darum *als unerkennbar auszuweisen*, wie Hamilton dies von „consciousness“ und „Common Sense“ erklärt hat.[84]

Im Rückblick auf die skizzierten Auseinandersetzungen Hamiltons mit Reid und Kant ist festzuhalten, daß dieser – in philosophiegeschichtlichen Nachschlagewerken gern so genannte – Common sense-Philosoph schon deshalb kein bloßer Reid-Epigone ist, weil er die Glaubwürdigkeit der ursprünglichen Überzeugungen des Bewußtseins nicht mit den Meinungen der Menge gleichsetzt. Es hat sich weiter gezeigt, daß er als Kant-Kritiker und Kant-Rezeptor eine Lösung des erkenntnistheoretischen Konstitutionspro-

---

[83] Vgl. unten S. 136 f.

[84] Obwohl die „Kritik der praktischen Vernunft“ an der Apriorität dieses Faktums keinen Zweifel läßt, relativiert sie dieses Faktum manchmal durch ein eingeschobenes „gleichsam“, etwa KpV (KGS V 55): „Die objektive Realität eines reinen Willens oder, welches einerlei ist, einer reinen praktischen Vernunft ist im moralischen Gesetze a priori gleichsam durch ein Faktum gegeben ...“; vgl. weiterhin KpV (KGS V 91. 104).

blems anstrebt, die vor dem Forum der kritischen Reflexion bestehen kann, und daß er sich bei vollem Vertrauen in die Gegebenheit und Wahrhaftigkeit des Bewußtseins zum „Wesen" dieser gnoseologischen Letzt- und Erstinstanz ausdrücklich agnostisch verhält.

Nun ist darzustellen, welche *Wirklichkeiten* das Bewußtsein zu erkennen vermag, *wie* es zu der ihm möglichen Wirklichkeitserkenntnis gelangt, und welche Wirklichkeiten es *nicht* zu erkennen vermag.

2.4 Die Reichweite der Erkenntnis

Auch die folgenden Darlegungen und Erörterungen der im engeren Sinne so zu nennenden „Erkenntnistheorie" Hamiltons versuchen, seine Konzeption schrittweise zu entfalten, obwohl das œuvre des Autors dieses Vorgehen nicht begünstigt. Aus der bereits hervorgehobenen Tatsache, daß Hamilton sein Denken weder in genetischer Auseinanderfolge noch in systematischer Ordnung niedergeschrieben hat, ergeben sich für die hier gewählte Verfahrensweise vor allem zwei Schwierigkeiten.

Einerseits ist daran zu erinnern, daß Hamilton seine Überlegungen vorzugsweise in Auseinandersetzung mit benachbarten oder gegnerischen Positionen artikuliert. Weil sich aber seine Konzeption auch *unabhängig* von dieser Auseinandersetzung erheben läßt, wird der „immanente" Aspekt seines Denkens (in den Abschnitten 2.41 und 2.51) vom „kontroversphilosophischen" (in den Abschnitten 2.42 und 2.52) abgehoben; diese Aufteilung läßt sich allerdings nicht streng durchhalten. Andererseits begegnen in Hamiltons Erörterungen immer wieder empirisch-psychologische und logische „Elemente" und Argumentationsfiguren, die seinem erkenntnistheoretischem Konzept nicht oder nur unzureichend integriert sind. Weil sie sich aber aus seinen Erörterungen *nicht herauslösen* lassen, werden sie im jeweiligen Zusammenhang behandelt: die psychologischen Elemente und Argumentationsfiguren innerhalb des Abschnitts „Die Phänomenerkenntnis von Ich und Nicht-Ich" (2.41), die logischen innerhalb des Abschnitts „Die Relativität aller Erkenntnis" (2.51).

2.41 Die Phänomenerkenntnis von Ich und Nicht-Ich

Das Bewußtsein, dem als einzigem Erkenntniskriterium uneingeschränkte Glaubwürdigkeit zukommt, läßt den Menschen ursprünglich und unmittelbar zwei Wirklichkeiten erfassen: die Existenz seiner selbst als des erkennenden Subjekts und die Existenz äußerer Wirklichkeit als des erkennbaren Objekts.[1] Die zweifache Fähigkeit zur Erfassung der Innen- und Außenwelt, die dem Menschen von seinem Schöpfer eingestiftet worden ist, nennt Hamilton *„die ursprüngliche Dualität* des Bewußtseins".[2] Sie kann als Selbstbewußtsein oder innere Wahrnehmung und als sinnliche oder äußere Wahrnehmung bezeichnet werden. Diese Tatsache („fact") ist so offensichtlich, daß sie keines Beweises bedarf.[3] Wer das Zeugnis („testimony") seines eigenen Bewußtseins sprechen läßt und die einhellige Überzeugung der Menschheit („Common Sense of mankind") konsultiert,[4] wird bestätigt finden, daß er der Existenz eines Ich und eines Nicht-Ich in einem einzigen, unteilbaren „Augenblick der Anschauung" gewahr wird: „... we are immediately conscious in perception of an ego and a non-ego, known together, and known in contrast to each other. This is the fact of the Duality of consciousness. It is clear and manifest. When I concentrate my attention in the simplest act of perception, I return from my observation with the most irresistible conviction of two facts, or rather two branches of the same fact; – that I am, – and that something different from me exists. In this act, I am conscious of myself as the perceiving subject, and of an external reality as the object perceived; and I am conscious of both existences in the same indivisible moment of intuition."[5]

Hamilton besteht auf der „unmittelbaren" und „intuitiven" Erkenntnisleistung des Bewußtseins, um die tatsächliche und objektive Existenz der Außenwelt unumstößlich abzusichern. Er lehnt es entschieden ab, zwischen erkennendem Subjekt und erkennbarem Objekt eine dritte, vermittelnde Gegebenheit anzunehmen, um zu verhindern, daß die Existenz der Außenwelt zum bloßen Bewußt-

[1] R II 746 f.
[2] L I 53 (Hervorhebung von mir).
[3] L I 73.
[4] L II 116 f.
[5] L I 288.

seinsinhalt wird. Deshalb impliziert für ihn die Erkenntnis eines Objekts (dessen Vorfindlichkeit im Bewußtsein) die Existenz dieses Objekts (dessen Vorfindlichkeit in der Außenwelt). Das Bewußtsein hat einen Gegenstand nicht nur als Erkenntnisobjekt, sondern kraft dieser Tatsache erkennt es den Gegenstand unmittelbar und zweifelsfrei in seiner tatsächlichen, bewußtseinsunabhängigen Existenz. Wenn Hamilton die Erkenntnis der realen Außenwelt als „Intuition" und die entsprechende Geistestätigkeit als „glauben" bezeichnet, so will er damit nicht einen irrationalen Vorgang, sondern die Unmittelbarkeit dieser Erkenntnis umschreiben: „The existence of an external world is only given us through its intuition, – we only believe it to exist because we believe that we immediately know it to exist, or are conscious of it as existing. The intuition is the *ratio cognoscendi,* and, therefore to us the *ratio essendi,* of a material universe."[6] Das Bewußtsein weiß, daß sein Gegenstand mehr ist als eine subjektive Vorstellung: „The common sense of mankind assures us that the object of sense is not merely *conceived* to be external, but *perceived* in its externality; that we know the Non-Ego, not merely mediately, by a representation in the Ego, but immediately, as existing though only as existing in relation to our organs."[7]

Solche Formulierungen sind exemplarisch. Sie stehen für Hunderte von anderen, in denen Hamilton die Bewußtseinsunabhängigkeit der Außenwelt gewährleisten und argumentativ erhärten will, indem er immer wieder auf die Bezeugung dieser „Tatsache" durch das Einzelbewußtsein und durch das Zeugnis der Menschheit im ganzen rekurriert. Doch sobald und sofern sich unser Autor die Frage stellt, *wie* das bewußtseinsunabhängige Außenweltobjekt zum bewußtseinsimmanenten Erkenntnisobjekt werden kann, gerät er in ein Dilemma. Sein Erkenntnisrealismus ist einerseits nicht so „naiv", eine unmittelbare Identität von Außenweltobjekt und Erkenntnisobjekt anzunehmen. Weil aber andererseits die Unmittelbarkeit des Erkenntnisvorgangs erhalten bleiben soll, verbietet sich die Einschaltung vermittelnder „Zwischeninstanzen".

---

[6] L II 140. – Zu Hamiltons philosophisch begründetem Glaubensbegriff s. unten S. 119–124.

[7] R I 158, Anm. Hamiltons.

Hamiltons Dilemma läßt sich also in die Frage fassen: Wie ist der „Übergang" vom Außenweltobjekt zum Erkenntnisobjekt als unmittelbarer (die Existenz des Außenweltobjekts garantierender) Vorgang ohne die Annahme dazwischentretender (die Existenz der Außenwelt gefährdender) Vorstellungen oder Ideen erklärbar? Hamilton versucht, diesem Dilemma durch einen Kompromiß zu entgehen, indem er sich bemüht, seine behauptend vorgetragene Ausgangsthese durch Elemente einer empirisch-psychologischen Wahrnehmungstheorie zu entlasten. Es genügt, nur jene Aspekte der schon häufig dargestellten und mit Recht als verworren charakterisierten Wahrnehmungstheorie Hamiltons[8] hervorzuheben, die für sein erkenntnistheoretisches Konzept bedeutsam sind.

Die Annahme, schreibt Hamilton, daß wir uns zwar eines Erkenntnisvorgangs bewußt werden können, nicht jedoch des Objekts dieses Erkenntnisvorgangs, sei selbstmörderisch; sie laufe nämlich folgerichtig darauf hinaus, mit dem Erkenntnisobjekt den Erkenntnisvorgang und mit dem Erkenntnisvorgang die Fähigkeiten unseres Bewußtseins selbst zu zerstören.[9] Während jedoch die erste und elementare Erkenntnis, daß ein Ich und ein davon unterschiedenes Nicht-Ich existieren, als Urbedingung alles Denkens dem Geist *angeboren* ist („native to the mind"),[10] kommt der Erkenntnis bestimmter innerer oder äußerer Dinge nur durch die *Wahrnehmung* („perception") dessen zustande, was von ihnen erscheint.[11] Darum ist nach Hamilton die Übereinstimmung des Denkens mit den notwendigen Fakten des Geistes als „metaphysische Wahrheit", die Übereinstimmung des Denkens mit den kontingenten Fakten des

---

[8] Vgl. J. Veitch, Hamilton, a. a. O. p. 155–200; L. Stephen, The English Utilitarians, a. a. O. Vol. III, p. 385–401; F. Nauen, a. a. O. S. 54–82; S. V. Rasmussen, a. a. O. p. 84–91.

[9] D 48 f. – Vgl. den selben Gedanken L I 228: „An act of knowledge is only possible in relation to an object, – and it is an act of one kind or another only by special relation to a particular object. Thus the object at once determines the existence, and specifies the character of the existence, of the intellectual energy. An act of knowledge existing and being what it is only by relation to its object, it is manifest that the act can be known only through the object to which it is correlative ... Annihilate the inkstand, you annihilate the perception; annihilate the consciousness of the object, you annihilate the consciousness of the operation."

[10] L II 277–280.

[11] L I 140, 145, 151 f.

Geistes als „psychologische Wahrheit“ zu bezeichnen.[12] Metaphysische oder apriorische Wahrheit entsteht unmittelbar durch den „locus principiorum“, das „regulative Vermögen“ des Geistes,[13] welches imstande ist, notwendige Erkenntnis hervorzubringen. Diese notwendige und damit allgemeingültige Erkenntnis erstreckt sich allerdings nur auf die *Existenz* von Ich oder Nicht-Ich. Um zur Erkenntnis eines *bestimmten* Ich oder Nicht-Ich zu gelangen, nämlich zur Erkenntnis eines „Dinges“ als „Erscheinung“, bedarf es der kontingenten oder aposteriorischen Wahrheit, die ebenso unmittelbar durch die äußere Wahrnehmung der Sinne entsteht.[14] Nach Hamiltons Auffassung müssen apriorische oder transzendentale Erkenntnis („transcendental knowledge“) und aposteriorische oder empirische Erkenntnis nicht nur zusammen, sondern gleichzeitig zur Ausübung („exercise“) gelangen, obwohl im nicht-zeitlichen Sinne die Prinzipien des Bewußtseins die Voraussetzung dieses Zusammenwirkens bilden.[15]

Die Nähe zur Transzendentalphilosophie Kants, insbesondere zu deren Verhältnisbestimmung von Anschauung und Begriff,[16] begegnet in einer Fülle einschlägiger Formulierungen, aus denen wiederum nur exemplarisch zitiert sei: „1. We perceive only through senses. 2. The senses are corporeal instruments, – parts of our bodily organism. 3. We are, therefore, percipient only through, or by means of, the body. In other words, material and external things are to us only not as zero, inasmuch as they are apprehended by the mind in their relation with the material organ which it ani-

---

[12] L IV 68.
[13] L II 347–352.
[14] L I 53–59; L IV 152.
[15] L II 26 f.: „As used in a psychological sense, knowledge *a posteriori* is a synonym for knowledge empirical, or from experience; and, consequently, is adventitious to the mind, as subsequent to, and in consequence of, the exercise of its faculties of observation. Knowledge *a priori,* on the contrary, called likewise native, pure, or transcendental knowledge, embraces those principles, which, as the condition of the exercise of its faculties of observation and thought, are, consequently, not the result of that exercise. True it is, that, chronologically considered, our *a priori* is not antecedent to our *a posteriori* knowledge; for the internal conditions of experience can only operate when an object of experience has been presented. In the order of time our knowledge, therefore, may be said to commence with experience, but to have its principle antecedently in the mind.“
[16] Vgl. unten S. 125–129.

mates, and with which it is united."[17] Der hier getroffenen Unterscheidung zwischen „Sinnen" und „Geist" entspricht im folgenden Abschnitt die Unterscheidung zwischen „äußerer Wahrnehmung" und „Selbstbewußtsein": „The First Mean towards the Acquisition of Knowledge is *Experience (experientia,* ἐμπειρία *).* Experience may be, rudely and generally, described as the apprehension of the phaenomena of the outer world, presented by the Faculty of External Perception, and of the phaenomena of the inner world, presented by the Faculty of Self-consciousness."[18] Die äußere Wahrnehmung der Sinne und die – mit dem Selbstbewußtsein identifizierte – innere Wahrnehmung des Geistes[19] konstituieren einen Gegenstand als Erkenntnisobjekt.

Die eben zitierte Äußerung, in der Hamilton selbst das Wort „Experience" und dessen Entsprechungen hervorhebt, ist kennzeichnend für seine eigenwillige Terminologie: Er bezeichnet die Erkenntnisleistungen der äußeren Wahrnehmung *und* des Selbstbewußtseins als „Erfahrung". Die Terminologie ist aber in diesem Falle nur Ausdruck der intensiven Denkanstrengung, Vorstellungen („ideas") als ein drittes Moment des Erkenntnisvorgangs auszuschalten, das zwischen (Objekt-Existenz konstituierende) unmittelbare Bewußtseinsleistung und (inhaltbestimmte Objekt-Erkenntnis ermöglichende) unmittelbare Sinneswahrnehmung treten könnte. Hamilton will diese beiden unmittelbaren Gegebenheiten dem Zugriff eines mittelbaren Dritten entziehen, um jene „ursprüngliche Dualität des Bewußtseins" zu bewahren, mit der die Dualität der Wirklichkeit gegeben ist. Doch trotz der deutlich herausgearbeiteten Verschiedenheit der genannten Erkenntnisquellen, die Hamilton jeweils noch einmal in geradezu scholastizistischen Distinktionsverfahren in Untergruppen und Unteruntergruppen gliedert,[20] gilt ihm die unteilbare Erkenntnisleistung des Bewußtseins

---

[17] L II 522.

[18] L IV 155.

[19] Z. B. L I 53.

[20] Die Dissertation von F. Nauen, a. a. O. ist so angelegt, daß sie die Distinktionen Hamiltons mit minutiöser Genauigkeit nachzeichnet und zum Leitfaden der eigenen Darstellung nimmt. Das Höchstmaß an textgetreuer Paraphrasierung, das dabei entsteht, kann allerdings nicht darüber hinwegtäuschen, daß einerseits diese Distinktionen in sich anfechtbar sind und von ihrem Autor inkonsequent gehandhabt werden, andererseits, daß die Tendenzen und Schwerpunkte

als einzige Gewähr der Einheit von Innen- und Außenwelt. Um diese Einheit zu bewahren, folgt Hamilton der Tendenz, die um der differenzierenden Erörterung willen unverzichtbaren und darum von ihm eingeführten Unterscheidungen – wie jene zwischen Wahrnehmung und Denken – doch zugleich soweit einzuschränken, daß die einerseits unterschiedenen Begriffe andererseits als gleichbedeutend erscheinen. Man könnte vielleicht sogar sagen, daß er aufgrund seiner eigenen Voraussetzungen dazu gezwungen ist, weil das Bewußtsein nur insoweit wahrhaftig und wahrheitsfähig bleiben kann, als es sein eigener Gegenstand bleibt.

Nach Hamilton muß bei jedem einfachen und ursprünglichen Akt des Denkens das Bewußtsein des Denkenden ineinsfallen mit dem Bewußtsein eines davon verschiedenen Etwas, so daß der Unterschied zwischen „erkennen" und „erkennen, daß wir (etwas) erkennen" denselben Vorgang unter verschiedenen Aspekten bezeichnet. Was Reflexion und Sprache unterscheiden müssen, ist seiner Natur nach unteilbar.[21] Hamilton erklärt, Erkenntnis sei eine Beziehung und setze wie jede Beziehung zwei Bezugsgrößen voraus: ein Subjekt der Erkenntnis, den erkennenden Geist, und ein Objekt der Erkenntnis, das erkannte Ding.[22] Insofern bestehe zwischen Bewußtsein und Erfahrung zwar ein „logischer", aber kein „psychologischer" Unterschied.[23]

Leslie Stephen kritisiert nicht zu Unrecht, Hamilton verwechsle offenbar die Erkenntnis einer Beziehung mit der Erkenntnis der beiden aufeinander bezogenen Dinge.[24] Hamilton geht freilich davon aus, daß die Erkenntnis der Beziehung durch die Erkenntnis der Bezugsgrößen zustandekommt, die vom Bewußtsein in einem einzigen und unteilbaren Akt geleistet wird. Er begegnet dem – in Stephens Einwand artikulierten – Problem, indem er es auf seinen Ausgangspunkt zurückführt, um so der Einheit und Einfachheit des Erkenntnisvorgangs gerecht werden zu können. Wo er sich aber in seiner Wahrnehmungstheorie zu Distinktionen gezwungen sieht,

---

der Reflexion dort gerade nicht liegen. S. V. Rasmussen, a. a. O. vermeidet diese Gefahr zum Teil; T. T. Segerstedt, a. a. O. entgeht ihr nahezu gänzlich.

21 L I 192–195.

22 L I 195.

23 Hamilton entfaltet diese Ansicht in Auseinandersetzung mit Th. Reid D 47–49 und L II 225–231. – Zu Hamiltons Auffassung von „Psychologie" s. oben S. 30–32.

24 L. Stephen, a. a. O. p. 393.

die nicht mehr auf diese Einheit zurückführbar sind – wie bei der Unterscheidung in primäre, sekundoprimäre und sekundäre Qualitäten[25] –, läßt er sie fallen.[26]

Weil die verschiedenen geistigen Fähigkeiten des Menschen in dem einen und einzigen Bewußtsein wurzeln, das sie mit seiner „Kraft" und „Aktivität" hervorbringt und wieder zusammenführt,[27] will Hamilton die Bezeichnungen „Bewußtsein" und „Erkenntnis" und die Bezeichnungen „Wahrnehmung" und „Denken" unter diesem Blickwinkel soweit entdifferenzieren, daß sie sich synonym verwenden lassen.[28] Diese seine Tendenz erinnert an das ursprüngliche „Verlangen nach Einheit", von dem Hamilton sagt, es sei für den Menschen und sein Denken charakteristisch: „We are lost in the multitude of objects presented to our observation... The conscious Ego, the conscious Self, by its nature one, seems also constrained to require that unity, by which it is distinguished, in everything which it receives, and in everything which it produces."[29] Obwohl alle Erkenntnis sinnlich vermittelte Er-

---

[25] Hamilton erörtert diese Unterscheidung im Anhang zu seiner Reid-Edition als „Note D. Distinction of the primary and secondary Qualities of Body" (R II 825–875). Der erste Teil der Abhandlung bietet einen weitgespannten historischen Überblick von Leukipp und Demokrit bis Reid und Stewart, der zweite entfaltet die Theorie des Autors. – Vgl. L. Stephen, a. a. O. p. 393–396; F. Nauen, a. a. O. S. 75–82; T. T. Segerstedt, a. a. O. p. 86–88.

[26] Es ist auffällig, daß Hamilton diese seine Unterscheidung der Sinnesqualitäten nur in seiner Reid-Edition, also weder in der zweiten und dritten Auflage seiner frühen Aufsätze (1853 und 1866), die jeweils bearbeitet und erweitert wurden, noch in seinen Vorlesungen behandelt. Selbst F. Nauen, dessen minutiöser Nachvollzug der Distinktionen Hamiltons bereits hervorgehoben wurde, räumt im Hinblick auf diese spezielle Theorie ein: „Zu einer klaren Abrundung der Darlegungen über die Wahrnehmung und ihren Gegenstand trägt sie auch kaum bei" (a. a. O. S. 76).

[27] L II 240: „The various acts of mind must not be viewed as single, – as isolated, manifestations; they all belong to the one activity of the ego: and, consequently, if our various mental energies are only partial modifications of the same general activity, they must all be associated among themselves." Vgl. auch L II 241, 211.

[28] Vgl. etwa L I 194–201; L II 277–281.

[29] L I 67. – Wenn Hamilton (wie hier in den Vorlesungen, aber auch schon in den „Discussions" und sowohl in den Anmerkungen als auch in der „Note A" seiner Reid-Edition) wortgeschichtlich argumentiert, so versucht er, die erste „Einheit" (Identität verschiedener Erkenntnisfähigkeiten und ihrer verschiedenen Bezeichnungen) durch eine zweite zu stützen: den Konsens der Philosophen aller Jahrhunderte in dieser Frage. Vgl. dazu unten S. 149–153.

kenntnis von Erscheinungen werden muß, soll alle Erkenntnis geistig unmittelbare Erkenntnis des Bewußtseins bleiben.

Hamiltons Absicht, die durch sinnliche Wahrnehmung zustande gekommene Phänomenerkenntnis in seine Bewußtseinsphilosophie zu integrieren, läßt sich an seinem Gebrauch des Terminus „psychologisch“ (bzw. „Psychologie“) noch deutlicher darstellen. Obwohl es nicht sinnvoll wäre, sämtliche Varianten und Bedeutungsnuancen dieses Terminus aufzuzählen – so ließe sich ein ganzes Kapitel mit unfruchtbaren Distinktionen füllen –, soll der grundsätzlich ambivalente Stellenwert, den er bei Hamilton besitzt, herausgearbeitet werden.

Die schwierigste und wichtigste Aufgabe der Philosophie besteht nach Hamilton darin, zu bestimmen und zu unterscheiden, was beim Vorgang des Erkennens der Geist selbst leistet und was die Sinne beisteuern. Da alle inhaltsbestimmte Erkenntnis als Erkenntnis von Erscheinungen durch Wahrnehmung zustande kommt, bildet die Wahrnehmung einen Gegenstand psychologischer Überlegungen und ist insofern von höchster philosophischer Bedeutung.[30] Ziel des Psychologen sei die Analyse der Bewußtseinsphänomene. Leider seien die englischen, französischen und deutschen Psychologen dabei entweder sehr mechanisch vorgegangen oder sie haben sich nicht an die Regeln psychologischer Analyse gehalten.[31] Hamiltons eigene erkenntnispsychologische Analysen befassen sich nicht nur mit dem Vorgang der sinnlichen Wahrnehmung und mit den Regeln, welcher die Wahrnehmung genügen muß, um vor dem Bewußtsein „psychologische Legitimität“ zu gewinnen.[32] Sie analysieren auch die Leistungen von Gedächtnis und Phantasie, die Gesetze der Vorstellungsassoziation, den Einfluß von Aufmerksamkeit und Ablenkung, die Rolle der Affekte und des Unbewußten, schließlich sogar die Auswirkungen von Krankheit und Geistesgestörtheit.[33]

---

[30] L I 136 f., 147; L II 43.

[31] Vgl. D 80; L I 186 f.; L II 20–23, 99.

[32] L I 267–284.

[33] Vgl. L I 310–383, 404–444; L IV 89–139; weiterhin: Correspondence relative to phrenology, between Sir Wm. Hamilton, Bart., Dr. Spurzheim, and Mr. George Combe, in Jan., Feb., and March, 1828, Edinburgh and London 1828. – Vgl. auch Hamiltons Aufsatz „Deaf and Dumb. History of their Instruction, in Reference to Dalgarno“ (D 176–185), in dem Fragen der Erziehbarkeit tau-

Zumal die beiden zuletzt genannten Stichworte weisen darauf hin, daß Hamiltons Analysen häufig in Bereiche geraten, die erkenntnistheoretisch irrelevant oder zumindest marginal sind. Er hält derartige Erörterungen jedoch für erforderlich, um das eine und einzigartige Instrument philosophischen Denkens, das Bewußtsein, durch eine sorgfältige Prüfung möglichst aller zugänglichen Einflußkomponenten als autonom und verläßlich zu erweisen.[34] Deshalb kritisiert er sowohl den Mechanismus der Psychologen des 18. Jahrhunderts als auch die Assoziationspsychologie seiner Zeitgenossen Thomas Brown und James Mill.[35] Deshalb auch dominiert in seinen Werken eindeutig jene zweite, philosophisch bestimmte Bedeutung von „Psychologie", die im Rahmen seines erkenntnistheoretischen Phänomenalismus nun zu charakterisieren ist.

Da sich die Psychologie mit den Erscheinungen des Geistes befaßt, ist sie in hervorragender Weise eine philosophische Wissenschaft.[36] Einschränkende Formulierungen wie diese – sie entstammen einer behutsamen Einführung in „Wesen und Umfang der Philosophie"

---

ber und stummer Menschen, insbesondere die Eigenart ihres Wahrnehmungs-, Sprech- und Denkvermögens, als zum „wichtigen Bereich der angewandten Psychologie" (D 177) gehörig erörtert werden.

34 Für den genannten, im 19. Jahrhundert hart umkämpften Doppelaspekt bzw. für das gegenläufige Verständnis von „Psychologie" ist außerordentlich aufschlußreich der Artikel „Psychology" von James Ward in: Encyclopaedia Britannica, Cambridge ⁹1886. Vol. XX, p. 37–85 (bzw. Cambridge ¹¹1911. Vol. XXII, p. 547–604). Dieser Beitrag, der später erweitert in Wards „Psychological Principles" (Cambridge 1918) erschien, hat die englisch-schottische Denktradition aufgenommen und die Vorrangstellung der Assoziationspsychologie des berühmtesten Schülers von J. St. Mill, Alexander Bain, welcher die Bewußtseinsprozesse weitestgehend auf physiologisch-biologische Faktoren zurückführte, gebrochen. Vgl. Ph St G I 47–50; C. A. Mace, Ward, James, in: Enc Phil VIII 277 f. – Es ist nicht zu verkennen, daß Hamiltons Auffassung von Psychologie einerseits Elemente der anfänglichen „philosophischen" Psychologie aristotelischer und Leibniz-Wolffscher Prägung, andererseits Elemente der auf J. St. Mill voraufweisenden „empirischen" Psychologie des englischen 18. Jahrhunderts enthält. Zu der Schwierigkeit, den „Psychologen" Hamilton historisch exakt einzuordnen, vgl. R. S. Peters / C. A. Mace, Psychology, in: Enc Phil VII 1–27, bes. 10–16. Da in diesem Artikel Chr. Wolff seltsamerweise nicht behandelt wird, vgl. weiterhin G. Tonelli, Wolff, Christian, in: Enc Phil VIII 340–344.

35 John Stuart Mill, dem Sohn des James Mill, ist es nach heftigen Kontroversen mit Hamilton und dessen Schüler H. L. Mansel schließlich gelungen, seine positivistische Erkenntnispsychologie gegen die im England der vierziger und fünfziger Jahre nahezu ungeteilt anerkannte Erkenntnistheorie Hamiltons durchzusetzen (s. unten S. 146, Anm. 2).

36 L I 43.

– sind relativ selten. Schon der frühe Aufsatz über die „Philosophie der Wahrnehmung“ (1830) begrüßt den „neuen Geist metaphysischer Forschung“, den die Franzosen (Cousin und Jouffroy) Deutschland und Schottland verdanken (gemeint sind vor allem Kant und Reid); der „philosophische Enthusiasmus“ für solche „psychologischen Untersuchungen“ in Frankreich ist ebenso erfreulich wie deren Niedergang in England beklagenswert ist:[37] „... psychology is only a developed consciousness, that is a scientific evolution of the facts of which consciousness is the guarantee and revelation.“[38] In der siebenten Vorlesung über Metaphysik werden Psychologie und Metaphysik unmittelbar gleichgesetzt.[39] Zu Beginn der achten Vorlesung, welche an die Herkunft und an die gegebene Bedeutungsvielfalt des Terminus „Psychologie“ anknüpft, wird die Psychologie sogar als „Phänomenologie des Geistes“ bezeichnet und folgendermaßen definiert: „Psychology, or the Philosophy of the Human Mind, strictly so denominated, is the science conversant about the *phaenomena*, or *modifications*, of *states* of the Mind, or *Conscious-Subject*, or *Soul*, or *Spirit*, or *Self*,

---

[37] D 43, 45.

[38] D 87. – Vgl. L I 196: „The employment of the word *conscientia*, of which our term consciousness is a translation, is, in its *psychological* signification, not older than the philosophy of Descartes“ (2. Hervorhebung von mir). Wie R II 945 zeigt, stützt Hamilton seine Behauptung auf Descartes' „Principia“ (P. I, 9): „Cogitationis nomine intelligo illa omnia quae nobis consciis in nobis fiunt, quatenus eorum in nobis *conscientia* est.“ – L II 359 bezeichnet Hamilton die „Nouveaux Essais“ von Leibniz als dessen „most important *psychological* work“ (Hervorhebung von mir).

[39] L I 121 f.; vgl. L I 129, 131 f. – Es ist unverständlich, daß F. Nauen (a. a. O. S. 103–105) unter Berufung auf W. Windelbands „Kultur der Gegenwart“ den „Apriorismus“ der Philosophie Hamiltons als Psychologismus und darum, wie er sagt, als reinen Subjektivismus bezeichnet (W. Windelband wiederholt das gegen Hamilton gerichtete Psychologismus-Verdikt in seinem weitverbreiteten „Lehrbuch der Philosophie“, Tübingen 1935, S. 540). Nauen sieht nicht, daß Hamiltons Bewußtseinsphilosophie nur vordergründig und zuweilen von psychologisch-physiologischen Einzeluntersuchungen verdeckt wird. Wenn Nauen daher fragt: „Wie konnte aber Mill in seinem Gegner den Vertreter einer Denkweise sehen, zu dem er seinen konsequenten Empirismus in einem schroffen Gegensatz wußte?“ und zur Antwort gibt, Mill habe Hamiltons „introspektiver“ Methode die „rein“ psychologische gegenübergestellt, so verkennt er gänzlich die Stoßrichtung der von Mill geführten Kontroverse. Mill hat in Hamilton sehr klar und mit vollem Recht den seinerzeit gefährlichsten *Gegner* des „Psychologismus“ erkannt und treffen wollen.

or *Ego*."[40] Obwohl hier wiederum eine unbefriedigende, weil unscharfe Mehrdeutigkeit auffällt, werden jedenfalls die Bezeichnungen „Physiology of Mind" und „Physics of Soul" wenig später ausdrücklich als ungeeignet verurteilt.[41] In unmittelbarer Nähe zu Kants praktischer Vernunft, deren Autonomie hier für die theoretische Vernunft Hamiltons reklamiert wird, stehen die Sätze: „The empire of nature is the empire of a mechanical necessity; the necessity of nature, in philosophy, stands opposed to the liberty of intelligence. Those, accordingly, who do not allow that mind is matter, – who hold that there is in man a principle of action superior to the determinations of a physical necessity, a brute or blind fate, – must regard the applications of the terms Physiology and Physics to the doctrine of the mind as either singularly inappropriate, or as significant to a false hypothesis in regard to the character of the thinking principle."[42] Klarer kann sich eine Bewußtseinsphilosophie von einer mechanistischen Psychologie kaum distanzieren.

---

[40] L I 129. – Es ist auffällig, daß Hamilton die Bezeichnung „Phänomenologie des Geistes" verwendet, obwohl er als erklärter Verfechter eines „Natürlichen Dualismus" Hegels idealistische Identitätsphilosophie abgelehnt hat und darüber hinaus befürchten mußte, sich mit Übernahme dieser Bezeichnung der Kritik bzw. den Mißverständnissen kontinentaleuropäischer und englischer Hegel-Kenner auszusetzen. – Den Ausdruck selbst hat nicht Hegel geprägt, sondern J. H. Lambert. In seinem Werk „Neues Organon, oder Gedanken über die Erforschung und Bezeichnung des Wahren und dessen Unterscheidung von Irrtum und Schein" (Leipzig 1764) gliedert Lambert die Erkenntnislehre in Dianoiologie, Alethiologie, Semiotik und Phänomenologie. Die Phänomenologie soll falsche (oder subjektive) von wahren (oder objektiven) Erscheinungen unterscheiden und wird als „Lehre vom Schein" definiert. Aus dem Kontext, in dem Hamilton den Ausdruck verwendet, geht jedoch klar hervor, daß er ihn weder im Sinne Lamberts noch im Sinne Hegels versteht. „Phenomenology of Mind" ist für Hamilton die Lehre oder die Wissenschaft von den erkennbaren Erscheinungen der Innen- und Außenwelt. – Vgl. G. Tonelli, Lambert, Johann Heinrich, in: Enc Phil IV 377 f.; R. Schmitt, Phenomenology, in: Enc Phil VI 135 bis 151.

[41] L I 131, 133.

[42] L I 133. – Dieses Verfahren Hamiltons, die *Autonomie* der praktischen Vernunft Kants für die theoretische Vernunft der – Hamiltonschen – Bewußtseinsphilosophie zu reklamieren („liberty of intelligence", „principle of action"), ist formal dasselbe wie jenes andere Verfahren, in dem Hamilton die *Unbegründbarkeit des „Faktums"* der praktischen Vernunft für seine – Hamiltons – theoretische Vernunft („Consciousness" und „Common Sense") in Anspruch nimmt; s. oben S. 57–60.

Indem Hamilton die „psychologischen“ Elemente seiner Wahrnehmungstheorie erkenntnismetaphysisch aufwertet und integriert, gewinnt er dem Bewußtsein als dem einzigen „thinking principle“ jenen Singularitäts- und Ausschließlichkeitsanspruch zurück, den es durch die erzwungene Annahme einer – zwischen Nicht-Ich und Ich vermittelnden – dritten Instanz zu verlieren drohte: „I again repeat that consciousness constitutes, or is coextensive with, all our faculties of knowledge, – these faculties being only special modifications under which consciousness is manifested ... consciousness is not a special faculty of knowledge, but the general faculty out of which the special faculties of knowledge are evolved ...“[43] Das Bewußtsein gelangt nicht nur zur Erkenntnis der Existenz von Innenwelt- und Außenweltobjekten, sondern – wenn auch mit Hilfe der Sinneswahrnehmung – zur Erkenntnis bestimmter Gegenstände als Erscheinungen: „... the phaenomena of knowledge ... are, in strictest propriety, mere modifications of consciousness only in different relations; and consciousness may, therefore, be regarded as the general faculty of knowledge.“[44]

Das Bewußtsein gelangt zur Erkenntnis der Erscheinungen des Nicht-Ich durch äußere Erfahrung, zur Erkenntnis der Erscheinungen des Ich durch innere Erfahrung, welche auch reflexe Erfahrung oder Selbstbewußtsein genannt wird. Hamilton gibt seine Grundthese nicht preis. Die sinnliche Wahrnehmung ist zwar vonnöten, um das Auseinanderfallen von Nicht-Ich und Ich zu verhindern. Der Erkenntnisgegenstand wird jedoch vom Bewußtsein als einzigem Denkprinzip konstituiert: „It is not by perception, but by a process of reasoning, that we connect the objects of sense with existences beyond the sphere of immediate knowledge.“[45]

Meines Erachtens folgen die vielfältigen, inhomogenen und nicht selten verwirrenden Argumentationsversuche Hamiltons zum Erweis seiner Behauptung, daß alle menschliche Erkenntnis zugleich Phänomenerkenntnis *und* Bewußtseinserkenntnis ist,[46] einem

[43] L I 10.

[44] L II 18. Vgl. L II 4: „All mental powers are thus, in short, nothing more than names determined by various orders of mental phaenomena.“

[45] L II 153.

[46] L I 136 nennt es „the great axiom, that all human knowledge, consequently that all human philosophy, is only of the relative or phaenomenal“.

Grundmuster: Die eingeführten psychologisch-psychologistischen Elemente seiner Wahrnehmungstheorie sollen einerseits so konstruiert sein, daß sie die Dualität der Welt ermöglichen, andererseits aber seiner philosophischen Psychologie (i. S. der „Philosophy of Mind") so integriert werden, daß sie die Einheit und Autonomie des Bewußtseins unangefochten bestehen lassen.

2.42 Der „Natürliche Dualismus" in Auseinandersetzung mit Hume und Reid oder: Der Idealismus führt zum Skeptizismus

Hamilton hat seinen bisher immanent erörterten und „systematisch" dargestellten Versuch, dem Dilemma zwischen reiner Bewußtseinsphilosophie und reinem Psychologismus zu entgehen, in Auseinandersetzung mit anderen philosophischen Positionen durchgeführt. Im folgenden ist zu zeigen, welche Abgrenzungen er trifft, um die Rechtfertigung jenes „Natürlichen Dualismus" zu leisten, den er auch als „Natürlichen Realismus" bezeichnet. Die Bedeutung dieser und anderer für die Kontroverse wichtiger Bezeichnungen sei in einer kurzen Vorbemerkung erläutert, die zugleich das treibende Motiv seiner Auseinandersetzungen verdeutlichen soll.

Das Bewußtsein ist nach Hamilton *von Natur aus* so geartet, daß es die *beiden* großen unterschiedlichen Phänomenbereiche von Außen- und Innenwelt zu erkennen vermag. Dieser „Natürliche Dualismus" ist insofern ein „Natürlicher *Realismus*", als er die genannten Bewußtseinsfakten, deren *Wirklichkeit* unmittelbar einleuchtet, anerkennt, wie sie *sind*. Beweise zur Erhärtung dieser Evidenz sind weder möglich noch nötig. Dennoch auftauchende Erklärungsschwierigkeiten liegen nicht in der Natur des Bewußtseins, sondern in der Verkennung der Natur des Bewußtseins durch jene Philosophen, die ihre Augen dem Licht der Natur verschließen und damit Scheinprobleme heraufbeschwören, deren Bewältigung ihnen anzulasten ist.[47] Nach Hamilton resultieren alle derart „von außen" in das Bewußtsein hineingetragenen Schwierigkeiten aus der Behauptung, die durch Sinneswahrnehmung erbrachten Vorstellungen („ideas") der Außenwelt seien dem Bewußtsein nicht unmit-

[47] D 64–68; L I 292 f.; L II 140 f., 151.

telbar gegenwärtig („presentative"), sondern nur mittelbar gegenwärtig („representative"). Deshalb versteht er seine „realistische" Position in kontradiktorischem Gegensatz zu allen „idealistischen" Positionen. Letztlich verurteilt er die ebenso überflüssige wie unzulässige Einführung mittelbar gegenwärtiger, „repräsentierender" Vorstellungen, weil diese als ein quasi-unabhängiges Drittes die ursprüngliche Interdependenz von Ich und Nicht-Ich zerstören, das heißt die natürliche Zwei-Einheit der Welt sprengen und in zwangsläufiger Konsequenz den „Nihilismus" als den Tod der Philosophie herbeiführen. Nach diesen Hinweisen zur Terminologie und zur Stoßrichtung seiner Auseinandersetzungen wende ich mich den wichtigsten kontroversen Positionen und ihren Vertretern zu; sie werden aus Gründen der Übersichtlichkeit in chronologischer Abfolge erörtert.

Von den im gegenwärtigen Zusammenhang einschlägigen Positionen und ihren Exponenten,[48] die hier wiederum nur anhand einiger exemplarischer Äußerungen zu kennzeichnen sind, hat sich Hamilton besonders extensiv und intensiv mit *Descartes* und den Cartesianern befaßt.[49] Der Grund ist unschwer zu erkennen. Hamilton verstand das cartesianische Denken als eine Vermittlungsinstanz, die einerseits über das Denken der Scholastiker (der oft kumulativ angeführten „Schoolmen") bis auf Aristoteles zurückweist (für Hamilton die einzige völlig unbesteitbare Autorität), und die andererseits über die Leibniz-Wolffsche Schulphilosophie und die englischsprachigen Philosophen des 18. Jahrhunderts auf Kant und Reid mit ihren Schulen voraufweist. Hamiltons Descartes-Interpretation ist schwankend und teilweise widersprüchlich, wie auch seine im Anschluß zu skizzierenden Interpretationen von Locke, Leibniz, Berkeley, Hume, Kant, Jacobi, Reid und Brown

---

[48] Von „Positionen" und ihren „Exponenten" zu reden, ist insofern berechtigt, als Hamilton nicht so sehr an spezifischen Reflexionen der einzelnen Autoren, sondern an einer Typisierung interessiert ist, die es ihm gestattet, seine eigenen Gedanken zu klären. Näheres dazu s. unten S. 89 f.

[49] Innerhalb der Note N „The Cartesian Theory of Perception and Ideas" (R II 961–965) erklärt Hamilton: „The statement I have given here of the Cartesian doctrine of Perception, is the result of an acquaintance with the whole works of Descartes himself, and with the writings both of the most eminent philosophers of his school, and of its most distinguished antagonists." (R II 964 f.)

schwankend und teilweise widersprüchlich sind; über die jeweilige Angemessenheit dieser Interpretationen ist hier freilich nicht zu befinden.

Nach Hamilton war Descartes mit seiner Definition vom „Denken als allem, dessen wir bewußt sind" der erste, der das Wort „conscientia" („conscience"/„consciousness") in Umlauf setzte.[50] Weil das unausgedehnte Bewußtsein (oder der Geist oder die Seele) für Descartes mit Notwendigkeit den Gegensatz bildet zu und getrennt ist von allem, was Materialität und damit Ausdehnung besitzt, kann das Bewußtsein nicht zur unmittelbaren und natürlichen Erkenntnis des Leibes und alles dessen gelangen, was jenseits seiner eigenen Modifikationen liegt. Daher kommt eine Verbindung zwischen äußerem Objekt und erkennen wollendem Bewußtsein nur mittelbar durch eine von außen bewirkte „organische Bewegung im Gehirn", dem Zentrum des physischen Organismus, zustande. Von dieser physisch-körperlichen Bewegung aber kann der Geist des Menschen gemäß der Hypothese von der Trennung zwischen materiell ausgedehnter Wirklichkeit und immateriell-unausgedehntem Bewußtsein gerade *kein* Bewußtsein haben. Deshalb muß, nach Descartes, der Schöpfer unserer Natur die genannte Bewegung so beeinflussen und determinieren, daß das Bewußtsein fähig wird, sich den äußeren Gegenstand vorzustellen. Ausschließlich diese – nur durch *Gott* bewirkte, und zwar *unmittelbar* bewirkte – „Repräsentation" der Außenwelt als stellvertretender Wirklichkeit ist dem Menschen bekannt, denn sie liegt im Bereich seines Bewußtseins.[51] Weil aber die Repräsentation eines äußeren Gegenstandes im Geist des Menschen im eigentlichen Sinne als „Idee" zu bezeichnen ist, wird Descartes von Hamilton als „Vater des modernen Idealismus" bezeichnet.[52] Das heißt jedoch nicht, Hamilton habe Descartes selbst zum „Idealisten" erklärt. Er konnte zwar die cartesianische Lösung nicht akzeptieren, weil ihr zufolge das Verhält-

[50] R II 961, 945. – L I 196 bemerkt Hamilton zur Geschichte des Terminus „Bewußtsein": „The employment of the word *conscientia,* of which our term consciousness is a translation, is, in its psychological signification, not older than the philosophy of Descartes. Previously to him, this word was used almost exclusively ... in its moral or religious signification."

[51] R II 877, 962 f.

[52] R II 747.

nis des Bewußtseins zur Außenwelt nur mittelbar durch einen „concursus divinus“ zustandekommt,[53] das heißt also im entscheidenden Punkt vom „Natürlichen Dualismus“ und „Natürlichen Realismus“ abweicht. Andererseits aber erklärt Hamilton wiederholt, daß Descartes seine Formulierungen vorsichtiger wählte als viele seiner Interpreten im 18. und 19. Jahrhundert,[54] und er räumt ein, daß es schwierig oder vielleicht sogar unmöglich ist, mit Sicherheit die genaue Bedeutung von Descartes' Wahrnehmungstheorie zu erfassen.[55] Nach Hamilton konnte Descartes aufgrund ebendieser Schwierigkeit als „Vater des modernen Idealismus“ interpretiert werden.

Locke hat, nach Hamilton, von allen Philosophen die bilderreichste, vieldeutigste und widersprüchlichste Sprache. Obwohl er der Sache nach zu unterscheiden weiß, vermengt er verbal Sinnes- und Verstandesgegenstände, den Vorgang und seinen Gegenstand, unmittelbaren und mittelbaren Gegenstandsbezug, Vorstellungen und Begriffe. Er hat zwar nicht behauptet – wie Th. Brown ihm unterstellt –, daß die Vorstellung lediglich eine Modifikation des Geistes und ohne Wirklichkeitsbezug sei.[56] Doch sein „Essay on Human Understanding“ enthält zur Frage der Attribute wahrnehmbarer Körper so gut wie nichts Neues und wird darum bei weitem überschätzt; seine Unterscheidung in primäre oder ursprüngliche und sekundäre oder abgeleitete Sinnesqualitäten ist keineswegs originell. Was Lockes Auffassung angeht, daß diese Attribute oder Qualitäten einerseits wirklich den Gegenständen zukommen, andererseits von unserem Geist vergegenwärtigt werden („are ideally represented to our minds“), so folgt er darin Descartes: „On the doctrine of both philosophers, we know nothing of material existence in itself; we know it only as represented or in idea. When Locke, therefore, is asked, how he became aware that the known

[53] Hamilton erklärt: Wer den Cartesianern vorhielte, daß aufgrund der nur mittelbaren „representations“ des bloß subjektiven Bewußtseins die Existenz der Außenwelt in Frage steht, würde von ihnen auf die Vollkommenheit Gottes als des Schöpfers verwiesen, der – *in* seiner Vollkommenheit – seine Geschöpfe nicht betrügen kann (R II 964). – Zu Descartes' „Deus fallax“ und „Deus malignus“ s. oben S. 42.

[54] Z. B. Locke: R II 839; Reid: L II 39–42; Coleridge: R II 890.

[55] L II 48 f.

[56] D 78 f.

idea truly represents the unknown reality; he can make no answer."[57] Wenn jedoch nach Locke (wie nach Descartes) die primären und sekundären Qualitäten „Zustände des Geistes" sind, die nicht dazu berechtigen, zweifelsfrei auf eine Existenz, geschweige denn auf eine diesen Zuständen *entsprechende* Existenz objektiver Wirklichkeit zu schließen, dann liegt es nahe, sie als bloße subjektive Modifikationen des Bewußtseins zu verstehen. Die allgemeine Lehre von Descartes und Locke brauchte nur entfaltet zu werden, um den ausdrücklichen oder latenten Idealismus eines Leibniz, Berkeley, Hume, Condillac, Kant, Fichte und der meisten neueren deutschen Schulen („modern German Schools") zu ermöglichen.[58] Auch Lockes Fehlinterpretation und darum fehlgerichtete Zurückweisung der „angeborenen Ideen" des Descartes hat ihren Grund in sprachlicher Unschärfe. Die Mißverständlichkeit der beiden „Metaphysiker" wäre nicht zustandegekommen, wenn sie sich der klaren und präzisen Sprache des Duns Scotus[59] bedient hätten.[60]

Daß alle Philosophie Bewußtseinsphilosophie im Sinne des „Natürlichen Dualismus" sein soll, zeigt sich an Hamiltons überraschend positiver *Leibniz*-Interpretation. Überraschend ist diese positive Interpretation allerdings nur insofern, als Leibniz die von Hamilton genannte Reihe der „Idealisten" anführt.[61] Seine Lehre

---

[57] R II 836–839, hier: 839.

[58] R II 840 f.

[59] R II 777 f.

[60] R II 782: „... Descartes did not hold the crude and very erroneous doctrine of innate ideas which Locke took the trouble to refute ... had he [Descartes] and Locke expressed themselves with the clearness and precision of Scotus, their opinions on this subject would have been found coincident both with each other and with the truth"; vgl. R II 785. – Obwohl Hamilton in den „Fragments on the Scottish Philosophy" Duns Scotus nicht ausdrücklich erwähnt, spricht er im Rückblick auf die Geschichte seines Heimatlandes voller Stolz vom „wissenschaftlichen Ansehen Schottlands", das auf dem „praefervidum Scotorum ingenium" und dem fast sprichwörtlichen „dialektischen und metaphysischen Scharfsinn" seiner Philosophen beruhte (L I 392 f.). Hamiltons umfangreiche Sammelbesprechung von zehn zwischen 1827–1829 erschienenen Abhandlungen zur Logik (D 118–175) beklagt den bis vor kurzem zu beobachtenden Niedergang dieser Wissenschaft in Schottland, dem klassischen Land der Logiker, und erklärt – rückblickend auf die Jahrhunderte des hohen und späten Mittelalters –: „For a considerable period, indeed, there was hardly to be found a continental University of any note, without the appendage of a Scottish Professor of Philosophy." (D 119 f.)

[61] R II 841.

von den angeborenen Wahrheiten, die – wiederum nach Hamilton – im wesentlichen der Lehre des Aristoteles, der Scholastiker und Descartes' entspricht, wird jedoch unter den Testimonia für die unmittelbar erfahrbaren, untrüglichen „Fakten des Bewußtseins" angeführt; sein „Natural Light" und „Instinct" sind beide gleichbedeutend mit „Common Sense".[62] Aus dieser Sicht läßt sich die berühmte Leibnizsche Formel „nihil est in intellectu, quod non prius fuerit in sensu, – excipe: intellectus ipse" (Nouveaux Essais II, 1, 92) positiv zitieren und interpretieren; sie lautet nach Hamiltons Übersetzung im Kontext: „Locke has not observed, that the notions of being, of substance, of one and the same, of the true, of the good, and many others, are innate to our mind, and finds all these in its own furniture. It is true, indeed, that there is nothing in the intellect which was not previously in the sense, – except the intellect itself."[63] Deshalb übernimmt Hamilton auch die Leibnizsche Unterscheidung in apriorische und aposteriorische Erkenntnis ohne Abstriche, wobei er hervorhebt, daß notwendige und empirische Wahrheiten in einem letzten und gemeinsamen Grund wurzeln, dem Common Sense.[64]

Es ist hingegen nicht überraschend, daß *Berkeleys* „Idealismus" abgelehnt wird. Hamilton zitiert in seiner Note A „On the Philosophy of Common Sense" aus Berkeleys „Three Dialogues" die Äußerung eines der dort eingeführten Gesprächspartner,[65] in der die allgemein übliche Wirklichkeitsauffassung der philosophischen gegenübergestellt wird: „The former are of opinion that *those things they immediately perceive are the real things*; and the latter, that the things immediately perceived are ideas which only exist in the mind." Hamilton bestätigt zwar diesen von Berkeley hervorgehobenen Kontrast. Wenn Berkeley jedoch behaupte, daß die ganze Welt aus Idealisten bestehe, so sei er nicht nur im Irrtum, sondern widerspreche sich selbst; warum sonst die gelehrten, mit großem Eifer vorgetragenen Versuche des Autors, von seiner Auf-

[62] R II 785.
[63] L II 353 f.
[64] R I XXXIV f.; R II 754; L II 351–359. – Zur „Qualität der Notwendigkeit (der Unmöglichkeit, nicht so zu denken) als des Kriteriums unserer ... nichtempirischen Begriffe und Urteile" vgl. auch D 833.
[65] Siehe unten Anm. 68.

fassung zu überzeugen?[66] Berkeley behaupte, wie Malebranche, daß Gott die jetzt im menschlichen Geist vorfindlichen Ideen auch dann noch hervorbrächte, wenn er die materielle Welt vernichten würde und vernichtet hätte. Dieser „theistische“ Idealismus gehe davon aus, daß Gott den Menschen eine unbekannte (Malebranche) oder nichtexistente (Berkeley) Welt vorstelle, während im „egoistischen“ Idealismus eines Fichte anstelle Gottes das Ich des Menschen trete, dessen Handeln an gewisse unbekannte Gesetze gebunden sei. Beide Idealismen seien philosophische Konstruktionen[67] und könnten darum dem „natürlichen Bewußtsein“ nicht gerecht werden.

Hamiltons Einschätzung von *Hume* konzentriert sich auf eine Analyse von Humes sogenanntem „Skeptizismus“, dessen Elemente nach ihrer tatsächlichen Herkunft und nach ihren möglichen Folgen aufgeschlüsselt werden. Obwohl Hamilton in der XVI. Vorlesung, die von Verletzungen der Autorität des Bewußtseins handelt, erstaunlicherweise gerade Berkeley – den „Idealisten“ – als Zeugen für den „common belief of mankind“ anführt, dem zufolge die unmittelbar wahrgenommenen Dinge nicht mittelbar vergegenwärtigte Gegenstände im Geist, sondern die äußeren Wirklichkeiten selber sind,[68] erklärt er dort, daß Hume die allgemeine Überzeugung der Menschheit teilt und daß dem Bekenntnis dieses „skeptischen Idealisten oder skeptischen Nihilisten“ größtes Gewicht bei-

---

[66] R II 747; D 197.
[67] R II 967 f.
[68] L I 289 f. – Hamilton zitiert hier wieder aus Berkeleys „Three Dialogues“ und identifiziert die Äußerung des Philonous mit der Auffassung des Autors. Selbst wenn man davon absieht, daß Berkeleys philosophisches Hauptwerk „A Treatise concerning the Principles of Human Knowledge“ in seiner Tendenz durchaus gegenläufig zu der Auffassung ist, die Hamilton hier aus Berkeley herauslesen möchte, darf doch nicht verkannt werden, daß die Gattung der „Dialoge“ es gerade *nicht* gestattet, die Überzeugung des Autors mit den Meinungen eines der von ihm eingeführten Gesprächspartner gleichzusetzen. Diese Unmöglichkeit bildet gerade das Charakteristikum der Dialogform, die seit der Antike von philosophischen, theologischen und historischen Schriftstellern immer wieder aufgegriffen wurde; sie bietet dem Autor den einzigartigen Vorteil, alle Aspekte seiner Überlegungen frei zu artikulieren, ohne sich festlegen zu müssen. Offensichtlich haben auch die Autoren des 18. Jahrhunderts diesen Vorteil sehr bewußt wahrgenommen. David Hume scheute sich nicht umsonst, seine „Dialogues concerning Natural Religion“ zu Lebzeiten zu veröffentlichen; die Kontroverse, mit welcher seiner Personen sich Hume identifiziert hat, hält bis heute an.

zumessen ist.[69] Weil Hume jedoch aus den *dogmatischen Prämissen* früherer Philosophen – Hamilton denkt vor allem an Locke und Descartes – die *skeptische Schlußfolgerung* zog, daß unser gesamtes Wissen von Innen- und Außenwelt nur in dem Bewußtsein von „vielfältigen Bündeln grundloser Erscheinungen“ besteht, gehört er zu den berühmten Exponenten des „Nihilismus“, das heißt zu den Vertretern jener Lehre, die der Phänomenerkenntnis im Bewußtsein eine Entsprechung in der substantiellen Wirklichkeit („substantial reality“) aberkennt.[70] Wenn unser denkendes Ich nur aus einer Ansammlung individueller Eindrücke und Vorstellungen besteht, so existiert auch die Welt nur in unseren Vorstellungen.[71]

Aussagen wie die bisher zitierten lassen es nicht zu, von einer eindeutigen Hume-Interpretation Hamiltons zu sprechen; denn wie kann ein „skeptischer Idealist“ oder „skeptischer Nihilist“ zugleich Zeuge für den „common belief of mankind“ sein, dem zufolge das Bewußtsein die Außenwelt unmittelbar erkennt?

Humes „skeptischer Idealismus“ wird freilich andererseits ein „*relativer* Skeptizismus“ genannt – relativ nämlich zu den falschen Voraussetzungen jener Philosophen, die in einigen Punkten die Wahrhaftigkeit des Bewußtseins leugneten. Hume war nur konsequent, wenn er – von dem Grundsatz „falsus in uno, falsus in omnibus“ ausgehend – die Wahrhaftigkeit des Bewußtseins selbst in Frage stellte. Im Gegensatz zum „positiven Philosophen“, der von der unbedingten Wahrhaftigkeit des Bewußtseins ausgeht, muß der Skeptiker oder „negative Philosoph“ von den Prämissen und vorausgesetzten Prinzipien der Dogmatiker ausgehen, diese Prämissen und Prinzipien übernehmen und – sofern sich bei kritischer Prüfung ihre Unvereinbarkeit ergibt – verwerfen: „Scepticism is not an original or independent method; it is the correlative and consequent of Dogmatism; and so far from being an enemy to truth, it arises only from a false philosophy, as its indication and its cure.“[72]

---

[69] L I 290 f. – Vgl. L II 116 f.; R II 747; D 92.

[70] L I 294.

[71] L I 373.

[72] D 87 f.; L I 277 f. – Vgl. dazu Humes eigene, in ihrer analytischen Präzision und sprachlichen Klarheit einzigartige Darstellung der unmittelbaren Interdependenz von „dogmatischem“ und „skeptischem“ Vernunftgebrauch: „Die Vernunft erscheint zunächst als die Herrscherin auf dem Throne, mit absoluter Macht

Hume war demnach kein „absoluter" Skeptiker, weil er die Wahrhaftigkeit des Bewußtseins *nicht* verwarf. Er war ein „relativer" und darum „legitimer" Skeptiker,[73] insofern er *im* Vertrauen auf die Wahrhaftigkeit des Bewußtseins von der Wahrheit der ihm voraufliegenden philosophischen Prinzipien ausging, dann allerdings die Widersprüchlichkeit dieser Prinzipien aufdeckte und schließlich auf deren Falschheit schloß. Sein Fehler bestand nicht darin, daß er die ihm überkommenen Prinzipien prüfte und bezweifelte, sondern darin, daß er in diesem Stadium stehenblieb, so daß er denen, die *nicht* in diesem Stadium stehenbleiben wollten, den weiteren und letzten Schritt nahelegte, aus der erwiesenen Uneinlösbarkeit der Prinzipien auf die Unwahrhaftigkeit des Bewußtseins als solchen zu schließen.[74]

Da Hume diesen Schluß allerdings *nicht* zog, widerspricht Hamilton seiner soeben skizzierten eigenen, in diesem Punkt durchaus überzeugenden Hume-Interpretation, nach der es sich verbietet, Hume unter die „Nihilisten" einzureihen.[75] Woher rührt seine

---

und Autorität Gesetze vorschreibend und Grundsätze aufstellend. Darum begibt sich auch ihr Feind notgedrungen in ihren Schutz. Er verschafft sich durch Geltendmachung vernünftiger Argumente für die Trüglichkeit und Beschränktheit der Vernunft gewissermaßen ein Patent, das von der Vernunft selbst ausgefertigt und mit ihrem Siegel versehen ist. – Da aber das Patent (in seiner Wirkung) gegen die Vernunft gerichtet ist, so vermindert es allmählich die Stärke dieser herrschenden Macht und damit zugleich seine eigene, bis sich zuletzt beide, regel- und ordnungsgemäß dahinschwindend, in nichts auflösen. Die skeptischen und die dogmatischen Vernunftgründe sind einander gleichwertig, obgleich sie sich in ihrer Wirksamkeit und in ihrem Endzweck entgegenstehen; es haben also die letzteren, solange sie mächtig sind, einen Feind von gleicher Stärke in den ersteren zu bekämpfen. Wie die Stärke beider anfänglich gleich groß ist, so bleibt sie auch gleich groß, so lange beide überhaupt standhalten; es können in dem Widerstreit weder die einen noch die anderen an Stärke verlieren, ohne ihrem Gegner das gleiche Maß an Stärke zu rauben." (Treat 186 f.; Tr 249 f.) Vgl. dazu meinen Beitrag: An den Grenzen des vernünftigen Denkens. Überlegungen zum historischen und systematischen Stellenwert des Agnostizismus, in: Wissenschaft und Weisheit 38 (1975) 157–171, hier: 157–163.

[73] D 87.

[74] R II 748: „... Hume and Fichte have competently shown, that if the truth of consciousness be not unconditionally recognized, nihilism is the conclusion in which our speculation, if consistent with itself, must end." – Hamilton bezieht sich immer wieder auf den einschlägigen XII. Abschnitt in Humes „Enquiry", der überschrieben ist: „Of the academical or sceptical philosophy", geht jedoch nicht darauf ein, daß sich Hume dort gegen den „pyrrhonischen Skeptizismus" im Interesse der Aufgaben des „täglichen Lebens" wendet und von daher auf den „gesunden Menschenverstand" rekurriert.

schwankende Beurteilung? Hamiltons Auskunft, Hume habe den „absoluten Skeptizismus“ vorbereitet, ohne ihm zu verfallen, berücksichtigt offenbar nur den metaphysikkritischen Aspekt des Humeschen Denkens. Um diese Einseitigkeit sichtbar zu machen, ist es unerläßlich, in gebotener Kürze auf Hume selbst zurückzugehen und dabei vor allem seinen sogenannten „Skeptizismus“ ins Auge zu fassen.[76]

Humes Vorhaben, die „Leistungsfähigkeit des menschlichen Erkenntnisvermögens“[77] zu erforschen, gelangt zu der Überzeugung, daß das deduzierende Begriffsdenken der rationalistischen Metaphysik von falschen Voraussetzungen ausgeht und uneinlösbare Behauptungen erhebt. Nichtempirische Gegebenheiten sind Hume zufolge weder auf seiten der zu erkennenden Gegenstände (als „Substanzen“) noch auf seiten des erkennenden Geistes (als „apriorische Ideen“) nachweisbar. Damit verflüchtigen sich Aussagen, die bisher als unumstößliche Prinzipien galten, zu bloßen „Hypothesen“ und „Fiktionen“. Was über die unmittelbaren und mittelbaren „Perzeptionen“ des menschlichen Geistes hinausgeht, erklärt Hume für schlechterdings unerkennbar. Er läßt allerdings die Möglichkeit offen, daß dem, was beobachtbar und analysierbar ist, eine andere „Art der Existenz“[78] zugrunde liegt. Das heißt: Diese Möglichkeit wird ebenso wenig befürwortet wie bestritten. Sie wird in Frage gezogen und bezweifelt. Es kommt entscheidend darauf an, diese Art des Bezweifelns, die schon zu Lebzeiten Humes mißverstanden wurde,[79] richtig zu verstehen.

Hume unterscheidet zwischen drei Arten des Bezweifelns, die, philosophisch reflektiert, zu drei verschiedenen skeptischen Ansätzen führen. Der von ihm so genannte „vorangehende Skeptizismus“ Descartes’ und der Cartesianer empfehle, unseren eigenen

---

[75] Insofern ist Hamilton zumindest dieselbe *sprachliche* Ungenauigkeit anzulasten, die er Descartes und Locke unterstellt.

[76] Das kann hier nur andeutungsweise geschehen, soll aber bald in einem Beitrag zum Problembewußtsein Humes näher ausgeführt werden.

[77] Treat XV/Tr 3.

[78] Treat 67/Tr 92.

[79] Dies gilt vor allem für Thomas Reid und seine Schule. Hume hat sich in einer anonym erschienenen Schrift aus dem Jahre 1745 gegen Mißdeutungen seines „Traktats“ verwahrt: A Letter from a Gentleman to his friend in Edinburgh, ed. by E. C. Mossner and J. Price, Edinburgh 1967.

Erkenntnisfähigkeiten so lange zu mißtrauen, bis ein selbstevidentes erstes Gewißheitsprinzip gefunden sei. Hume hält diesem Skeptizismus entgegen: Selbst wenn es ein solches ursprüngliches Prinzip gäbe, könnten wir keinen Schritt darüber hinaus gelangen ohne den Gebrauch eben jener Fähigkeiten, deren Zuverlässigkeit wir bezweifeln. Der „nachfolgende Skeptizismus" hingegen erwächst nach Hume aus der Entdeckung, daß die Erkenntnisfähigkeiten des Menschen zu der Art von Irrtümern verleiten, die er selbst anhand seiner „experimentellen Methode" als „Fiktionen" aufgedeckt hat. Wird dieser nachfolgende, zur Aufdeckung metaphysischer Irrtümer unverzichtbare Skeptizismus allerdings beherrschend, das heißt, bestimmt er ausschließlich das Verhältnis des Menschen zu seiner Welt, so führt er nach Hume zur Ablehnung jeglicher Erkenntnisgewißheit und zur völligen Orientierungslosigkeit im konkreten, praktischen Leben. Er gerät zum „Pyrrhonismus" oder „extremen Skeptizismus",[80] der zwar logisch unwiderlegbar ist, der tatsächlichen Verfassung der menschlichen Natur aber so vollständig widerspricht, daß er als nicht praktikabel abgelehnt wird. Im klaren Bewußtsein des ungelösten Konflikts zwischen dem reflexiv vermittelten Anspruch auf „Wissen" und dem unmittelbaren „Glauben" des common sense optiert Hume deshalb für einen – wie er ihn nennt – „gemäßigten Skeptizismus".

Wenn sich Hume als „Skeptiker" und seine Philosophie als „sehr skeptisch" bezeichnet,[81] so meint er ausschließlich diese Art des Bezweifelns. Sie läßt nur eine „geringe Dosis Pyrrhonismus" zu, um sich den Gegenständen zuwenden zu können, „die der begrenzten Fähigkeit des menschlichen Verstandes am angemessensten sind".[82] Eindeutig erklärt Hume in einem Abschnitt, der „Vom Skeptizismus in bezug auf die Vernunft" handelt: „Sollte mich nun aber jemand fragen, ... ob ich also wirklich einer jener Skeptiker sei, welche dafür halten, alles sei ungewiß, ... so würde ich antworten,

---

[80] Enqu 155–160/Unt 196–202. – Daß Hume damit der Skepsis des Pyrrhon von Elis nicht gerecht geworden ist, muß hier außer Betracht bleiben; vgl. dazu Sextus Empiricus, Grundriß der pyrrhonischen Skepsis. Einleitung und Übersetzung v. M. Hossenfelder, Frankfurt a. M. 1968.

[81] Treat 636/Tr 364; An Abstract of a Treatise on Human Nature. A Pamphlet hitherto unknown by David Hume. Reprinted with an Introduction by J. K. Keynes and P. Sraffa, Hamden/Connecticut 1965, p. 24.

[82] Enqu 162/Unt 203.

diese Frage sei vollkommen überflüssig; weder ich noch sonst irgend jemand sei jemals aufrichtig und konsequent dieser Meinung gewesen. Die Natur nötigt uns mit absoluter und unabwendbarer Notwendigkeit, Urteile zu fällen, ebenso wie sie uns nötigt, zu atmen und zu empfinden."[83]

Hume hat die Gegenstrebigkeit von philosophischer Reflexion und Alltagsverstand klar durchschaut. Er will das ein für allemal offenkundig gewordene Auseinanderklaffen von radikaler Skepsis und bedenkenlosem Common Sense jedoch nicht verheimlichen oder gar versöhnen. Im Gegenteil: Statt eine der beiden Seiten zu ignorieren und der anderen ausschließliche Geltung zuzusprechen, anerkennt und betont er jenen Zwiespalt, den sein „gemäßigter Skeptizismus" nicht etwa schließt, sondern einsichtig macht. Statt entweder die skeptizistische Selbstzerstörung aller Gewißheit oder aber das überstürzte Urteil der Menge zur Position zu erheben, beharrt Hume auf ihrem Antagonismus. Seiner Weigerung, sich diesem „Kampf und Gegensatz"[84] zu entziehen, entspringt die Weigerung, der Frage nach dem Wahrheitsgehalt metaphysischer Aussagen zustimmend oder ablehnend ein Ende zu machen. Er enthält sich der Antwort, suspendiert das Urteil. Falls der menschlichen und außermenschlichen Natur eine Wirklichkeit zukommt, die über Sinneswahrnehmungen und Vorstellungen hinausgeht, so ist und bleibt sie unerkennbar. Sein „gemäßigter Skeptizismus" berücksichtigt einerseits die praktischen Denkgewohnheiten des Common Sense und bezweifelt andererseits die spekulativen Aussagen der Metaphysik. Hume läßt sich jedoch weder von den Bedürfnissen des Alltagsverstandes noch von der Unbeweisbarkeit metaphysischer Behauptungen zum Denkverzicht verleiten. Statt die Ansprüche philosophischer Reflexion preiszugeben, erkennt und anerkennt er ihre Grenzen. Insofern entspringt Humes „gemäßigtem Skeptizismus" gerade kein „absoluter Skeptizismus" und „Nihilismus", sondern jene Erkenntnishaltung, die als Agnostizismus anzusprechen ist.

Hamiltons Hume-Interpretation ist differenziert, aber unvollständig. Sein Augenmerk gilt einseitig der Ausgangsposition Humes, die Hume selbst als „nachfolgenden Skeptizismus" bezeichnet

[83] Treat 183/Tr 245.
[84] Treat 215/Tr 283.

und die Hamilton – zu Recht – als „relativen Skeptizismus" charakterisiert. Den Überschritt Humes vom „nachfolgenden Skeptizismus" zum „gemäßigten Skeptizismus" hat Hamilton offenbar nicht gesehen, und er hat vor allem verkannt, daß Humes Agnostizismus aus diesem „gemäßigten Skeptizismus" erwachsen ist. Hamilton bleibt, kurz gesagt, auf die nihilistische Mißbrauchbarkeit der Humeschen Metaphysikkritik so stark fixiert, daß ihm der Agnostizismus Humes entgeht. Diese Fixierung wiederum erklärt sich aus der Absicht Hamiltons, die von seinem „Natürlichen Realismus" verfochtene Glaubwürdigkeit des Bewußtseins in Auseinandersetzung mit tradierten und zeitgenössischen Positionen zu entfalten.

Um den Überschritt zum absoluten, nihilistischen Skeptizismus zu verhindern und das Bewußtsein in seiner absoluten, ursprünglichen Wahrhaftigkeit wiederherzustellen, bietet sich von allen Möglichkeiten nur eine einzige an. Es entfällt selbstverständlich die Möglichkeit, die widersprüchlichen Prämissen auf sich beruhen zu lassen – denn sie provozieren ja den relativen Skeptizismus; weiterhin entfällt die Möglichkeit, im Stadium dieses relativen Skeptizismus zu verbleiben[85] – denn in dessen unausweichlicher Konsequenz liegt der absolute Skeptizismus, das Ende allen philosophischen Denkens;[86] es entfällt aber auch die nächstliegende Möglichkeit, diesen Skeptizismus als solchen zu desavouieren, denn er ist relativ und darum legitim, das heißt unabweisbar, weil er die Widersprüchlichkeit der Prämissen nicht bewirkt, sondern zum Vorschein bringt. Darum, sagt Hamilton, ist der Skeptizismus „unseres Landsmanns" David Hume wie ein elektrischer Funke in die paralysierten Meinungen gefahren und hat die Philosophie zu neuer Kraft erweckt; er gab allen philosophischen Denkern in Europa

[85] Vgl. in Kants „Kritik der reinen Vernunft" den Abschnitt „Die Disziplin der reinen Vernunft in Ansehung ihres polemischen Gebrauchs" (B 766–797).

[86] Hamilton erläutert die zum Scheitern verurteilten Anstrengungen jener Philosophen, die die „absolute Integrität" des Bewußtseins verletzen, anhand eines von Kant (KrV A 756) benutzten Vergleichs: „Thus, the refusal of philosophers ... is virtually an act of philosophical suicide. Their various systems are now only so many empty spectres, – so many enchanted corpses, which the first exorcism of the sceptic reduces to their natural nothingness. The mutual polemic of these systems is like the warfare of shadows; as the heroes in Valhalla, they hew each other into pieces, only in a twinkling to be reunited, and again to amuse themselves in other bloodless and indecisive contests." (L I 299)

mittelbar oder unmittelbar einen neuen Impuls und eine neue Richtung: „To Hume we owe the Philosophy of Kant, and therefore, also, in general, the latter philosophy of Germany ... To Hume, in like manner, we owe the Philosophy of Reid.“[87]

Nach Hamiltons Interpretation bleibt als einziger Weg derjenige, den *Reid* und *Kant* eingeschlagen haben: die von den Philosophen vorausgesetzten Prämissen als unhaltbare Hypothesen zu erweisen und so die Philosophie mit der Natur wieder zu versöhnen.[88] Indem Reid den ungerechtfertigten Prämissen das Argument vom Common Sense entgegenhielt, zerstörte er unmittelbar das dogmatische Ausgangsprinzip, setzte so – mittelbar – die skeptische Schlußfolgerung außer Kraft und re-etablierte damit die gerechtfertigte Voraussetzung der Glaubwürdigkeit des Bewußtseins.[89] Die Philosophien von Reid und Kant stimmen – immer noch nach Hamilton – insofern überein, als sie sich am Skeptizismus Humes entzünden und die Glaubwürdigkeit des Bewußtseins bzw. der Vernunft zu erweisen suchen. Während jedoch Kant über größere systematische Kraft verfügt als Reid, ist das Vorgehen Reids sorgfältiger und verläßlicher.[90] Kant hat die von seiner theoretischen Philosophie verworfene Autorität der Vernunft in seiner praktischen Philosophie zwar wiederhergestellt.[91] Doch mit dieser, einerseits, glücklichen Inkonsequenz hat er, andererseits, die unteilbare Wahrhaftigkeit des Bewußtseins und damit die Möglichkeit von Philosophie überhaupt in Frage gestellt.[92] Insbesondere seine

---

[87] L I 394 f. [88] D 87 f. [89] D 90. [90] L I 396.
[91] R II 792.
[92] L I 374: „... if he attempts to philosophise, he must assert the possibility of philosophy. But the possibility of philosophy supposes the veracity of consciousness as to the contents of its testimony; therefore, in disputing the testimony of consciousness ... Kant disputes the possibility of philosophy, and, consequently, reduces his own attempts at philosophising to absurdity.“
[93] L I 397. – Daß Hamilton mit dieser Interpretation der Wahrnehmungslehre Kants nicht gerecht wird, wird uns noch beschäftigen. Immerhin wird von hier aus Hamiltons außerordentliche Wertschätzung Jacobis verständlich, der in seinen Augen unter allen deutschen Philosophen Reid so nahekommt, daß er dessen Wahrnehmungstheorie „kongenial“ nachvollzieht, ohne freilich zur „reinen Lehre des Natürlichen Realismus“ vorzustoßen. Vgl. in Hamiltons Note A die gesamte Interpretation von Jacobi (R II 793–796, hier: 796, 793) und die vorangestellte Einschätzung: „The resistless belief or feeling of reality which in either cognition affords the surrogate of its truth, is equivalent to the common sense of Reid. Reid was an especial favourite with Jacobi; and through Jacobis

Wahrnehmungstheorie ist – im Gegensatz zu Reids – in die Irre gegangen, weil sie die überlieferte falsche Auffassung von der bloßen Bewußtseinsimmanenz aller Wahrnehmungsgegenstände vertritt: „... Kant, admitting, without question, the previous doctrine of philosophers, that the mind has no immediate knowledge of any existence external to itself, adopted it without hesitation as a principle, – that the mind is cognisant of nothing beyond its own modifications, and that what our natural consciousness mistakes for an external world, is only an internal phaenomenon, only a mental representation of the unknown and inconceivable. Reid, on the contrary, was fortunately led to question the grounds on which philosophers had given the lie to the natural beliefs of mankind; and his inquiry terminated in the conclusion, that there exists no valid ground for the hypothesis, universally admitted by the learned, that an immediate knowledge of material objects is impossible. The attempt of Kant, if the attempt were serious, to demonstrate the existence of an external and unknown world was, as is universally admitted, a signal failure; and his Hypothetical Realism was soon analysed by an illustrious disciple, – Fichte, – into an Absolute Idealism, with a logical rigour that did not admit of refutation."[93]

Reid hat in seiner Bewußtseinsanalyse und Wahrnehmungstheorie zwar einzelne philosophische und historische Irrtümer begangen,[94] ist jedoch mit seinem Vertrauen in die unverdorbenen ursprünglichen Instinkte der Natur und in seiner Anerkennung der unmittelbaren Sinneswahrnehmung der Außenwelt der Vorkämpfer des „Natürlichen Realismus" als des einzigen Systems, das die Wahrheit des Bewußtseins und die Möglichkeit von Erkenntnis zu rechtfertigen vermag.[95]

Dieser „Natürliche Realismus" und „Natürliche Dualismus"

---

powerful polemic we may trace the influence of the Scottish philosophy on the whole subsequent speculation of Germany." (R II 793)

[94] D 94, Anm.: „Reid I think was correct in the aim of his philosophy; but in the execution of his purpose he is often in fault, often confused, and sometimes even contradictory." – L II 45: „His mistakes, however, are not of vital importance, and I am confident their exposure will only conduce to illustrate and confirm the truths which he has the merit, though amid cloud and confusion, to have established." – Vgl. D 47, 50, 52.

[95] D 59 f.; R I 302; D 68.

Reids widerstreitet grundsätzlich dem „Hypothetischen Realismus" und „Hypothetischen Dualismus" des Common Sense-Philosophen *Thomas Brown*, der von Hamilton mit äußerster Schärfe attackiert und nach seinem Dafürhalten ad absurdum geführt wird. Weil Brown die unmittelbare Erkennbarkeit von Ich und Nicht-Ich zumindest in Frage stellt,[96] schmälert und schwächt er das Bewußtsein in seiner unbedingten Wahrhaftigkeit bis zur Selbstvernichtung: „But the truth of consciousness is the condition of the possibility of all knowledge. The first act of Hypothetical Realism is thus an act of suicide; philosophy, thereafter, is at best but an enchanted corpse, awaiting only the exorcism of the sceptic, to relapse into its proper nothingness."[97] Die hypothetische Annahme einer mittelbaren Wahrnehmung führt in letzter Konsequenz zum Nihilismus.[98]

Der „Natürliche Realismus" ist die einzige *wirklichkeitsgerechte* Philosophie, weil er der *Natur des Bewußtseins* gerecht wird: „In all legitimate speculation with regard to the phaenomena of mind, it is Consciousness which affords us at once, (1.) the capacity of knowledge; (2.) the means of observation; (3.) the point from which our investigation should depart; (4.) the limit of our inquiry; (5.) the measure of its validity; and, (6.) the warrant of its truth."[99] Hamiltons Kritik basiert auf der Überzeugung von der – ohne Selbstvernichtung des Philosophierens nicht denkbaren – Fähigkeit des Bewußtseins, durch unmittelbare Wahrnehmung die Phänomene der äußeren und durch ebenso unmittelbares Selbstbewußtsein die Phänomene der inneren Welt zu erkennen. Da das durch unmittelbare Wahrnehmung zustande gekommene Erkenntnisobjekt zugleich die Existenz des entsprechenden Außenweltobjekts garantiert, verwirft Hamilton alle philosophischen Positionen, die eine bloß „repräsentative" Erkenntnis der Außenweltobjekte annehmen. Indem diese Positionen die Auffassung vertreten oder insinuieren, die Erkenntnisobjekte seien lediglich „Ideen" und Mo-

---

[96] D 43–47, 59–61, 97 f.

[97] D 64. Näheres zum „Hypothetischen Realismus": D 65–68. – Brown hat Hume zum Dogmatiker umgedeutet und damit die Eigenart von Humes Skeptizismus gänzlich mißverstanden: D 94–96.

[98] D 97 f.

[99] R II 929.

difikationen des erkennenden Subjekts, untergraben sie die natürlich-ursprüngliche Erkenntnisleistung des Bewußtseins, die Phänomene der äußeren und inneren Welt zu konstituieren.[100]

Was man Hamiltons wahrnehmungstheoretisches Kontroversprogramm nennen könnte, ist nirgends kohärenter entfaltet als in seinem frühen Aufsatz „Philosophy of Perception“. Darin werden alle abgewiesenen Positionen mit seinem Denken konfrontiert und die Gründe für diese Konfrontation thesenartig zusammengefaßt: „1. If the veracity of Consciousness be unconditionally admitted, – if the intuitive knowledge of mind and matter, and the consequent reality of their antithesis be taken as truths, to be explained if possible, but in themselves are held as paramount to all doubt, the doctrine is established which we would call the scheme of *Natural Realism* or *Natural Dualism*. – 2. If the veracity of Consciousness be allowed to the equipoise of the object and subject in the act, but rejected as to the reality of their antithesis, the system of *Absolute Indentity* emerges, which reduces both mind and matter to phaenomenal modifications of the same common substance. – 3. and 4. If the testimony of Consciousness be refused to the co-originality and reciprocal independence of the subject and object, two schemes are determined, according as the one or the other of the terms is placed as the original and genetic. Is the object educed from the subject, *Idealism*; is the subject educed from the object, *Materialism*, is the result. – 5. Again, is the Consciousness itself recognised only as a phaenomenon, and the substantial reality of both subject and object denied, the issue is *Nihilism*.“[101]

Überblickt man die von Hamilton geführten Auseinandersetzungen zur Legitimation des „Natürlichen Realismus“ bzw. „Natürlichen Dualismus“, so befremdet zunächst seine oft eigenwillige Auswahl und Interpretation der historischen und zeitgenössischen Quellen. Eine umfassende und eindringliche, das heißt in den „Geist“ einer anderen Position eindringende Auseinandersetzung hat Hamilton nur mit dem œuvre von Reid, weithin auch mit dem von Hume und Kant unternommen. Seine Abgrenzungen erfolgen nicht selten unter Vernachlässigung der treibenden Motive und In-

[100] Vgl. D 92 f., 193–195; L I 206 f., 271 f., 278; L II 29–31, 140, 151, 189–196; R II 748 f.
[101] D 55 f.

tentionen der zitierten Denker.[102] Hamilton hat vor Typisierungen nicht nur keine Scheu, sondern konstruiert sie dort, wo noch keine vorliegen, um so das eigene Denken zu klären; seine zahlreichen Differenzierungen und Unterteilungen, soweit sie sich nicht im Etymologischen und Terminologiegeschichtlichen erschöpfen,[103] erscheinen häufig als bloße Zwischenstationen zur angestrebten Typisierung. Deshalb drängt sich zuweilen der Eindruck auf, daß Hamilton sein Denken auch ohne diesen immensen Aufwand hätte darlegen können, ja daß er im Zuge der von ihm vielfach mehr extensiv als intensiv angelegten Kontroverse die Prämissen seiner Philosophie höchstens da und dort modifiziert, nirgends jedoch korrigiert hat.

Dieser vielleicht sogar zutreffende Eindruck ist allerdings philosophisch bedeutungslos. Man kann sich immerhin – wie bereits oben angedeutet[104] – die Frage stellen, ob nicht auch andere Philosophien ebenso vorgegangen sind. So gesehen, betrifft das Hamilton entgegengehaltene Eklektizismus-Verdikt jedenfalls nicht nur Ausformung und äußere Gestalt von *Hamiltons* Denken. Selbst wenn sich unser Autor einer „eklektizistisch" angelegten Scheinkontroverse bedient hätte, um den eigenen mehr oder minder „vorgefaßten" philosophischen Ansatz zu erhärten, wäre damit über die Valenz *seines* Denkens noch nichts entschieden.

Nachdem Hamiltons Überlegungen zur „Reichweite" menschlicher Erkenntnis dargelegt worden sind, gilt es nun, die von ihm markierten „Grenzen" dieser Erkenntnis aufzuweisen.

---

[102] Was H. M. Bracken, der Herausgeber der zweibändigen Reid-Edition Hamiltons (Reprint Hildesheim 1967), im Hinblick auf die von Hamilton beigesteuerten Teile bemerkt, gilt darum weithin für Hamiltons Art der Auseinandersetzung im Ganzen: „He is anything but neutral in his comments and his learning is immense. His writings constitute a mine of historical information. But he should be used as a source for suggestive lines of inquiry rather than for definitive conclusions." (R I, p. XXX)

[103] Sowohl in den „Discussions" als auch in den „Lectures", vor allem aber in den „Supplementary Dissertations" des zweiten Bandes seiner Reid-Edition breitet Hamilton seine stupenden historischen Detailkenntnisse aus (vgl. bes. R II 825–991*). Er will offenbar anhand terminologisch-begrifflicher Klärungen – die nicht selten in seitenlange Quellennachweise und Zitatenreihen ausufern – über die Feststellung der Genesis eines Terminus zur Erfassung der „Sache selbst" vorstoßen, scheint aber die Ergiebigkeit dieses Verfahrens bei weitem zu überschätzen.

[104] Siehe oben S. 23 f., Anm. 1.

2.5 *Die Grenzen der Erkenntnis*

2.51 Die Relativität aller Erkenntnis

Hamiltons Überzeugung von der Relativität aller Erkenntnis gipfelt in seiner Philosophie des Bedingten. Zu diesem Gipfel führt der bisher zurückgelegte und gleichsam etappenweise erkundete Weg, der in allen seinen Etappen vom Ziel her bestimmt ist. Bisher mochte es so scheinen, als bestätige unser Autor die Tendenz des später über ihn gefällten Urteils,[1] er habe – kraft einer ebenso außerordentlichen wie fragwürdigen Fähigkeit, divergierende Elemente der philosophischen Tradition seinem Denken einzugliedern – den naiven Realismus der Common Sense-Philosophie in höchstmöglichem Maße kritisch verfeinert. Solche Einschätzung sieht zwar, historisch richtig, daß der Common Sense-Philosoph Hamilton ein angestammtes Erbe angetreten und vollendet hat und daß ihm dies nur gelungen ist, weil er sich teilweise von Kant beeinflussen ließ. Wenn sie jedoch daraus schließt, der „eklektische" Schotte habe es leider nicht verstanden, dem ganzen Kant zu folgen, so entgeht ihr dabei, daß Hamilton einen entscheidenden, wenn auch bis heute nur beiläufig erwähnten „Zug" im Denken Kants nicht nur klar erkannt, sondern konsequent verschärft und eigenständig thematisiert: den agnostischen.

Hamiltons Überlegungen zu den Bedingungen der Erkenntnis werden, soweit als möglich wiederum zunächst immanent und alsdann abgesetzt von anderen Positionen – vor allem Kants und Jacobis – dargestellt und erörtert.

2.511 Bedingungen der Erkenntnis

Nach Hamilton ist menschliche Erkenntnis in ihren Möglichkeiten begrenzt, insofern sie nur relativ sein kann, das heißt bezogen auf und gebunden an bestimmte Bedingungen. Alle Erkenntnis wird ermöglicht und begrenzt durch zwei Bedingungen: durch das erkenntniskonstituierende Bewußtsein und durch die (äußere und innere) Welt der Erscheinungen. Weil aber alle mögliche mensch-

[1] Siehe unten S. 146 f. samt zugehörigen Anm. 1–5.

liche Erkenntnis in ihrer Angewiesenheit auf diese Bedingungen bedingt ist, bleibt sie auf den Bereich des Bedingten reduziert und vermag darum das Unbedingte niemals zu erkennen. Wie sich bereits gezeigt hat, erkennt das Bewußtsein mit apriorischer Notwendigkeit und darum untrüglich das Gegebensein von Ich und Nicht-Ich als ursprüngliche „facts of consciousness", deren nähere inhaltliche Bestimmtheit durch unmittelbare Wahrnehmung erfolgt. Doch der Grund der phänomenalen Bewußtseinstatsachen von Außen- und Innenwelt ist nicht zu erkennen; diese unbekannte und unerkennbare Basis aller Erscheinungen des Bewußtseins ist die absolute, unbedingte Bedingung dafür, daß überhaupt etwas erscheinen kann. Bekannt und erkennbar sind also nur die bedingten Erscheinungen. Was den „phaenomena of matter" an sich und den „phaenomena of mind" an sich zugrundeliegt, bleibt dem erkennenden Geist des Menschen unzugänglich. Die Bedingungen, die das Bedingte bedingen, sind unbedingt und als solche nicht erkennbar.

Die Schwierigkeit, Hamiltons Überlegungen zur Philosophie des Bedingten angemessen darzulegen, resultieren weniger aus deren hohem Formalisierungs- und Abstraktheitsgrad als daraus, daß alle Aussagen in ein und demselben transzendentalen Horizont stehen. *Insofern* steht jede hier einschlägige Aussage mit jeder anderen in Verbindung und wird isoliert mißverständlich bzw. falsch. Weil sich also bei dem Versuch, diese Aussagen angemessen darzulegen und zu interpretieren, ein Verfahren des strengen Nacheinander verbietet, sind auch im folgenden gewisse Wiederholungen nicht zu umgehen.[2]

---

[2] Hamiltons Betrachtungsweise erzwingt einen bestimmten Stil, nicht unähnlich dem Stil mystischer Traktate, die auch aus dem *England* des 14. Jahrhunderts überliefert sind und die ihrerseits die „negative Theologie" der griechischen Patristik aufgreifen. Gewisse Analogien des sprachlichen Ausdrucks – nur dieser soll hier interessieren – sind nicht zu übersehen. Wie Hamilton von dem unerkennbaren Unbedingten spricht, so sprechen die genannten Schriften von dem unerkennbaren Gott nicht in inhaltlichen Bestimmungen und einzelnen Denkschritten, sondern ausgrenzend und „kontemplativ". Es handelt sich beidemal um den Versuch, Unerkennbares sprachlich zu artikulieren und in seiner Unerkennbarkeit evident zu machen. Die beidemal ausschließlich negative Bestimmtheit des „Woraufhin" der Darstellung – denn von einem „Erkenntnisobjekt" ist gerade nicht zu reden – kann nur dort tautologischen Worthäufungen entgehen, wo Abgrenzungen zum bedingt-erkennbaren Phänomenalen getroffen werden mit der Warnung, die prinzipiell verschiedenen Bereiche bzw. Betrach-

In seinem ersten Aufsatz, der Rezension zur „Philosophy of the Unconditioned“ (1829), entwickelt unser Autor die Konzeption des Bedingten aus der kritischen Distanzierung zu Victor Cousins Lehre vom Unbedingten und Absoluten. Das Unbedingte als das Unerkennbare ist sprachlich und begrifflich nichts anderes als die Negation des – allein erkennbaren – Bedingten.[3] Wie der Adler die Atmosphäre nicht verlassen kann, in der er fliegt und die ihn trägt, so kann menschliches Erkennen den Bereich des Bedingten nicht verlassen. Eine Philosophie, die mehr sein wollte als Wissenschaft vom Bedingten, ist unmöglich.[4] „Our whole knowledge of mind and matter is relative, – conditioned, – relatively conditioned. Of things absolutely or in themselves, be they external, be they internal, wo know nothing or know them only as incognisable ... All that we know is therefore phaenomenal, – phaenomenal of the unknown.“[5]

Hamilton spricht von dem großen *Axiom* („axiom“), daß alle menschliche Erkenntnis, darum auch alle Philosophie relativ ist, weil sie auf das Erscheinende begrenzt bleibt. Diese Feststellung besagt, daß wir nichts Absolutes, nichts an und für sich Seiendes,

---

tungsweisen nicht zu verwechseln. So spricht Hamilton von der Welt der Erscheinungen und deren „unbekanntem Grund“, der anonyme Verfasser der „Cloud of Unknowing“ – bedeutendster Mystiker des mittelalterlichen England und einer der ersten Exponenten volkssprachlicher mittelenglischer Literatur – spricht von den „Erscheinungen“ der „äußeren Dinge“, denen der sinnliche Mensch verhaftet ist, und von Gott als jenem „Ding, dem gegenüber die Sinne versagen“ (vgl. dazu D. Knowles, The English Mystical Tradition, London 1961; deutsch: Düsseldorf 1967 [übersetzt v. K.-D. Ulke], bes. S. 73–103). – Damit wird selbstverständlich, um es deutlich zu sagen, eine Abhängigkeit Hamiltons von der genannten Tradition weder behauptet noch bestritten; ob sie eventuell durch irgendwelche Vermittlungen besteht, ist hier nicht relevant und muß gänzlich offen bleiben. Diese Bemerkung will lediglich auf eine bestimmte Gemeinsamkeit der Betrachtungsweise und der durch diese ernötigten sprachlichen Eigenart hinweisen, die nicht zu verkennen ist; sie will durch diesen Hinweis einen wesentlichen Grund für die Besonderheit der von Hamilton weniger zu wählenden als zu akzeptierenden sprachlichen Darstellungsform andeuten.

[3] D 12 f., 30 f.

[4] D 14 f.

[5] D 643 f. – Vgl. R I 322 f., Anm. Hamiltons: „We can know, we can conceive, only what is relative. Our knowledge of *qualities* or *phaenomena* is necessarily relative; for these exist only as they exist *in relation to our faculties*. The knowledge, or even the conception, of a substance in itself, and apart from any qualities in relation to, and therefore cognisable or conceivable by, our minds, involves a contradiction.“

das ohne Relation zu uns und unseren Fähigkeiten ist, erkennen können.[6] Unsere Erkenntnis der phänomenalen Außenwelt beruht auf einem *Glauben* („belief"), der jedoch weder übernatürlich inspiriert noch ein blinder Impuls ist, sondern eine ursprüngliche Notwendigkeit („original necessity"), die uns von unserer Natur eingestiftet und auferlegt wurde. *Was* zu diesem Glauben an die Existenz eines bewußtseinsunabhängigen Nicht-Ich nötigt, kennen und erkennen wir ebensowenig wie das, was zum Glauben an die Existenz eines selbständigen Bewußtseins nötigt: „How self can be conscious of not-self, how mind can be cognizant of matter, we do not know; but we know as little how mind can be percipient of itself. In both cases we only know the fact, on the authority of consciousness."[7] Es ist *evident* („evident"), daß unsere Erkenntnisse auf diesen Tatsachen („facts") des Bewußtseins als letzten Voraussetzungen basieren, die als solche nicht explizierbar und nicht verstehbar sind. Die ursprünglichen Gegebenheiten („primary data") unserer Erkenntnis sind – *als* Bedingungen aller möglichen Erkenntnis – unbedingt und darum weder erkennbar noch beweisbar; ihre Glaubwürdigkeit beruht auf ihrer Evidenz.[8]

Wenn wir von einem äußeren *Ding* sprechen, so benennen wir mit dieser Bezeichnung ein Aggregat koexistierender (als Ausdehnung, Festigkeit, Teilbarkeit, Gestalt usw. bekannter) Erscheinungen. Da diese Erscheinungen nur verbunden auftreten, sind wir durch die Konstitution unserer Natur genötigt, sie als in und durch etwas verbunden zu denken; denn *als* Erscheinungen müssen sie Erscheinungen von etwas sein. Doch absolut und in sich selbst, unabhängig von seinen Erscheinungen, ist dieses Etwas für uns „gleich Null". Nur aufgrund eines Denkgesetzes sind wir gezwungen, dieses absolute und unbekannte Etwas als Grund oder Bedingung des Relativen und Bekannten zu denken.[9] „It is erroneous... to say that we perceive external things in themselves, in the signification that we perceive them as existing in their own nature, and not relative to the living organ."[10]

[6] L I 136.
[7] R II 750, 754.
[8] R II 742 f., 745 f., 755.
[9] L I 137 f.
[10] L II 522.

Wenn wir vom menschlichen *Geist* sprechen, so benennen wir mit dieser Bezeichnung die miteinander verbundenen (als Zustände des Erkennens, Wollens, Fühlens usw. bekannten) Erscheinungen. Doch insofern wir jenes Subjekt oder jene Substanz benennen wollen, der die Erscheinungen des Erkennens, Wollens, Fühlens usw. inhärieren; jenes Etwas, das hinter den Erscheinungen steht oder ihnen zugrundeliegt, sprechen wir von dem, was in sich selbst, losgelöst von den Erscheinungen, in seinem absoluten Sein unbekannt ist: „Mind can be defined only a posteriori, – that is, only from its manifestations. What it is in itself, that is, apart from its manifestations, – we, philosophically, know nothing, and, accordingly, what we mean by mind is simply *that* which perceives, thinks, feels, wills, desires etc.“[11] Wüßten wir, was der Geist – oder das bewußte Subjekt oder das Ich[12] – als ursprüngliches, letztes Faktum ist, kennten wir dessen raison d'être,[13] hätten wir einen Beweis für den Satz „I, the thinking subject, exist“,[14] kontrollierten wir die natürliche Quelle und Offenbarung aller uns zugänglichen Erkenntnis, statt uns von diesem einzigen Erkenntniskriterium bestimmen zu lassen,[15] so würden wir mit dieser vorgeblichen Erkenntnis des Absoluten die einzige Philosophie verwerfen, die dem irdischen Menschen angemessen ist:[16] „... in other words, consciousness reveals that it is, but not why or how it is.“[17]

Das Bewußtsein ist zugleich Erkenntniskraft, Instrument der Wahrnehmung, Ausgangspunkt und Grenze des Forschens, Maßstab seiner Gültigkeit und Garant seiner Wahrheit. Es ist keine spezifische, nur auf eine bestimmte Art von Erkenntnissen festge-

---

[11] L I 138, 157.

[12] L I 156.

[13] L I 270.

[14] L I 372. – Hamilton erläutert hier den Glauben („belief“, der einmal mehr synonym mit „feeling“ gebraucht wird) an diese letzte Tatsache des Bewußtseins anhand des „Cogito ergo sum“ von Descartes (vgl. auch L II 398 f.). Falls dieser Satz über die einfache Aussage hinaus, daß die Tatsache unserer Existenz in der Tatsache unseres Bewußtseins gegeben ist, den Anspruch erhebe, eine Schlußfolgerung zu sein, werde er entweder tautologisch oder falsch. Descartes selbst habe den Satz jedoch ebensowenig als Schlußfolgerung verstanden wie Locke und Leibniz.

[15] L I 264–268.

[16] R I XXXIII.

[17] L I 270.

legte Fähigkeit, sondern bildet die identische Einheit und konzentrische Bezugsinstanz für alle inneren und äußeren Erkenntnisgegenstände. Doch obwohl das Bewußtsein die ursprüngliche und grundlegende Bedingung aller Tätigkeiten des Geistes darstellt, läßt sich nicht erkennen, wie das Bewußtsein im allgemeinen und wie es als Bewußtsein von Ich und Nicht-Ich im besonderen möglich ist. Erklärungen dieser Art zu fordern, wäre unphilosophisch, weil sie die Gegebenheit eines Kriteriums unterstellen, das unabhängig vom Bewußtsein die Tätigkeiten des Bewußtseins beurteilen könnte.[18] Diese Sicht fegt mit einem Schlag eine Welt metaphysischer Spekulationen hinweg und beschneidet damit zwar die Reichweite menschlicher Vernunft, sichert jedoch deren Zuständigkeit für das, was ihr bleibt:[19] „... we know nothing absolute, – nothing existing absolutely; that is, in and for itself, and without relation to us and our faculties ... Thus, mind and matter, as known or knowable, are only two different series of phaenomena or qualities; mind and matter, as unknown and unknowable, are the two substances in which these two different series of phaenomena or qualities are supposed to inhere. The existence of an unknown substance is only an inference we are compelled to make, from the existence of known phaenomena; and the distinction of two substances is only inferred from the seeming incompatibility of the two series of phaenomena to coinhere in one. Our whole knowledge of mind and matter is thus, as we have said, only relative; of existence, absolutely and itself, we know nothing ...“[20]

Für Hamilton ist also alle Erkenntnis von Außen- und Innenwelt Phänomenerkenntnis.[21] Selbst wenn wir ebenso viele Fähigkeiten besäßen, wie es an möglichen geistigen oder materiellen Daseinsbeschaffenheiten gibt, wäre unser Wissen von Geist und Ma-

---

[18] R II 929 f.
[19] L I 287.
[20] L I 138, 137.
[21] Darum bleibt auch das Zusammenwirken von Leib und Seele unerkennbar. Wenn wir den Geist nicht materialisieren wollen, schreibt Hamilton, und auf seiner Geistigkeit bestehen, so wissen wir von Leib und Seele nur, daß sie tatsächlich miteinander verbunden sind, nicht aber, in welcher Weise diese Verbindung zu denken ist. Obwohl die Modifikationen des Geistes von bestimmten körperlichen Bedingungen abhängig sind, lassen sich über deren Einfluß nur Vermutungen anstellen (L II 128 f.).

terie relativ. Angenommen, materielles Dasein stellte sich in zehntausend Phänomenen dar und wir verfügten über zehntausend Sinne, um sie aufzunehmen, so blieben wir doch, was die absolute und an sich genommene materielle Existenz dieser Phänomene betrifft, ebenso unwissend wie jetzt.[22] Doch obwohl wir einerseits nur das als tatsächlich existent behaupten dürfen, von dem wir wissen, daß es existiert, dürfen wir andererseits nicht leugnen, daß möglicherweise etwas existiert, von dem wir nichts wissen. Wenn man sich das Universum als ein Vieleck mit hunderttausend Seiten oder Facetten vorstellt, deren jede eine bestimmte Daseinsbeschaffenheit wiedergibt, so mögen alle diese Seiten bzw. Beschaffenheiten gleich wesentlich sein, obwohl unsere Organe nur einigen von ihnen entsprechen und sie darum aufnehmen können. Falls jedoch alle unsere Fähigkeiten vernichtet würden, so blieben doch sämtliche genannten Beschaffenheiten auf seiten der Außenwelt existent.[23]

---

[22] L I 145.

[23] L I 142. – Vgl. L I 153. – Begriffliche Zusammenhänge durch Vergleiche und Beispiele zu erläutern, ist bekanntlich immer riskant. Mit den beiden genannten Beispielen, die Hamilton in seinen Vorlesungen anführt, macht er zwar einerseits unmißverständlich klar, daß er die äußerste Gegenposition zum „Idealismus“ eines Malebranche und Berkeley einnimmt (s. oben S. 78 f.). Andererseits sind die Beispiele unglücklich gewählt, insofern darin die agnostische Denkhaltung aufs sinnlich Wahrnehmbare reduziert wird. Daß, wie hier, die Deutlichkeit der Vorstellung mit der Eindringlichkeit des Gedankens bezahlt wird und das zu denkende Ganze hinter dem bildhaft darstellbaren Ausschnitt zurücktritt, hat Kant in der Vorrede zur ersten Ausgabe seiner Ersten Kritik mit doppelbödiger Ironie vermerkt, obwohl er einräumt, daß der Leser ein Recht hat, Beispiele und Erläuterungen zu fordern (KrV A XVII–XIX). Hegel hingegen urteilt in der „Enzyklopädie“, die er immerhin als Leitfaden zu seinen Vorlesungen konzipiert hatte, in dieser Frage völlig ablehnend; der Wunsch, die Bedeutung von Begriffen verständlich zu machen, sei ungerechtfertigt, denn bei einem Begriff sei weiter nichts zu denken als der Begriff selbst (HTW VIII 44 f.). Ob ein begriffliches Denken, um sich begreiflich zu machen, mit Beispielen arbeitet oder nicht; welche Beispiele es wählt und welchen Stellenwert es ihnen zubilligt, scheint für die Eigenart eines Denkens durchaus nicht zufällig zu sein. Hamilton gibt nirgends vor, die Beziehungen zwischen Innen- und Außenwelt völlig durchschaut und ins „System“ – nicht einmal in ein transzendentales System – gebracht zu haben. Vielleicht ist ihm aufgrund seiner weniger anspruchsvollen Intentionen, die er im reduzierten Anspruch menschlicher Erkenntnis begründet sieht, eine größere Sensibilität für die Mitteilbarkeit seines Denkens geblieben – wohl wissend, daß bei dem Versuch, sich verständlich zu machen, auch unzulängliche Mittel in Kauf zu nehmen sind. Deshalb kann die oben gebotene Gegenüberstellung zumindest ein gewisses *Indiz* hergeben für

Dieser aufs Erkennen des Bedingten beschränkten Wirklichkeitsauffassung widerstreiten nach Hamilton vor allem zwei große Gruppen von philosophischen „Irrtümern". Von einigen Philosophen wird die Wirklichkeit eines unbekannten Grundes geleugnet, der den bekannten Erscheinungen zugrundeliegt, und behauptet, daß Geist und Dinge kein „substantielles" Dasein besitzen, sondern nur zwei vollständige Reihen miteinander verbundener Eigenschaften sind. Eine Variante dieser Lehre vertritt die Auffassung, daß einige Phänomene selbst die Basis oder das Substrat der übrigen bilden. Andere Philosophen haben den entgegengesetzten, ebenso unzulänglichen Versuch unternommen, über das Wesen der unbekannten Gründe, die den Erscheinungen von Geist und Dingen zugrundeliegen, unter Absehung von den Erscheinungen zu spekulieren – und so den legitimen Bereich der Philosophie zu transzendieren. Während die erste Gruppe von Irrtümern die Wahrhaftigkeit der ursprünglichen Überzeugungen unseres Bewußtseins Lügen straft, verkennt die zweite, daß alle unsere Erkenntnis Phänomenerkenntnis bleiben muß:[24] „We are therefore warranted to rely on a deliverance of Consciousness, when that deliverance is *that* a thing is, though we may be unable to think *how* it can be."[25]

Nach Hamilton erkennen wir also nur das ὅτι der Erscheinungen, nicht aber ihr διότι,[26] das heißt den verborgenen Grund, der sie erscheinen läßt: „Existence absolutely and in itself, is to us as zero; and while nothing is, so nothing is known to us, except those phases of being which stand in analogy to our faculties of knowledge."[27] Wir bleiben auf den „Zirkel unserer Erkenntnis"[28] angewiesen: Für uns existieren die Dinge, *weil* sie bekannt sind, und sie sind bekannt, *weil* sie existieren. Wir wissen nichts von Innen- und

---

„Durchführungen" von Philosophie, die in den jeweiligen „Auffassungen" von Philosophie begründet sind.

[24] L I 155. – Das Bewußtsein ist sowohl die Bedingung als auch das Ensemble aller Innenwelt-Erscheinungen. *Insofern* das Bewußtsein unter dem zweiten Aspekt betrachtet wird, nämlich als jener Bereich, der alle „phaenomena of mind" umschließt, ist es – durchaus legitim – selbst als „phaenomenon" zu bezeichnen: „Though consciousness be the condition of all internal phaenomena, still it is itself only a phaenomenon." (L I 158)

[25] L II 543.

[26] R II 971 f., 754.

[27] D 54.

[28] Ebd.

Außenwelt ohne das gegebene Bewußtsein, wir wissen nichts vom Bewußtsein ohne die gegebene Innen- und Außenwelt.[29] Unsere Erkenntnis ist bezogen auf und bedingt durch die Erscheinungen, die Erscheinungen sind bezogen auf und bedingt durch unsere Erkenntnis: „A phaenomenon is a relative – ergo, a conditioned – ergo, a thinkable".[30]

Da nunmehr grundsätzlich entwickelt ist, was es heißt, alle menschliche Erkenntnis sei bedingt, läßt sich jene Formulierung anführen und erläutern, mit der Hamilton die gegebenen Bedingungsverhältnisse auf den zugleich kürzesten und prägnantesten Begriff bringt. Die mehrfach variierte Formel lautet „relatively conditioned" oder „conditionally limited" oder „conditionally conditioned".[31] Sie faßt die bekannte *doppelte* Relativität in eins, nämlich sowohl die wechselseitige Bezogenheit von Erscheinungen und Bewußtsein als auch die wechselseitige Bezogenheit von Erscheinungen und „Dingen an sich".

Die *erstgenannte* Relativität besteht zwischen denkendem Bewußtsein und gedachtem Ding: „Knowledge is a relation, and every relation supposes two terms: subject of knowledge (the knowing mind), object of knowledge (the thing known)."[32] Alle *positive* und unmittelbare, nämlich auf Erscheinungen gerichtete Erkenntnis ist an diese Bezogenheit gebunden. Gleichwohl gerät das Be-

---

[29] Vgl. L I 201–203.

[30] R II 935.

[31] D 13 f., 643; R II 935.

[32] L I 195. – Innerhalb dieses „Relationsfeldes" ist freilich wiederum nach verschiedenen Relationsmöglichkeiten und Einzelbedingungen zu differenzieren, weil die jeweiligen Erscheinungs-Formen der Erkenntnisobjekte durch die jeweiligen Erscheinungsformen der Fähigkeiten des Erkenntnissubjekts modifiziert werden (vgl. L I 148). Es bleibt zu berücksichtigen, daß Bewußtseinsinhalte entweder ausschließlich dem Ich (subjectivo-subjektiv) oder ausschließlich dem Nicht-Ich (objectivo-objektiv) oder teilweise dem Ich und dem Nicht-Ich zugehören (subjectivo-objektiv). Hamilton trifft zwar diese Unterscheidungen, scheint jedoch zu vermuten, daß sie eher verdunkeln als verdeutlichen, so daß darüber „das große Axiom" der grundsätzlichen Bedingtheit aller Erkenntnis in den Hintergrund rückt, – zumal die getroffenen Unterscheidungen nur partiell befriedigend sind. Deshalb bemerkt er im entsprechenden Kontext: „It is difficult, however, to find words to express precisely all the correlations of knowledge." (D 904) Es spricht viel dafür, daß Hamilton aus dem gleichen Grunde die im Rahmen seiner Wahrnehmungstheorie zunächst eingeführten Distinktionen später nicht mehr aufgenommen hat (vgl. oben S. 66 f. mit den zugehörigen Anm. 25 u. 26).

wußtsein dadurch nicht in ein einseitiges „Unterwerfungsverhältnis“. Denn das Bewußtsein ist nicht nur passiv gebunden und bedingt, sondern auch aktiv bindend und bedingend, insofern es – *aufgrund* der Anerkennung seiner Bedingtheit – Erkenntnis konstituiert: „*To think* is *to condition*.“[33] Obwohl alles Denken bedingt ist und nur Bedingtes zu denken vermag, *setzt* es im Vorgang des Denkens seinerseits ebendiese Bedingungen und bezeugt damit seine *Kraft* („power“).

Die *zweitgenannte* Relativität besteht zwischen Erscheinungen und unbedingten „Dingen an sich“, über die jedoch – weil unerkennbar – nur in ausgrenzenden Negationen zu sprechen ist: „... these, in themselves incognisable and inconceivable, we can talk about only as negations of what is positively cognisable and conceivable ...“[34] Der Begriff des Unbedingten ist lediglich als Negation des Bedingten zu denken.[35] Diese nur *negative* und mittelbare Bezogenheit auf die unerkennbaren „Gründe“ des Bedingten bezeugt damit das *Unvermögen* („imbecillity“) des Bewußtseins.

Doch obwohl das Bewußtsein jenseits dieser absoluten Grenze inhaltlich nichts mehr erkennen kann, sind dennoch gewisse inhaltleere Verweisungen möglich. *Wie* solche negativen, durch eine Art Denkzwang des „Nicht-anders-denken-könnens“ entstehenden Verweisungen einzuschätzen sind, entfaltet Hamilton im Rahmen dessen, was er „das Gesetz des Bedingten“ nennt.

2.512 Das Gesetz des Bedingten

2.5121 Begründung und Problematik

Alles *positive* Denken muß nicht nur der Bedingung der Relativität, sondern auch der Bedingung der Widerspruchslosigkeit genügen. Sind diese beiden Bedingungen erfüllt, so ist der menschliche Geist imstande, einen Gegenstand unmittelbar in seiner inhaltsbestimmten Existenz als ein „Etwas“ zu erkennen. Die einzig vollziehbare Form *negativen* Denkens liegt vor, wenn nur die Bedingung der

---

[33] D 14.
[34] R II 934.
[35] D 13.

Widerspruchslosigkeit erfüllt ist. Bei diesem negativen Denken schließt zwar die fehlende Bedingung der Relativität die Erkenntnis eines „Etwas" aus, doch die gegebene Bedingung der Widerspruchslosigkeit zwingt den menschlichen Geist, die Nicht-Existenz eines „Etwas" zu negieren.[36]

Bevor die Relevanz dieses negativen Denkens im einzelnen erörtert wird, empfiehlt es sich, die Problemsituation zu umreißen. Nach Hamilton gehorcht das negative Denken aus *Unvermögen* den gleichen im menschlichen Geist selbst verwurzelten, darum apriorischen und notwendigen Gesetzen, die das positive Denken aufgrund seiner *Kraft* zur Anwendung bringt.[37] Obwohl sich beide Arten des Denkens der gleichen „Quelle" verdanken, sind sie völlig verschieden. Wenn die bisherigen Philosophen, eingeschlossen Kant, die Fähigkeit des menschlichen Geistes, zu denken, mit der Unfähigkeit, anders nicht denken zu können, identifizieren, so verkennen sie von Grund auf die Differenz zwischen positiver und negativer Denknotwendigkeit.[38] Denn ein Denken, das sich unter den Bedingungen der Widerspruchslosigkeit *und* der Relativität vollzieht, ist gänzlich anders geartet als ein Denken, das sich *nur* unter der Bedingung der Widerspruchslosigkeit vollzieht. Diese im Kontradiktionsprinzip formulierte Widerspruchslosigkeit ist ein *logisches* Gesetz, genauer gesagt ein Gesetz, das die Übereinstimmung des Denkens mit sich selbst sichert und darum nur in der *formalen* Logik gilt. Das Gesetz der Widerspruchslosigkeit als *formallogisch* gültiges Gesetz kann, in seiner Anwendung, lediglich die Stimmigkeit bzw. Unstimmigkeit *analytischer* Sätze erweisen und erbringt darum keinen Zuwachs an Erkenntnis.

Negatives Denken vermag also, weil ihm die Bedingung der *phänomenalen* Relativität abgeht, keine neuen *Erscheinungen* zu erkennen. Es vermag ebensowenig, weil der *Bedingung* der Widerspruchslosigkeit unterworfen, den *unbedingten* „Grund" bereits vorliegender (Aussagen über) Erscheinungen zu erkennen. Weil

---

[36] Vgl. D 601 f.

[37] Vgl. L II 347 f.: Hamilton bezeichnet die ursprüngliche Eigenart und Fähigkeit des menschlichen Geistes, als „locus principiorum" Quelle gewisser notwendiger Erkenntnisse zu sein, als „Regulative Faculty", welche er gleichsetzt mit νοῦς, „Common Sense" und „Vernunft".

[38] L II 365–368.

negatives Denken jedoch der Bedingung der Widerspruchslosigkeit genügen muß, ist es nach Hamilton außerstande, die Nicht-Existenz eines bedingenden Unbedingten zu leugnen. Das heißt aber doch, negatives Denken ist gezwungen, darauf hinzuweisen, daß „hinter“ den Erscheinungen nicht – nichts sein kann. Damit ist allerdings eine schwerwiegende Frage provoziert. Wenn nämlich das Gesetz der Widerspruchslosigkeit, von dem negatives Denken bedingt ist, nur formallogische Geltung besitzt, wie kann dieses Denken dennoch und darüber hinaus *mehr* als formallogische Geltung besitzen? Der von Hamilton erhobene Anspruch, *daß* negativem Denken – wie gezeigt – mehr als formallogische Bedeutung zukommt, wird noch fragwürdiger, wenn man sich einige seiner einschlägigen Aussagen zur Leistungsfähigkeit formaler Logik im einzelnen vergegenwärtigt.

Wie Hamilton hervorhebt, vermittelt die Beobachtung logischer Regeln keine neue Erkenntnis, sondern ermöglicht nur, bereits vorhandene Erkenntnis zu analysieren, zu ordnen und durchschaubarer zu machen. Den Wissensbereich einer Wissenschaft durch Anwendung logischer Kenntnisse erweitern zu wollen, wäre, wie er erklärt, ebenso absurd wie der Versuch, durch Kenntnis der grammatischen Gesetze einer Sprache entdecken zu wollen, was in dieser Sprache geschrieben wurde. Weil die Regeln der Logik nicht den Inhalt, sondern nur die Form des Denkens berücksichtigen, sind sie von rein formalem Einfluß auf die Art und Weise des Denkens. Sie sind ungeeignet, unser Wissen durch die Entdeckung neuer Wahrheiten zu vermehren, und bilden ein bloß formales „Instrument“, das bereits erworbenes Wissen unseren Verstehensbedingungen anpaßt.[39] „Logic does not consider things as they exist really and in themselves, but only the general forms of thought under which the mind conceives them.“[40] Die Wissenschaft der Logik hat die Form des Denkens zum Formalobjekt, befaßt sich mit dem Denken als Denken, noch genauer: mit den Gesetzen des Denkens als Denken.[41] Während „Psychologie“ mit der Phänomenerkenntnis von Innen- und Außenwelt zu tun hat, ist Logik die Wissenschaft der

[39] L III 44 f.
[40] D 160.
[41] L III 23; L I 123.

Gesetze, welche die „Manifestation und Legitimität" des Denkens regeln.[42] Inhaltliche Wahrheit ist die Übereinstimmung einer Erkenntnis mit ihrem Gegenstand, formale Wahrheit die Harmonie des Denkens mit dem Denken:[43] „Logic is thus not creative."[44]

Gleichwohl wäre es falsch, über der Beschränktheit der Logik ihre Leistungsfähigkeit zu verkennen. Denn die Gesetze der Logik sind nicht subjektiv, sondern haben universale Geltung.[45] Eine Wissenschaft, welche die immer gültigen und immer gleichbleibenden Gesetze der Logik mißachtete, beruhte nicht auf Reflexion und wäre eine irrationale Absurdität („irrational absurdity"). Die Logik ist von eminentem Nutzen, weil sie konsequent und methodisch denken lehrt; weil sie die Mittel zu rationaler Kritik bereitstellt; weil sie uns darum gestattet, (formale) Wahrheit von (formalem) Irrtum zu unterscheiden.[46] Weil das Bewußtsein selbst Quelle der Prinzipien und niemals Quelle von Irrtümern ist, entstehen Irrtümer aus der Mißachtung oder falschen Anwendung dieser Prinzipien.[47] Die so entstehenden widersprüchlichen Aussagen der Philosophen lassen sich mit Hilfe der logischen Gesetze aufdecken – gleich ob es sich um gravierende Widersprüche handelt (wie Hamilton sie Kant unterstellt) oder um geringfügige Inkonsequenzen (von denen Reid nicht freizusprechen sei).[48] Die richtige Anwendung der formallogischen Gesetze des Denkens bildet also, mit Kant zu sprechen, „die negative Bedingung aller Wahrheit".[49]

---

[42] Vgl. L I 43.
[43] L IV 60 f.
[44] L III 37.
[45] L IV 65.
[46] L III 37, 44 f., 47.
[47] L IV 137.
[48] Vgl. oben S. 86 f., bes. Anm. 86.
[49] Obwohl Hamilton diese Formulierung aus Kants Erster Kritik nicht zitiert, stimmt seine Auffassung von der begrenzten Leistungsfähigkeit der formalen Logik im wesentlichen mit der Auffassung Kants überein. Kant schreibt: „Was aber das Erkenntnis der bloßen Form nach (mit Beiseitesetzung alles Inhalts) betrifft, so ist ebenso klar: daß eine Logik, sofern sie die allgemeinen und notwendigen Regeln des Verstandes vorträgt, eben in diesen Regeln Kriterien der Wahrheit darlegen müsse. Denn, was diesen widerspricht, ist falsch, weil der Verstand dabei seinen allgemeinen Regeln des Denkens, mithin sich selbst widerstreitet. Diese Kriterien aber betreffen nur die Form der Wahrheit, d. i. des Denkens überhaupt, und sind sofern ganz richtig, aber nicht hinreichend. Denn obgleich eine Erkenntnis der logischen Form völlig gemäss sein möchte, d. i.

Auf diesem Hintergrund ist die oben aufgeworfene Frage, was ein unter Erkenntnis-Verzicht stehendes Denken vermag, verschärft zu stellen: Inwiefern hat das von Hamilton als originale Entdekkung eingeführte „negative Denken“ eine andere als instrumentelle Funktion? Wie kann eine nachvollziehende, auf bereits erbrachte Erkenntnisse angewiesene Kontrollinstanz über den Bereich dessen hinausweisen, was sie kontrolliert? Wenn nämlich (um Hamiltons Argumentationsgang zu resümieren) das „Gesetz des Bedingten“ im Gesetz der Widerspruchslosigkeit gründet und wenn dieses Kontradiktionsprinzip – dem allein negatives Denken sich verdankt – keine andere als formallogische Geltung besitzt, wie kann es dann mehr sein als ein Purgativ und Korrektiv bereits vorhandener Erkenntnis?

Hamilton glaubt, der aufgewiesenen Schwierigkeit entgehen zu können, indem er eine Unterscheidung von großer Tragweite trifft. Nach ihm erlaubt das Kontradiktionsprinzip nicht nur eine logische, sondern auch eine psychologische Anwendung.[50] Die logische

---

sich selbst nicht widerspräche, so kann sie doch noch immer dem Gegenstande widersprechen. Also ist das bloß logische Kriterium der Wahrheit, nämlich die Übereinstimmung einer Erkenntnis mit den allgemeinen und formalen Gesetzen des Verstandes und der Vernunft zwar die *conditio sine qua non*, mithin die negative Bedingung aller Wahrheit: weiter aber kann die Logik nicht gehen, und den Irrtum, der nicht die Form, sondern den Inhalt betrifft, kann die Logik durch keinen Probierstein entdecken ... Weil aber die bloße Form des Erkenntnisses, so sehr sie auch mit logischen Gesetzen übereinstimmen mag, noch lange nicht hinreicht, materielle (objektive) Wahrheit dem Erkenntnisse darum auszumachen, so kann sich niemand bloß mit der Logik wagen, über Gegenstände zu urteilen, und irgend etwas zu behaupten, ohne von ihnen vorher gegründete Erkundigung außer der Logik eingezogen zu haben ...“ (KrV B 83–85) Auch in Einzelkennzeichnungen stimmt Hamilton mit Kant überein. Beide heben die instrumentelle Funktion der formalen Logik hervor. Beide betonen die unmittelbare Verwandtschaft der formalen Logik mit der Mathematik, insofern diese ebenfalls auf bloß analytische Denkprozesse fixiert bleibt (vgl. die kritischen bis polemischen Ausführungen Hamiltons in seinem Aufsatz „On the Study of Mathematics“, D 263–340, bes. 279–282). Kant erklärt in der „Transzendentalen Methodenlehre“: „Der Mathematiker, der Naturkündiger, der Logiker sind, so vortrefflich die ersteren auch überhaupt im Vernunfterkenntnisse, die zweiten besonders im philosophischen Erkenntnisse Fortgang haben mögen, doch nur Vernunftkünstler. Es gibt noch einen Lehrer im Ideal, der alle diese ansetzt, sie als Werkzeuge nutzt, um die wesentlichen Zwecke der menschlichen Vernunft zu befördern. Diesen allein müßten wir *den Philosophen* nennen ...“ (KrV B 867)

[50] Der Terminus „psychologisch“ ist natürlich auch hier im Kontext der Bewußtseinsphilosophie Hamiltons zu verstehen; vgl. oben S. 30–32.

Anwendung besagt, daß von zwei *denkbaren* Kontradiktionen eine notwendig wahr sein muß. Die psychologische Anwendung besagt, daß alles *Erkennbare* zwischen zwei *unerkennbaren* Extremen liegt, die einander kontradiktorisch widersprechen und sich gegenseitig ausschließen, von denen jedoch eines notwendig wahr sein muß. Nur einer der beiden Gegensätze – oder „Pole", wie Hamilton auch sagt – kann wahr sein, ohne daß jedoch zu erkennen wäre, welcher von ihnen wahr ist. Diese äußersten Entgegensetzungen sind unerkennbar, weil sie unbedingt sind, und das zwischen ihnen liegende Erkennbare ist erkennbar, weil es bedingt ist. Hier zeigt sich das Gesetz des Geistes („law of mind"), nach dem das Erkennbare in jeder Hinsicht vom Unerkennbaren begrenzt wird, und dieses Grundgesetz des Geistes ist das Gesetz des Bedingten („Law of the Conditioned"). Obwohl wir nur Bedingtes *erkennen*, müssen wir alternativ eine der beiden Unbedingtheiten *denken*, um das dazwischen liegende Bedingte erkennen zu *können*.[51]

Wenn Hamilton dem formallogisch gültigen Kontradiktionsprinzip „psychologische" Anwendbarkeit zuspricht, so vollzieht er mit dieser Ausweitung einen entscheidenden Schritt. Für die Bedingung der Widerspruchsfreiheit wird nun metaphysische Geltung beansprucht: „We think it not only as a law of thought, but as a law of things."[52] Wenn aber das Prinzip oder Gesetz der Widerspruchsfreiheit nicht nur ein Denkgesetz, sondern ein Seinsgesetz ist, so geraten Hamiltons Überlegungen zunächst einmal in offenen Konflikt mit der immer wieder eingeschärften Bedingung der Relativität allen Denkens, von der – übrigens wenige Zeilen nach dem eben zitierten Beleg – gesagt wird: „We should not think it as a law of things, but merely as a law of thought."[53] Darüber hinaus hat es zumindest den Anschein, als nähere sich der metaphysische Geltungsanspruch des logischen Denkgesetzes jener „Philosophy of Absolute Identity", die Hamilton (insbesondere im Blick auf Hegel und Schelling)[54] radikal ablehnt und aufgrund der Prinzipien seiner „Philosophy of the Conditioned" auch radikal ablehnen muß.

---

[51] L II 368–373, 524 f.; L IV 110 f.; R II 743, Anm. Hamiltons.
[52] D 603; vgl. L IV 65.
[53] D 603.
[54] Vgl. beispielsweise D 19–25; L III 109 f.

Die Begründung der „psychologischen" Anwendbarkeit des Kontradiktionsprinzips, wie sie Hamilton beabsichtigte, wäre überzeugender gelungen, wenn er klar herausgearbeitet hätte, daß auch diese Anwendung noch immer im Bereich des reinen Denkens verbleibt, also *transzendentallogische* Geltung besitzt. Eine besondere Ironie liegt in der Tatsache, daß die transzendentale Logik jenes Immanuel Kant, dem es nach Hamilton mißlungen ist, das „Gesetz des Bedingten" herauszuarbeiten,[55] genau die von unserem Autor versäumte eindeutige Differenzierung zwischen Denk- und Seinsmöglichkeit konsequent durchhält.[56] Offenbar hat Hamilton weder bemerkt, welche Problematik die Annäherung logischen Denkens an philosophisches Erkennen enthält, noch hat er gesehen, daß die Begründung der von ihm intendierten transzendentallogischen Applikation des Denkgesetzes ausgerechnet der Philosoph geleistet hat, dem er in diesem Punkt Unfähigkeit unterstellt.

Es ist nun darzulegen und zu prüfen, *wie* Hamilton die „psychologische Anwendung" des Kontradiktionsprinzips vornimmt. Dabei wird sich zeigen, daß er dank einer glücklichen Inkonsequenz in der konkreten Erörterung bestimmter Problembereiche jene Unschärfe vermeidet, die ihm bei der theoretischen und allgemeinen Begründung des „Law of the Conditioned" unterlaufen ist.

2.5122 Anwendung auf Einzelprobleme

Das Gesetz des Bedingten als negatives Kriterium der Wahrheit läßt den „Grund" der bedingten Erscheinungen denken, vereitelt jedoch, das Unbedingte zu erkennen.

Substanz und Akzidentien

Eine gegebene Erscheinung der Innen- oder Außenwelt, die ich zu erkennen vermag, weil sie meinen Erkenntnisfähigkeiten entspricht, läßt sich niemals abgelöst als bloß Erscheinendes erkennen, sondern nötigt mich, zu denken, daß sie Erscheinung einer nicht-relativen, absoluten, unbekannten und unbegreiflichen Substanz ist. Wenn man von einem Gegenstand alle Eigenschaften, alle Einzelerschei-

---

[55] L II 526 f., 365 f.

[56] Vgl. KrV B 599–611, bes. 599–604.

nungen, alle Relativitäten abstrahiert und ihn so, seiner Bezogenheiten entledigt, auf ein Unbedingtes reduziert, so läßt er sich lediglich denken als Negation des positiv Denkbaren. Positiv *erkennbar* sind allein die Akzidentien einer nur *negativ denkbaren* Substanz:[57] „We cannot think a quality existing absolutely, in or of itself. We are constrained to think it, as inhering in some basis, substratum, hypostasis, subject or substance; but this substance cannot be conceived by us, except negatively, that is, as the unapparent – the inconceivable correlative of certain appearing qualities. If we attempt to think it positively, we can think it only by transforming it into a quality or bundle of qualities, which, again, we are compelled to refer to an unknown substance, now necessarily supposed for their incogitable basis.“[58]

Raum und Zeit

Wir sind nicht fähig, uns außerhalb von Raum und Zeit etwas vorzustellen. Doch obwohl Raum und Zeit notwendige Bedingungen oder Formen des Denkens sind, lassen sie sich nicht in positive Begriffe fassen. Nimmt man den *Raum* als Maximum, so ist er mit Notwendigkeit entweder endlich und begrenzt oder unendlich und unbegrenzt. Aufgrund des Widerspruchsprinzips können nicht beide Gegensätze wahr sein, und aufgrund des darin implizierten Prinzips vom ausgeschlossenen Dritten muß *einer* der Gegensätze wahr sein. Doch welche Aussage dieser Alternative wahr ist, läßt sich nicht ermitteln. Nimmt man den Raum als Minimum, so ist ein unendlich kleinster Raum, der nicht mehr teilbar wäre, ebensowenig vorstellbar wie ein unendlich teilbarer Raum.

Ähnlich verhält es sich mit der *Zeit*. Bei dem Versuch, Zeit entweder als Ganzes und als absoluten Anfang oder als Teil und nicht mehr teilbaren kleinsten Abschnitt zu begreifen, bemerken wir, daß unser Denken „zwischen zwei Unbegreiflichkeiten eingeschlossen ist“.[59] Hamilton bezieht sich trotz seines eher unscharfen und schwankenden Vokabulars[60] ausdrücklich oder implizit erkennbar

---

[57] R II 935.

[58] D 604 f.

[59] L II 369–372, hier: 371; D 605–607; R II 935 f.

[60] Hamilton verwendet, ohne Abgrenzungen zu treffen, die Bezeichnungen „conceive“ („conceivable“, „conceivable in thought“) – „imagine“ – „think“

auf Kants apriorische Anschauungsformen von Raum und Zeit.[61] Doch anders als Kant, für den der Raum ausschließlich subjektive Anschauungsform und „bloß die Form der äußeren Anschauung (formale Anschauung), aber kein wirklicher Gegenstand [ist], der äußerlich angeschaut werden kann",[62] neigt Hamilton zu der Auffassung, daß der Raum auch objektiv auf seiten der Dinge gegeben sei.[63]

Kausalität

Hamilton versteht das Kausalgesetz als „Korollar" zum übergeordneten apriorischen Gesetz des Bedingten.[64] In seiner Überzeugung von der *Apriorität* des Kausalgesetzes, die er mit Kant teilt, wendet er sich gegen alle Versuche einer aposteriorischen Ableitung; er verwirft unter diesem Aspekt den Sensualismus Lockes und die sonst verdienstvolle (weil antirationalistische) Teilerklärung Humes. In seiner Überzeugung, daß das Kausalgesetz lediglich einen *speziellen* – wenn auch den bedeutendsten – Anwendungsfall des im Gesetz des Bedingten begründeten *negativen* Denkens darstellt, wendet er sich gegen Kant, der das Kausalgesetz als *eigenständiges* apriorisches Prinzip und als *positive* Leistung der Vernunft verstehe.[65]

Wir können einen gegebenen Gegenstand nur als existent und als existent in der Zeit denken. Dies besagt, negativ, daß wir unfähig sind, ihn als nichtexistent und als nichtexistent in der Zeit zu denken. Dies wiederum besagt, daß wir einen zeitlich existierenden Gegenstand weder als absolut ohne Anfang noch als absolut ohne Ende denken können. Deshalb sind wir zu der Annahme gezwun-

(„thinkable", „unthinkable", „realize in thought") – „comprehend" („comprehensible", „incomprehensible").

61 Vgl. KrV B 37–73; R II 845; L II 191.

62 KrV B 457.

63 D 16 erklärt Hamilton, Kants Auflösung von Zeit und Raum in „formale Denknotwendigkeiten" sei überzeugend, „ohne jedoch zuzugeben, daß sie keine äußere oder objektive Realität haben". – Vgl. R II 882; D 606 f.

64 D 936; L II 376.

65 L I 56–59; L II 376–400. – Hamiltons Kausalitätstheorie wurde bereits mehrfach dargestellt, so von F. Nauen (a. a. O. S. 95–102) und S. V. Rasmussen (a. a. O. S. 101–118). Es erübrigt sich auch, die Kausalitätstheorie von Hume (vgl. Treat 69–179/Tr 93–240; Enqu 60–103/Unt 82–134) und Kant (vgl. KrV B 435 ff., bes. B 454–479 und B 570–572) im Detail auszuführen.

gen, daß der in diesem Augenblick gegebene Gegenstand bereits vorher unter anderen Formen tatsächlich existiert haben muß. Die Aussage aber, daß ein Gegenstand vorher unter anderen Formen existiert hat, besagt, daß ein Gegenstand Ursachen hatte. *Welche* konkreten und bestimmten Ursachen ein Gegenstand hatte, läßt sich empirisch und durch Induktion feststellen; diese aposteriorische Dimension des Ursache-Wirkung-Verhältnisses interessiert Hamilton nicht. Aber die Annahme, *daß* dieser Gegenstand Ursachen hatte, drängt sich aufgrund der Bedingung der Relativität unserem Denken unausweichlich auf:[66] „Our judgment of causality simply is: – We necessarily deny, or rather, are unable to affirm in thought, that the object which we apprehend as beginning to be, really so begins; but, on the contrary, affirm, as we must, the identity of its present sum of being, with the sum of its past existence ... the judgment, that every event should have its causes, is necessary, and imposed on us, as a condition of our human intelligence itself. This *necessity of so thinking, is the only phaenomenon to be explained.* The question of philosophy is not concerning *the* cause, but concerning *a* cause."[67]

Freiheit

Wenn Willensakte als „Ursachen" menschlicher Handlungen aufgefaßt werden, läßt sich Freiheit von der Kausalität her erklären. Diese Erklärung ist auch dann möglich, wenn man einräumt, daß alle Willensakte von Lust- und Unlustgefühlen beeinflußt sind. Wie die bestimmten Ursachen eines konkret gegebenen Gegenstandes durch Induktion zu ermitteln sind, so sind auch die bestimmenden, vom menschlichen Geist gegebenen Anstöße zu einer konkreten Handlung – etwa einer Handbewegung – durch innere Erfahrung zu ermitteln, obwohl wir von vielen Bestimmungsfaktoren zwischen dem Willen zur Bewegung und der tatsächlichen Bewegung nichts wissen.[68] Da jedoch das Reich der Natur das Reich der „mechanischen Notwendigkeit" ist, steht geistige Freiheit im Gegensatz zur Naturnotwendigkeit als ein „Prinzip des Handelns", das weder physischer Determiniertheit noch blindem Schicksal unter-

---

[66] D 936 f.; L II 377 f.; L IV 73 f.
[67] D 610 f.
[68] Vgl. L II 391 f.; L I 188 f.

worfen ist.[69] Die der Freiheit eigene Ursächlichkeit ist dadurch gekennzeichnet, daß sie ihre Determinanten selber setzt. Insofern sind Willensakte, die ihrem konkret bestimmten und bedingten Ursache-Wirkung-Verhältnis nach aufzuhellen sind, nur Manifestationen einer nicht mehr konkret bestimmten und bedingten Freiheit, die – als unbedingter Grund aller aposteriorisch feststellbaren Willensakte – unerkennbar bleibt. Die Tatsache („fact") dieser Freiheit ist dem Bewußtsein evident, ihr Ermöglichungsgrund läßt sich jedoch begrifflich nicht fassen, weil dieser nicht dem Bereich des phänomenal Bedingten angehört.[70]

Der rationalistische Determinist argumentiert: Was unerkennbar ist, ist unmöglich; ein absoluter, nicht mehr durch andere Ursachen bedingter „Anfang" der Willensfreiheit ist unerkennbar; also ist Willensfreiheit unmöglich. Die Gültigkeit dieser Argumentationskette widerstreitet nach Hamilton dem „Gesetz des Bedingten": „*omne cogitabile* lies between two extremes or poles, contradictorily opposed, and one of which must, consequently, be true, but of neither of which repugnant opposites are we able to represent to our mind the possibility".[71] Nach Hamiltons „Gesetz des Bedingten" sind also die *beiden* Extreme Notwendigkeit und Freiheit als solche unerkennbar,[72] obwohl eines von ihnen wahr sein *muß*. Doch welches wahr *ist*, muß im Rahmen der von Hamilton vorgebrachten Denkfigur offen bleiben. Deshalb ist nicht einzusehen, wie dieses –

---

[69] L I 133: „The empire of nature is the empire of a mechanical necessity; the necessity of nature, in philosophy, stands opposed to the liberty of intelligence. Those, accordingly, who do not allow that mind is matter, – who hold that there is in man a principle of action superior to the determination of a physical necessity, a brute or blind fate, – must regard the application of the terms Physiology and Physics to the doctrine of the mind as either singularly inappropriate, or as significant of a false hypothesis in regard of the character of the thinking principle." – Die Formulierung erinnert an die von Leibniz eingeführte und von Kant aufgegriffene Unterscheidung zwischen dem „Reich der Natur" und dem „Reich der Gnaden": „*Leibniz* nannte die Welt, sofern man darin nur auf die vernünftigen Wesen und ihren Zusammenhang nach moralischen Gesetzen unter der Regierung des höchsten Guts achthat, das *Reich der Gnaden,* und unterschied es vom *Reiche der Natur,* da sie zwar unter moralischen Gesetzen stehen, aber keine anderen Erfolge ihres Verhaltens erwarten, als nach dem Laufe der Natur unserer Sinnenwelt." (KrV B 840)

[70] Vgl. R II 602, Anm. Hamiltons.

[71] L IV 110 f.

[72] L II 542.

dem Determinismus entgegengehaltene – „Gesetz" die Behauptung der durchgängigen Bestimmtheit und Unfreiheit des Menschen zu entkräften vermag.

Sieht Hamilton, daß in der Frage nach der Begründung menschlicher Freiheit sein „Law of the Conditioned" versagt? Es scheint zunächst so, denn er rekurriert – streng transzendental und im Sinne Kants[73] – auf das der sittlichen Natur des Menschen („man's moral nature") eingestiftete Sittengesetz („law of Duty"), mit dem das Faktum („fact") der Freiheit gegeben ist: „... the fact that we are free, is given us in the consciousness of an uncompromising law of Duty, in the consciousness of our moral accountability", erklärt jedoch unmittelbar anschließend: „and this fact of liberty cannot be redargued on the ground that it is incomprehensible, for the doctrine of the Conditioned proves, against the necessitarian, that something may, nay must, be true, of which the mind is wholly unable to construe to itself the possibility; whilst it shows that the objection of incomprehensibility applies no less to the doctrine of fatalism than to the doctrine of moral freedom. If the deduction, therefore, of the Causal Judgment, which I have attempted, should speculatively prove correct, it will, I think, afford a securer and more satisfactory foundation for our practical interests, than any other which has ever yet been promulgated."[74]

In diesem Beleg werden zwei Vermengungen deutlich, von denen die erste lediglich Ausdruck der zweiten ist. Erstens wird nicht unterschieden zwischen Willensfreiheit und sittlicher Freiheit. Zweitens wird nicht unterschieden zwischen dem Kausalschluß, den „negatives Denken" kraft des „psychologisch" angewandten Widerspruchsprinzips vollzieht, und dem Rekurs auf unmittelbar gegebene praktische Vernunft. *In* der mangelnden Unterschieden-

[73] Wie es allgemein nicht meine Aufgabe sein kann, über die Kant-Rezeption *Hamiltons* hinaus das Denken Kants und Hamiltons in einem umfassenden Vergleich darzustellen – das wäre Gegenstand einer eigenen Arbeit –, so kann auch speziell Hamiltons Kant-Rezeption, soweit sie auf „Partien" des Kantschen œuvres beruht, die unser Autor *nicht* zitiert, nur anhand einiger Hinweise auf solche nicht zitierten Partien und anhand einzelner, wörtlich angeführter Belege aus diesen Partien erfolgen. – Vgl. hier zum transzendentalen Freiheitsverständnis Kants insbesondere KrV B 561–586, B 596–603 sowie KpV (KGS V 28–33, 42–50, 55–57, 103–106).

[74] L II 410–413, hier: 412 f.

heit von Willensfreiheit und sittlicher Freiheit aber kommt die mangelnde Unterschiedenheit von Kausalschluß und Vernunft-Rekurs zum Ausdruck.[75] Hamilton meint offenbar, daß sich im Rekurs auf praktische Vernunft das „Gesetz des Bedingten" erfüllt, ohne zu bemerken, daß ganz im Gegenteil dieser Rekurs eine völlig *andere* Begründung sittlicher Freiheit darstellt – nämlich eine transzendentale Begründung, die das hier versagende logisch-psychologische „Gesetz des Bedingten" *ersetzt.* Hamilton will seine auf „negativem Denken" beruhende „psychologische Anwendung" des Widerspruchsprinzips als originale Theorie gewertet wissen und erklärt ausdrücklich, daß diese – wie er sagt – von ihm vorgeschlagene Lehre „unsere praktischen Interessen sicherer und befriedigender fundiert als jede andere".[76] Dieses „negative Denken" gleicht zwar insofern Kants Berufung auf das Sittengesetz, als es ebenfalls apriorisch ist und keine Erkenntnis bei sich führt; deshalb ist auch die von Hamilton so genannte „psychologische" Anwendung des Widerspruchsprinzips nicht im Sinne empirischer Psychologie mißzuverstehen. Dennoch liegt meines Erachtens ein wesent-

[75] Hier wird vermengt, was Kant als „psychologische Freiheit" aus „Bestimmungsgründen der Kausalität" (die „im Grunde nichts besser ist als die Freiheit eines Bratenwenders") scharf abhebt von „transzendentaler Freiheit", welche „allein a priori praktisch ist" und „als Unabhängigkeit von allem Empirischen ... gedacht werden muß" (KpV [KGS V 96 f.]). – Man könnte sagen, daß Hamilton bei dem Versuch, die Möglichkeit von Freiheit zu begründen, negatives in transzendentales Denken überführen möchte. Dieser von ihm unbemerkt gebliebene, wenn nicht „erschlichene" Übergang zeigt sich bis in Formulierungen hinein. Resümiert einerseits *Hamilton* den Ertrag des „negativen Denkens" – und resümiert andererseits *Kant* den Ertrag der „Erkenntnis in praktischer Absicht", so verwenden sie trotz völlig *andersartiger* Begründung die *gleichen* Schlüsselworte. Im Kontext jenes Belegs, an dem die signifikanten Vermengungen aufgewiesen wurden, lauten die – inzwischen genugsam bekannten – Schlüsselworte „Daß" und „Wie" (im Sinne von: ὅτι und διότι). – Hamilton schreibt: „*How* the will can possibly be free must remain to us, under the present limitations of our faculties [Denkzwang infolge des „Gesetzes des Bedingten"], wholly incomprehensible ... And in favour of our moral nature, the fact *that* we are free, is given us in the consciousness of an uncompromising law of Duty, in the consciousness of our moral accountability ..." (L II 412 f. – Hervorhebungen von mir) Kant schreibt: „*Wie* aber auch nur die Freiheit möglich sei, und wie man sich diese Art von Kausalität theoretisch und positiv vorzustellen habe, wird dadurch nicht eingesehen, sondern nur, *daß* eine solche sei, durch das moralische Gesetz und zu dessen Beruf postuliert." (KpV [KGS V 133]. – Hervorhebungen von mir)

[76] L II 412 f.

licher Unterschied zwischen einem Denkzwang, der im Schlußverfahren zu einem bestimmten Urteil kommt (wobei es noch höchst fraglich ist, *ob* ein bestimmtes Urteil erreicht wird), und der Anerkennung eines unmittelbar gegebenem Faktums reiner Vernunft.

Es ist nicht auszuschließen, daß Hamilton mit seiner Theorie vom „negativen Denken" gleichsam nur die Schattenseite der Gegebenheit des einen und selben Faktums der praktischen Vernunft, genauer: das besagte Vernunftfaktum in jener *Defizienz* bezeichnen wollte, die in der Unmöglichkeit liegt, den *Grund* der Freiheit positiv zu erkennen. Nach dieser durchaus vertretbaren Interpretation würde negatives Denken lediglich den agnostischen *Aspekt* transzendentalen Denkens bezeichnen, das heißt allerdings: einen für Hamilton wesentlichen und zentralen Aspekt transzendentalen Denkens. Aber läßt sich aus diesem Aspekt ein selbständiges Prinzip und Gesetz ableiten, und läßt sich dieser zum „Gesetz des Bedingten" erhobene Aspekt gleichermaßen auf Substanz, Zeit, Raum, Kausalität, Freiheit (und Gott) anwenden? Diese Fragen wird man verneinen müssen, weshalb eine wohlwollende Interpretation nur konstatieren kann, daß sich Hamilton im Irrtum befand, als er mit seinem logisch und psychologisch anwendbaren Denkgesetz ein selbständiges apriorisches Gesetz und eine erkenntnistheoretisch universell anwendbare Argumentationsfigur entdeckt zu haben glaubte.

Sieht man Hamiltons Rekurs auf das „Faktum" der praktischen Vernunft *isoliert*, so folgt er freilich dem von ihm entwickelten agnostischen Erkenntnisprinzip in seiner Grundfassung. Mit Kant und weithin auch mit dessen Terminologie stellt er fest, daß die Vernunft in dem absoluten, unbedingten, universell gültigen und verpflichtenden Sittengesetz sowohl Prinzipien des Handelns als auch eine Freiheit offenbart („reveals"), welche dieses Sittengesetz in die Tat umzusetzen vermag. Den Widerstreit zwischen Freiheit und Naturnotwendigkeit bezeichnet er als unablässigen Kampf zwischen Geist und Fleisch. Das Bewußtsein der sittlichen Freiheit besitzt der Mensch nur kraft seiner sittlichen Natur: Freiheit ist ein Faktum oder Datum der Vernunft („a fact or datum of intelligence").[77] Weil jedoch dieses in seiner Gegebenheit unbezweifel-

[77] L I 25–33, hier: 33.

bare Faktum den Bereich des phänomenal Bedingten grundsätzlich übersteigt, ist es grundsätzlich unerkennbar: „For though an unconquerable feeling compels us to recognize ourselves as accountable, and therefore, free, agents, still, when we attempt to realise in thought how the fact of our liberty can be, we soon find that this altogether transcends our understanding, and that every effort to bring the fact of liberty within the compass of our conceptions, only results in the substitution in its place of some more or less disguised form of necessity."[78]

Das Faktum der Freiheit, das Kants Faktum der praktischen Vernunft unmittelbar aufnimmt,[79] ist mit der sittlichen Vernunftnatur des Menschen gegeben, in der zugleich alle Religion wurzelt.[80]

Gott

Die einzig ausreichenden Argumente für Freiheit, Gott und Unsterblichkeit beruhen auf der sittlichen Natur des Menschen mit ihrem praktischen Bezug aufs Absolute. Die Existenz eines Gottes, der als in sich absolutes Wesen aufgefaßt wird, ist allerdings ebensowenig beweisbar wie der Grund unserer Freiheit. *Daß* Gott die sittliche Welt regiert und *daß* wir für unsere Handlungen verantwortlich sind, bezeugt das ausdrückliche, positive und unbedingte Zeugnis unseres Bewußtseins; doch *wie* Gott existiert und *wie* unsere Freiheit möglich ist, bleibt spekulativ unbeweisbar. Wenn daher die Wahrhaftigkeit unserer sittlichen Vernunftnatur geleugnet wird, müssen die Freiheit des Willens, die Existenz Gottes und die Unsterblichkeit der Seele verneint werden; Determinismus, Fatalismus und Atheismus sind das unausweichliche Ergebnis.[81]

Insoweit übernimmt Hamilton eindeutig Kants Postulatenlehre.[82] Deren Sinngehalt wird allerdings – und das ist für die Akzentgebung *Hamiltons* bezeichnend – im Kontext der Kausalitätsproblematik erörtert und verweist deshalb wiederum auf die vom „Ge-

[78] L I 33 f.
[79] Vgl. KpV (KGS V 6, 31 f., 42, 55, 91, 104).
[80] Vgl. L I 30.
[81] D 623–625; L I 25–28; L II 410–413.
[82] Vgl. KrV B 659–670, 832–847; KpV (KGS V 3–5, 10–12, 31, 119–146).

setz des Bedingten“ vorgezeichnete Argumentation. Hamilton appliziert zunächst das kausale Rückschlußverfahren: „... mind rises to its highest dignity when viewed as the object through which, and trough which alone, our unassisted reason can ascend to the knowledge of God. The Deity is not an object of immediate contemplation; as existing and in himself, he is beyond our reach; we can know him only mediately through his works, and are only warranted in assuming his existence as a certain kind of cause necessary to account for a certain state of things, of whose reality our faculties are supposed to inform us. The affirmation of a God being thus a regressive inference, from the existence of a special class of effects to the existence of a special character of cause, it is evident, that the whole argument hinges on the fact, – Does a state of things really exist such as is only possible through the agency of a Divine Cause?“[83]

Im Bereich der Erscheinungen kann man von bestimmten Wirkungen auf bestimmte Ursachen schließen. Doch ein Rückschluß von der Schöpfung auf Gott als Schöpfer und absolute Ursache muß mißlingen, weil eine absolute, das heißt relationslose Ursache ein Widerspruch in sich wäre. Eine solche absolute Ursache kann für unsere aufs Relative und Bedingte beschränkte Erkenntnis nur in ihren notwendigen Wirkungen existieren. Der Schöpfer darf nicht einer Notwendigkeit unterworfen werden, die der göttlichen Natur in ihrer Vollkommenheit widerspricht. Die Schöpfung darf nicht als bloße Umformung von bereits Existierendem verstanden werden, weil damit nur eine Ursächlichkeit *innerhalb* des räumlich-zeitlichen Bereichs der Erscheinungen ausgesagt ist. Dem „Gesetz des Bedingten“ zufolge kann der Mensch weder eine absolute Schöpfung noch eine absolute Vernichtung denken, sondern nur den – „Kausalität“ genannten – Übergang („change“) von potentieller Möglichkeit („power“/„potentiality“) in aktuelle Wirklichkeit („act“/„actuality“), der lediglich die Umformung schon vorhandener Formen in andere Formen bewirkt: „Causation is, therefore, necessarily *within* existence; for we cannot think of a change either from non-existence to existence, or from existence to nonexistence.

[83] L I 25 f.

The thought of power, therefore, always precedes that of creation, and follows that of annihilation; and as the thought of power always involves the thought of existence, therefore, in so far as the thoughts of creation and annihilation go, the necessity of thinking a cause for these changes exemplifies the facts, – that change is only from one form of existence to another, and that causation is simply our inability to think an absolute commencement or an absolute termination of being."[84]

Das Unvermögen des menschlichen Geistes zwingt das Denken, die Nicht-Existenz einer absoluten Ursache zu negieren. Da jedoch dem in sich widersprüchlichen Begriff einer *absoluten* Ursache keine erkennbare Existenz zukommen kann, hat menschliches Erkennen nur die Möglichkeit, Gott als *erste* Ursache *analog* zu erschließen. Analogisches Schließen beruht auf einer logischen Voraussetzung, die in unserer Natur verwurzelt ist und darum – nach Hamilton – besser als „philosophische" Voraussetzung bezeichnet wird. Sie besteht darin, daß von der Ähnlichkeit aus Erfahrung gewonnener und so *bekannter* Eigenschaften bestimmter Dinge auf die Ähnlichkeit *unbekannter* Eigenschaften der selben Dinge geschlossen wird: „... if we have observed that two or more things agree in several internal and essential characters, we are disposed to conclude that they agree, likewise, in all other essential characters, that is, that they are constituents of the same class (genus or species). This conclusion is properly called an *Inference of Analogy*."[85]

In gleicher Weise kann man auch von Wirkungen, die bestimmte identische Eigenschaften aufweisen, auf unbekannte Ursachen schließen, die zur Erklärung dieser Wirkungen unerläßlich sind: „Thus, for example, the Existence of God and the immortality of the soul are not given us as phaenomena, as objects of immediate knowledge; yet, if the phaenomena actually given do necessarily require, for their rational explanation, the hypotheses of immortality and of God, we are assuredly entitled, from the existence of the former, to infer the reality of the latter."[86] Da wir jedoch

[84] D 33–37, 619 f.; L II 404–406, 538–541, hier: 539.
[85] L IV 165–172, hier: 165 f.
[86] L I 125.

von absoluter Existenz nichts wissen, können wir nur versuchen, deren Eigenart („character") aus Erfahrung analog zu erschließen. Wie wir aus *äußerer* Erfahrung auf eine erste Ursache aller Kausalketten schließen,[87] so schließen wir kraft *innerer* Erfahrung aus der geistigen und sittlichen Unabhängigkeit unserer menschlichen Konstitution auf die „absolute Priorität" einer Gottheit, die durch „freie schöpferische Vernunft" ausgezeichnet ist.[88]

Die Möglichkeiten dieses analogischen Verfahrens dürfen jedoch nicht darüber hinwegtäuschen, daß Gott als Gott völlig unerkennbar bleibt,[89] weil seine Unendlichkeit unsere endlichen Kräfte

---

[87] L I 60: „Philosophy thus, as the knowledge of effects in their causes, necessarily tends, not towards a plurality of ultimate or first causes, but towards one alone. This first Cause, – the Creator, – it can indeed never reach, as an object of immediate knowledge; but, as the convergence towards unity in the ascending series is manifest, in so far as that series is within our view, and as it is even impossible for the mind to suppose the convergence not continuous and complete, it follows, – unless all analogy be rejected, – unless our intelligence be declared a lie, – that we must, philosophically, believe in that ultimate or primary unity which, in our present existence, we are not destined in itself to apprehend."

[88] L I 31: „If in man, intelligence be a free power, – in so far as its liberty extends, intelligence must be independent of necessity and matter; and a power independent of matter necessarily implies the existence of an immaterial subject, – that is, a spirit. If then the original independence of intelligence on matter in the human constitution, in other words, if the spirituality of mind in man, be supposed a datum of observation, in this datum is also given both the condition and the proof of a God. For we have only to infer, what analogy entitles us to do, that intelligence holds the same relative supremacy in the universe which it holds in us, and the first positive condition of a Deity is established, in the establishment of the absolute priority of a free creative intelligence."

[89] Es ist interessant, daß J. Veitch glaubt, Hamilton gegen den Vorwurf des Agnostizismus in Schutz nehmen zu müssen. Hamilton vertrete keinen „reinen" oder „bloßen" Agnostizismus, wie Herbert Spencer, weil nach seiner Lehre Gott auch auf dem Wege der Analogie erreichbar sei (J. Veitch, Hamilton, a. a. O. S. 38 f.). Diese Verteidigung arbeitet mit einem schwachen Argument, denn Veitch weiß, daß Hamilton trotz der Möglichkeit des analogischen Schließens an der Unerkennbarkeit Gottes strikt festhält. Wenn er es dennoch für nötig hält, seinen Lehrer zu verteidigen, so zweifellos aus demselben Grund, der andere zeitgenössische Agnostiker wie Stephen, Armstrong und vor allem Huxley selbst, den „Erfinder" des Terminus, zu entsprechenden „Apologien" veranlaßte: Agnostizismus wurde damals seitens der christlichen Orthodoxie häufig mit Atheismus gleichgesetzt (s. unten S. 200, 203). Zum Stellenwert der Bezeichnungen „Atheisten" und „Agnostiker" im Kontext der zahlreichen, vielfach miteinander verquickten Protestbewegungen, die sich gegen die etablierten religiösen und moralischen Verhaltensnormen der Viktorianischen Gesellschaft richteten, vgl. die sorgfältig gearbeitete, sehr instruktive Studie von S. Budd, Varieties of

übersteigt und darum nur zu glauben, nicht zu erkennen ist.[90] Der Begriff einer ersten Ursache enthält also *nicht* den Begriff Gottes.[91] Während in der Welt der Dinge und in der Welt des Geistes immer eine Mischung aus Aktivität und Passivität vorliegt, ist allein Gottes Aktivität uneingeschränkt und darum unerkennbar.[92] Der „Halluzination des Absoluten“[93] erliegt, wer das Absolute durch einen Sprung oder in stufenweisem Aufstieg zu erreichen vermeint.[94]

In seinem Brief an Henry Calderwood geht Hamilton auf dessen Buch „Philosophy of the Infinite“ ein und verurteilt die darin vertretenen Spekulationen über die Erkennbarkeit des Unendlichen und Absoluten. Das Unendliche sei, weil undenkbar, nicht ein Gegenstand der Erkenntnis, sondern des Glaubens – und der Bereich unseres Glaubens sei erheblich größer als der Bereich unseres Wissens; dies werde von den biblischen Schriften und allen nennenswerten Theologen bezeugt: „... we conceive God in the relation of Creator, and in so far as we merely conceive Him as Creator, we do not conceive Him as unconditioned, as infinite ... In so far, therefore, as we conceive God only in this relation, our conception of Him is manifestly restrictive ... God, in His own nature, is infinite, but we do not positively think Him as infinite, in thinking Him under the relation of the Creator of a finite creation ... What I have said as to the infinite being (subjectively) inconceivable, does not at all derogate from our belief ot its (objective) reality. In fact, the main scope of my speculation is to show articulately, that we *must believe*, as actual, much that we are unable (positively) *to conceive*, as even possible.“[95]

Unbelief. Atheists and Agnostics in English Society 1850–1960, London 1977 (mit ausführlicher Bibliographie).

[90] L II 374 f.

[91] L I 26.

[92] L I 310 f.

[93] L II 376.

[94] L II 529.

[95] L II 533–535.

2.5123 Der philosophisch begründete „Glaube"

Die prononciert geäußerte Forderung, zu glauben statt erkennen zu wollen, was zu erkennen unmöglich ist, wirft die Frage auf, ob „believe" bzw. „belief" hier religiösen Glauben oder das Vertrauen des Bewußtseins in seine eigene Wahrhaftigkeit meint. Der Hinweis, daß die englische Sprache religiösen und theologisch relevanten Glauben im Unterschied zur rationalen Überzeugung als „faith" bezeichnet, führt nicht weit. Denn „faith" wird nicht nur allgemein im Englischen auch in nichtreligiöser Bedeutung gebraucht. Hamilton selbst versteht, soweit er überhaupt „faith" verwendet – und das ist selten genug der Fall –, Glauben nicht als Alternative zur Erkenntnis, sondern als angemessenen Ausdruck einer *nicht demonstrativen* Erkenntnisgewißheit.[96] Die Nomenklatur der Abhandlung „On the Philosophy of Common Sense" verwendet ganz klar „belief" synonym mit „faith" und legitimiert diese Synonymität sowohl sprachlich als auch durch ausgewählte Zeugnisse.[97] Wenn es im letzten Band seiner Vorlesungen heißt, die Gewißheit der Erkenntnis („knowledge") beruhe auf einer Gewißheit des Glaubens („belief"),[98] so wird damit nur bestätigt, was er in dem frühen Aufsatz „Philosophy of Perception" schrieb: „Our knowledge rests ultimately on certain facts of consciousness, which as primitive, and consequently incomprehensible, are given less in the form of *cognitions* than of *beliefs*. But if consciousness in its last analysis – in other words, if our *primary experience*, be a faith; the reality of our knowledge turns on the veracity of our constitutive beliefs."[99]

Wie sind aber dann die Sätze eines nachgelassenen (im Herbst 1855 geschriebenen) Fragments zu verstehen, in dem es heißt, wir denken und sprechen ohne *Frömmigkeit* und *Würde* von Gott, wenn wir unsere Unfähigkeit, ihn zu erkennen, nicht eingestehen, – und das auch die Formulierung enthält: „... if we should assert that God is as we think or can affirm Him to be, we actually *blas-*

---

[96] „Faith" in einem eindeutig und ausschließlich religiösen Sinn scheint bei Hamilton nur an einer einzigen Stelle zu begegnen (D 508), und zwar in einem Zusammenhang, der erkenntnistheoretisch irrelevant ist.

[97] R II 760.

[98] L IV 70–73.

[99] D 86.

pheme"?[100] Dies heißt doch nichts anderes, als daß eine Erkenntnis, die religiös belangvolle Aussagen trifft, illegitim wird. Gleichwohl ist von religiösem Glauben hier nur insofern die Rede, als philosophischer Erkenntnis der Anspruch auf *solchen* Glauben untersagt wird. Ähnlich verhält es sich mit der folgenden Erklärung: „We must believe in the Infinity of God; but the infinite God cannot by us, in the present limitation of our faculties, be comprehended or conceived. A Deity understood, would be no Deity at all; and it is blasphemy to say that God only is as we are able to think Him to be. We know God, according to the finitude of our faculties; but we believe much that we are incompetent properly to know. The Infinite, the infinite God, is what, to use the words of Pascal, is infinitely inconceivable. Faith, – Belief, – is the organ by which we apprehend what is beyond our knowledge."[101] Hier werden „*das* Unendliche" und „*der* unendliche *Gott*" ebenso ungeschieden nebeneinander genannt wie „Faith" und „Belief". Die Tatsache, daß dieser Glaube ein „Organ" genannt wird, weist zusätzlich darauf hin, daß von einem Vernunftglauben die Rede ist, der eingedenk seiner Begrenztheit nicht beanspruchen darf, religiöser Glaube zu sein. Wenn Hamilton vom Glauben spricht, sei es als „belief" oder als „faith", so meint er eindeutig und ausschließlich weder einen religiösen noch einen antireligiösen, sondern einen philosophisch begründeten Glauben der Vernunft (des Bewußtseins) an Unbedingtes; er meint jene dem menschlichen Geist innewohnende, unerschütterliche Überzeugung von der Notwendigkeit eines – den bedingten Erscheinungen zugrundeliegenden – Unbedingten, das *als* Unbedingtes nicht erkannt werden und *aufgrund* seiner Unerkennbarkeit geglaubt werden muß.

Interpreten, die *hier* einen Zwiespalt im Denken Hamiltons aufdecken wollen, befinden sich im Irrtum. Hamiltons Glaubensbegriff ist philosophisch zu verstehen, – nicht religiös, wie es Nauen nahelegt, der die „sittlich-religiöse Auffassung" unseres Autors dafür verantwortlich macht, daß „Glauben und Wissen" als „selbständige Geistesmächte" dargestellt werden.[102] Noch weniger geht es an, Hamilton zu unterstellen, er habe sich mit der scharfen Unterschei-

---

[100] L II 541. – Hervorhebungen von mir.
[101] L II 374.
[102] F. Nauen, a. a. O. S. 109–112, hier: S. 109, 111.

dung zwischen Erkennen und Glauben aus religiösen Motiven zu einem Glauben an das Unendliche verleiten lassen, der seiner Philosophie des Bedingten den Boden entzieht, so daß er nur durch einen gewaltsamen Sprung – übrigens unbewußt! – zum Ausgangspunkt seiner Überlegungen zurückfinde; Hamilton habe durch theologische Voreingenommenheit seine kritische Philosophie leider dogmatisch untergraben.[103]

So verfehlt es ist, Hamilton heimliches oder von ihm unbemerkt gebliebenes Hinübergleiten in den religiösen Glauben zu unterstellen, so falsch wäre es andererseits, ihn einer religions- und theologiefeindlichen Haltung zu bezichtigen. Wenn nach seiner Überzeugung das Bewußtsein für den Philosophen ebenso eine Offenbarung göttlicher Wahrheit ist wie die Bibel für den Theologen,[104] so ist es nur folgerichtig, daraus auf die Harmonie zwischen den Lehren einer – in solchem Selbstverständnis begründeten – Philosophie und den Lehren geoffenbarter Wahrheit zu schließen, ja in einem weiteren Schritt festzustellen: „... no difficulty emerges in theology, which had not previously emerged in philosophy".[105] Im Lichte solcher Aussagen zeigt sich, daß und warum Hamilton gar nicht daran interessiert sein konnte, Übergriffe in den Bereich der Theologie vorzunehmen. In dem erwähnten Brief an Calderwood bestätigt er einerseits die Selbständigkeit von Philosophie und Theologie und betont andererseits deren Übereinstimmung.[106] Religiöse Vokabeln wie „Offenbarung" und „inspiriert" dürfen darum nicht zu dem Mißverständnis verleiten, als würden in einem philosophischen Kontext religiöse Aussagen getroffen: „And by a wonderful revelation, we are thus, in the very consciousness of our inability to conceive aught above the relative and finite, inspired with a belief in the existence of something unconditioned beyond the sphere of all reprehensible reality."[107]

---

[103] S. V. Rasmussen, a. a. O. p. 96–100, 136–144, 160.

[104] D 86 f.

[105] D 625 f.

[106] L II 530–535, vgl. etwa 531: „When, therefore, you maintain, that in denying to man any positive cognisance of the Infinite, I virtually extenuate his belief in the infinitude of Deity, I must hold you to be wholly wrong, in respect both of my opinion, and of the theological dogma itself."

[107] D 15. – Die zugehörige Anm. erklärt, daß eine ehrfürchtige Philosophie („pious philosophy") ebenso wie wahre Religion („true religion") Gott einen Altar mit der Aufschrift „Dem unbekannten Gott" weihen müssen.

Der philosophisch begründete Glaube an das unbekannte und unerkennbare Unbedingte steht gerade nicht im Gegensatz zum religiösen Glauben, sondern ist dessen unverzichtbare Voraussetzung. Wenn insbesondere das einzig ausreichende Argument für die Existenz Gottes in der sittlichen Vernunftnatur des Menschen mit ihrem Bezug aufs Absolute wurzelt, dann ist Theologie gänzlich abhängig von „Psychologie", wie Hamilton bekanntlich seine Bewußtseinsphilosophie nennt.[108] Obwohl die biblische Botschaft des Christentums alle philosophischen Erkenntnisleistungen überbietet, bildet die Philosophie des Bewußtseins die beste Voraussetzung für eine aufgeklärte Theologie: „In these circumstances it is evident, that he who disbelieves the moral agency of man must, in consistency with that opinion, disbelieve Christianity. And therefore inasmuch as Philosophy, – the Philosophy of Mind, – scientifically establishes the proof of human liberty, philosophy, in this, as in many other relations not now to be considered, is the true preparative and best aid of an enlightened Christian Theology."[109]

Offensichtlich erscheint damit auch jenes Denken, dem sich das „Gesetz des Bedingten" verdankt, unter einem anderen Aspekt. Das „negative Denken", das als bloß logisch-formaler Ausdruck des Widerspruchsprinzips erkenntnistheoretisch anfangs noch irrelevant blieb, das dann bei seiner „psychologischen", aufs unerkennbare Unbedingte gerichteten „Anwendung" erhebliche Probleme aufwarf, gewinnt nun – im Lichte der Gegenüberstellung von philosophisch begründetem und religiösem Glauben – an Plausibilität und Überzeugungskraft. Die Relevanz dieser Denkfigur wird durch ihre rationalistische Fassung verdeckt. Wenn die „Anwendung" des logisch-psychologisch gültigen Widerspruchsprinzips laut Hamilton darauf beruht, daß von zwei kontradiktorischen Gegensätzen nur einer wahr sein kann und zugleich in Wirklichkeit

[108] L I 32 f.

[109] L I 41 f. (hier: 42); vgl. L I 62 f. – Die Formulierungen zur Korrelation von Philosophie und Theologie knüpfen an Kant und Jacobi an, nicht etwa – wie man vermuten könnte – an den anglikanischen Bischof Joseph Butler. Butlers Werk „The Analogy of religion, natural and revealed, to the constitution and course of Nature" (1736), in dem Prinzipien der Analogie zwischen natürlicher Vernunft und übernatürlicher Offenbarung erörtert werden, hat die anglikanische Theologie bis zum Ende des 19. Jahrhunderts nachhaltig beeinflußt. S. unten S. 146 f., Anm. 26.

wahr sein muß, so verschwindet hinter dieser Denknotwendigkeit jene Denkhaltung, der sie sich ursprünglich verdankt. Es verschwindet das „Bedürfnis" des Geistes, den einheitstiftenden und begründenden Grund alles Bedingten erkennen zu wollen. Es verschwindet die nicht erfundene oder konstruierte, sondern von Natur aus zubestimmte Endabsicht der Vernunft, das Unbedingte, da es sich nicht erkennen läßt, zu glauben. Dieser philosophisch begründete Glaube ist zwar bei Hamilton (wie bei Kant) eine transzendentale Denkhaltung, die aber bei Hamilton als gekünstelt erscheint, weil er das „negative Denken" als Ausdruck und Repräsentanz dieser Denkhaltung in das „Gesetz des Bedingten" preßt. Dessen rationalistische Fassung hat jedoch – paradoxerweise – nicht die Funktion, den Bereich des Erkennbaren zu erweitern, sondern einzuschränken. Vereinfacht könnte man sagen: Während die Vernunftkritik Kants von der Tendenz bestimmt ist, das „Unbedingte" zu thematisieren, ist die Bewußtseinsphilosophie Hamiltons von der Tendenz bestimmt, das Bedingte zu thematisieren. In dieser gegenläufigen Tendenz setzt Hamilton das „Gesetz des Bedingten" gleichsam als retardierendes Moment Kant entgegen. Wenn hier von gegenläufigen Tendenzen die Rede ist, so heißt das nicht, Hamilton sei an der Erreichung des Unbedingten desinteressiert, sondern es heißt, daß er trotz des geradezu elementaren Interesses des Bewußtseins, das Unbedingte zu erreichen, seinem Philosophieren das Vermögen abspricht und darum den Anspruch untersagt, jene Grenzen zu überschreiten, die er vom Bewußtsein selbst gesetzt sieht.

Darum erklärt es Hamilton für verfehlt, die Kraft und das Ausmaß unserer Erkenntnis*fähigkeiten* an der Stärke und Intensität unseres *Wunsches* nach Erkenntnis zu messen. Nach ihm besteht die Selbsttäuschung der Philosophie darin, mühsam erstrebtes und erreichbares Wissen für sicheren Besitz zu halten: „But, like Ixion, we embrace a cloud for a divinity ... It is this powerful tendency of the most rigorous minds to transcend the sphere of our faculties, which makes a ‚learned ignorance' the most difficult acquirement – perhaps, indeed, the consummation of knowledge."[110] Insofern die Philosophie des Bedingten eine Philosophie

[110] D 37 f.

innerhalb der Grenzen ist, die menschlicher Erkenntnis gesetzt sind, wird „Bescheidenheit nicht nur zur Kardinaltugend der Offenbarung, sondern der Vernunft".[111] Die höchste erreichbare Leistung menschlicher Wissenschaft besteht in der einsichtigen Anerkenntnis menschlicher Unwissenheit. Es hat allerdings den Anschein, schreibt Hamilton, als sei diese Lektion der „learned ignorance" das letzte, was Philosophen zu lernen bereit sind.[112]

2.52 Die „Philosophie des Bedingten" in Auseinandersetzung mit Kant und Jacobi oder: Der Idealismus führt zum Nihilismus

Hamiltons Erkenntnistheorie im engeren Sinne ist so ausgedehnt und komplex, daß es mir geboten schien, sie in zwei große Abschnitte aufzuteilen, deren erster die „Reichweite" und deren zweiter die „Grenzen" menschlicher Erkenntnis erörtert. Es versteht sich von selbst, daß damit nicht völlig verschiedene Themenbereiche, sondern die beiden wesentlichen Seiten desselben Ganzen in ihrem jeweils besonderen Gewicht herauszuarbeiten sind; denn mit der Reichweite ist natürlich zugleich die Begrenztheit und mit der Begrenztheit zugleich die Reichweite der Erkenntnis bezeichnet. Während also diese Aufteilung das darstellende Nacheinander eher aus Gründen der Überschaubarkeit wählen mußte, entsprechen die hier gewählten Akzente der philosophischen Auseinandersetzung jenen Schwerpunkten, die Hamilton selbst gesetzt hat. Die bereits dargestellte Auseinandersetzung um die Reichweite menschlicher Erkenntnis konzentrierte sich, das Skeptizismus-Verdikt erörternd, auf Hume und Reid; dabei zeigte sich, daß Hamilton den „Skepti-

---

[111] D 625.

[112] Vgl. L I 309; D 634 f. – Hamilton bezieht seine „learned ignorance" ausdrücklich auf die „docta ignorantia" des Nikolaus von Kues und zitiert aus dessen Schriften eine Fülle einschlägiger Äußerungen, fügt jedoch in einer langen Anmerkung einschränkend hinzu: „So far, Cusa's doctrine coincides with what I consider to be the true precept of a ‚Learned Ignorance'. But he goes farther: and we find his profession of negative Ignorance converted into an assumption of positive knowledge; his Nothing, presto, becoming everything: and contradictions, instead of standing an insuperable barrier to all intellectual cognition, employed in laying its foundation. In fact, I make no doubt that his speculations have originated the whole modern philosophy of the Absolute." (D 638 f., hier: 639)

zismus“ Humes mit Reid kritisiert und verwirft. Die nun darzustellende Auseinandersetzung um die Grenzen menschlicher Erkenntnis konzentriert sich, das Nihilismus-Verdikt erörternd, auf Kant und Jacobi; dabei wird sich zeigen, daß Hamilton den „Idealismus“ Kants mit Jacobi als einen latenten „Nihilismus“ kritisiert und verwirft.

2.521 Hamiltons Kant-Rezeption

Hamilton übernimmt von Kant zunächst die Unterscheidung von apriorischer (synthetischer) Vernunfterkenntnis und aposteriorischer (analytischer) Verstandeserkenntnis. Daß diese – nach Hamilton – in der ganzen Philosophiegeschichte belegte und bestätigte, in der Neuzeit von Leibniz ausdrücklich getroffene Unterscheidung von keinem Philosophen fruchtbarer angewandt wird als von Kant, konzedieren laut Hamilton sogar jene, die mit einzelnen Schlußfolgerungen der Philosophie Kants nicht einverstanden sind.[113] Niemand hat klarer gesehen als Kant, daß nur apriorische Erkenntnis Notwendigkeit bei sich führt.[114] Die Vernunft ist das Vermögen apriorischer, der Verstand das Vermögen aposteriorischer Erkenntnis.[115] Mit Kant betont Hamilton auch, daß die dem menschlichen Geist angeborene („native“) apriorische Erkenntnis nicht im *zeitlichen* Sinne den aposteriorischen Erkenntnissen vorhergeht. Obwohl die Erkenntnisprinzipien vor aller Erfahrung im menschlichen Geist angelegt sein müssen, beginnt Erkenntnis erst, wenn ein Gegenstand der Erfahrung gegeben ist.[116] Die darauf fußende, nun ausreichend bekannte Überzeugung Hamiltons, daß keine Erkenntnis ohne Erfahrung möglich ist, also nur bedingte Erscheinungen erreichbar sind, nicht aber das Unbedingte als „Grund“ der Erscheinungen, geht ebenfalls auf Kant zurück.[117] Es ist hier nur anzudeuten, daß

---

[113] L II 350, 359, 363.
[114] R I 322 f., Anm. Hamiltons.
[115] L II 14–16.
[116] Vgl. KrV B 1; L II 26 f.
[117] Vgl. etwa in der „Grundlegung zur Metaphysik der Sitten“ die Bemerkung, „daß alle Vorstellungen, die uns ohne unsere Willkür kommen (wie die der Sinne), uns die Gegenstände nicht anders zu erkennen geben, als sie uns affizieren, wobei, was sie an sich sein mögen, uns unbekannt bleibt, mithin daß, was diese Art Vorstellungen betrifft, wir dadurch auch bei der angestrengtesten Auf-

die für Hamilton zentralen Schlüsselkategorien „bedingt" / „unbedingt" vor allem in der Antinomienlehre der Ersten Kritik von größter Bedeutung sind,[118] so daß unser Autor mit begründeter Zustimmung erklären kann: „Kant has clearly shown, that the idea of the unconditioned can have no objective reality, – that it conveys no knowledge – and that it involves the most insoluble contradictions."[119]

Rationalistische Metaphysik und empiristischer Skeptizismus bilden darum gemeinsame Gegner für Hamilton (wie schon für Reid) und für Kant. Wie bereits bei Hamiltons Einschätzung von Hume deutlich geworden ist,[120] verwirft unser Autor die „dogmatischen Prämissen" der rationalistischen Metaphysik, die im Verzicht auf sinnliche Anschauung jene Erkenntnisbedingungen außer acht läßt, an die das Bewußtsein gebunden ist. Kant hat vor allem in seiner Paralogismenlehre auseinandergesetzt, daß die rationale Psychologie, die ausschließlich auf dem „Ich denke" als dem transzendentalen Subjekt unserer Gedanken basiert, nur zum Selbstbewußtsein, nicht aber zur Gegenstandserkenntnis vorzudringen vermag:[121] „Alle modi des Selbstbewußtseins im Denken an sich, sind daher noch keine Verstandesbegriffe von Objekten (Kategorien), sondern bloße Funktionen, die dem Denken gar keinen Gegenstand, mithin sich selbst auch nicht als Gegenstand, zu erkennen geben."[122] Da es aber unmöglich ist, „durch bloße Begriffe (noch weniger aber durch die bloße subjektive Form unserer Begriffe, das Bewußtsein), ohne Beziehung auf mögliche Erfahrung, Einsichten auszubreiten",[123] bringt die rationale Psychologie nicht mehr hervor als den „trans-

---

merksamkeit und Deutlichkeit, die der Verstand nur immer hinzufügen mag, doch bloß zur Erkenntnis der *Erscheinungen*, niemals der *Dinge an sich selbst* gelangen können" (GMS [KGS IV 451]).

[118] Vgl. beispielsweise KrV B 511: „Ihr bleibt mit allen möglichen Wahrnehmungen immer unter *Bedingungen*, es sei im Raume oder in der Zeit, befangen, und kommt an nichts Unbedingtes ..."

[119] D 17.

[120] Siehe oben S. 79–86.

[121] Vgl. KrV B 157 f.; A 341–347 f., bes. 345 f. – Insofern ist es mißverständlich, wenn Kant erklärt, das denkende Subjekt sei der „Gegenstand" der Psychologie (B 391).

[122] KrV B 406 f. – „Also ist durch die Analysis des Bewußtseins meiner selbst im Denken überhaupt in Ansehung der Erkenntnis meiner selbst als Objekts nicht das mindeste gewonnen." (KrV B 409; vgl. B 422–424, 426)

[123] KrV B 361.

zendentalen Schein unserer psychologischen Begriffe".[124] Im Gegensatz zu den „glänzenden Anmaßungen der ihr Gebiet über alle Grenzen der Erfahrung erweiternden Vernunft"[125] sind nach Kant nur sinnlich wahrnehmbare Erfahrungsgegenstände erkennbar, während deren nichtsinnliche Ursachen gänzlich unbekannt bleiben.[126]

Derartige exemplarische Hinweise zeigen, daß Hamilton mit der Ersten Kritik vertraut war, obwohl er sie relativ selten (und auch keinen der hier angeführten Belege ausdrücklich) zitiert. Wie es in den „Discussions" heißt, bestand die Philosophie vor Kant eher in einer Deduktion aus Prinzipien als aus einer Untersuchung dieser Prinzipien.[127] Kant hat nachgewiesen, daß der Rationalismus nur Täuschungen hervorbringt, weil er die Reichweite unserer Fähigkeiten überschätzt.[128]

Es ist nur konsequent, daß Hamilton die in der Ersten Kritik gebotene Beurteilung des „skeptischen Gebrauchs[s] der reinen Vernunft"[129] teilt. Gegen die „empirische Ableitung" reiner Verstandesbegriffe, wie sie Locke und Hume vorgenommen haben,[130] besteht Kant darauf, daß ohne die ursprüngliche synthetische Einheit der Apperzeption, das heißt: ohne das – in seinem rationalistischen Ausschließlichkeitsanspruch verworfene – Selbstbewußtsein überhaupt keine Erkenntnis zustandekommen kann: „Das: Ich denke, muß alle meine Vorstellungen begleiten können; denn sonst würde etwas in mir vorgestellt werden, was gar nicht gedacht werden könnte ... Folglich ist die Einheit des Bewußtseins dasjenige, was allein die Beziehung der Vorstellungen auf einen Gegenstand, mithin ihre objektive Gültigkeit, folglich, daß sie Erkenntnisse werden, ausmacht ... Die synthetische Einheit des Bewußtseins ist also eine objektive Bedingung aller Erkenntnis ... unter der jede An-

---

124 KrV A 384. – Vgl. hierzu die Einleitung zur Transzendentalen Dialektik: „Vom transzendentalen Schein" (KrV B 349–355).
125 KrV B 490.
126 Vgl. etwa KrV B 520–522.
127 D 16.
128 D 5. – Die hier gebrauchte und auf die dogmatischen Aprioris der Rationalisten gemünzte Formulierung „fabric of delusion" läßt an die Idolenlehre des Francis Bacon denken, den Hamilton hoch geschätzt hat.
129 KrV B 784.
130 KrV B 127 f.

schauung stehen muß, um für mich Objekt zu werden, weil auf andere Art, und ohne diese Synthesis, das Mannigfaltige sich nicht in einem Bewußtsein vereinigen würde."[131] Wie Kant schreibt, übernahm Hume zunächst die „dogmatische" Voraussetzung, nach der die Erkenntnisleistungen allein vom begrifflichen Denken vollbracht werden. Weil aber Hume sich nicht erklären konnte, „wie es möglich sei, daß der Verstand Begriffe, die an sich im Verstande nicht verbunden sind, doch als im Gegenstand notwendig verbunden denken müsse", führte er sie auf die immer wieder vorgenommenen und zur Gewohnheit gewordenen Assoziationen der empirischen Erfahrung zurück. Damit durchschaute er zwar die rationalistische Anmaßung, versagte sich aber, „da er einmal eine so allgemeine für Vernunft gehaltene Täuschung unseres Erkenntnisvermögens glaubte entdeckt zu haben", über den Bereich des sinnlich Erfahrbaren hinauszugehen, und überantwortete sich so dem Skeptizismus.[132] Dieser Skeptizismus enthüllt die dogmatischen Behauptungen des Rationalismus als „Blendwerk". Die Abweisung der ungerechtfertigten Vernunftansprüche muß eine Untersuchung der gerechtfertigten Ansprüche auf reine Vernunfterkenntnis einleiten.[133] Die Aufdeckung des Mißbrauchs der Vernunft provoziert die Frage nach den Bedingungen ihres legitimen Gebrauchs und ihrer wahren Grenzen: „Alles skeptische Polemisieren ist eigentlich nur wider den Dogmatiker gekehrt, der, ohne ein Mißtrauen auf seine ursprünglichen objektiven Prinzipien zu setzen, d. i. ohne Kritik, gravitätisch seinen Gang fortsetzt, bloß um ihm das Konzept zu verrücken und ihn zur Selbsterkenntnis zu bringen. An sich macht sie in Ansehung dessen, was wir wissen und was wir dagegen nicht wissen können, ganz und gar nichts aus. Alle fehlgeschlagenen Versuche der dogmatischen Vernunft sind Fakta, die der Zensur zu unterwerfen immer nützlich ist. Dieses aber kann nichts über die Erwartungen der Vernunft entscheiden, einen besseren Erfolg ihrer künftigen Bemühungen zu hoffen und darauf Ansprüche zu machen; die bloße Zensur kann also die Streitigkeit über die Rechtsame der menschlichen Vernunft niemals zu Ende bringen."[134]

[131] KrV B 131 f.; vgl. B 137 f.
[132] KrV B 127 f., hier: 128.
[133] Vgl. Prol (KGS IV 276).
[134] KrV B 791 f.

Kant sieht den Prozeß der Grenzbestimmung der reinen Vernunft geschichtlich als einen Weg, der in drei Stadien oder „Schritten“ vorwärts führt. Das erste Stadium, von ihm „das Kindesalter“ genannt, ist dogmatisch; das zweite Stadium, zeugend von einer „durch Erfahrung gewitzigten Urteilskraft“, ist skeptisch; das dritte Stadium aber, der „gereiften und männlichen Urteilskraft“ zugehörig, ist die Kritik der Vernunft.[135] Sie bildet, wie es in den „Prolegomena“ heißt, „den wahren Mittelweg zwischen dem Dogmatismus, den *Hume* bekämpfte, und dem Skeptizismus, den er dagegen einführen wollte...“.[136]

Weil nach Hamilton wie nach Kant Philosophie darin besteht, daß der nach Erkenntnis strebende Mensch seine Grenzen erkennt, ist beiden der kritische Weg allein noch offen[137] mit dem Ziel, eine Transzendentalphilosophie durchzuführen,[138] welche die notwendigen Bedingungen aller möglichen Erkenntnis erkundet und der Vernunft bzw. dem Geist des Menschen gerecht wird: „In the first place, therefore, as philosophy is a knowledge, and as all knowledge is only possible under the conditions to which our faculties are subjected, – the grand, – the primary problem of philosophy must be to investigate and determine these conditions, as the necessary conditions of its own possibility.“[139] Insofern also *teilt* Hamilton das erkenntnistheoretische Grundprogramm Kants.

2.522 Hamiltons Kant-Kritik

Hamilton hat seine transzendentalphilosophisch orientierte Erkenntnistheorie, nach der alle Erkenntnis auf den Bereich der Erscheinungen begrenzt ist, *mithilfe* der Kantschen Vernunftkritik entwickelt. Er hat jedoch den Agnostizismus seiner „Philosophie

---

[135] KrV B 789. – Die Vorrede zur ersten Ausgabe der KrV beschreibt die Stufen des Prozesses ungleich bildhafter (A XI–XIV). – Die Paralogismenlehre ist als „Kommentar“ zu diesen drei unterschiedlichen Stadien bzw. Positionen zu lesen (vgl. A 388 f.).

[136] Prol (KGS IV 360).

[137] Vgl. KrV B 755, B 884.

[138] Die „Idee“ seiner Transzendentalphilosophie entwirft Kant KrV A 11–13, B 24–27.

[139] L I 61 f.

des Bedingten“ *gegen* den „Idealismus“ der Kantschen Vernunftkritik artikuliert, indem er die Kant-Kritik Jacobis aufgriff. Unser Autor konnte Jacobis Kant-Kritik aufgreifen, weil Jacobi das Common Sense-Denken Thomas Reids und damit jene Bewußtseinsphilosophie rezipiert hatte, der Hamilton die Ausgangsbasis seines eigenen Denkens verdankte.[140] Hamilton nutzte diese Konstellation, um sich von einem Denken zu distanzieren, das die konstitutive Begrenztheit menschlicher Erkenntnis mißachtet. Zur Darstellung seiner Argumentation müssen wiederum exemplarische Hinweise und Rückverweise genügen. Die Position Kants wird anhand der Ersten Kritik, die Kant-Kritik Jacobis im wesentlichen anhand der in Band II und III seiner „Werke“ enthaltene Schriften verdeutlicht.[141]

Hamilton begrüßt die von Kant geleistete Destruktion der rationalistischen Metaphysik. Kant sei jedoch in der Unterwerfung des Irrtums erfolgreicher gewesen als im Erreichen und Begründen der Wahrheit.[142] Deshalb verficht unser Autor mit Jacobi die unmittelbare Gegenstandserkenntnis durch Sinne und Vernunft. Beide nennen diesen unmittelbaren Zugang zur Wirklichkeit, mit Reid auf Hume zurückgehend, „Glaube“ und „Gefühl“. Beide verwerfen die „tertia quaedam“ von Vorstellungen oder Ideen, die zwischen Erkenntnisobjekt und Erkenntnissubjekt eingeschaltet werden. Sowohl

---

[140] Es wäre einer besonderen Untersuchung wert, diese historisch und problemgeschichtlich hochbedeutsamen, von der bisherigen Hamilton-Literatur nahezu völlig vernachlässigten Zusammenhänge darzustellen.

[141] Die Position Jacobis kann hier nur skizzenhaft umrissen werden. Vgl. G. Baum, Vernunft und Erkenntnis. Die Philosophie F. H. Jacobis, Bonn 1969; ders., Über das Verhältnis von Erkenntnisgewißheit und Anschauungsgewißheit in F. H. Jacobis Interpretation der Vernunft, in: K. Hammacher (Hrsg.), Friedrich Heinrich Jacobi. Philosoph und Literat der Goethezeit. Beiträge einer Tagung in Düsseldorf (16.–19. Oktober 1969) aus Anlaß seines 150. Todestages und Berichte, Frankfurt a. M. 1971, S. 7–26; K. Hammacher, Die Philosophie Friedrich Heinrich Jacobis, München 1969; W. Müller-Lauter, Nihilismus als Konsequenz des Idealismus. Festschrift für W. Weischedel zum 70. Geburtstag am 11. April 1975, Darmstadt 1975, S. 114–163; H. Timm, Die Bedeutung der Spinozabriefe Jacobis für die Entwicklung der idealistischen Religionsphilosophie, ebd. S. 35–81; V. Verra, Jacobis Kritik am deutschen Idealismus, in: Hegel-Studien 5 (1969) 201–223; W. Weischedel, Jacobi und Schelling. Eine philosophisch-theologische Kontroverse, Darmstadt 1969; N. Wilde, Friedrich Heinrich Jacobi. A Study in the Origin of German Realism, New York 1894.

[142] D 16.

Hamilton als auch der spätere Jacobi bezeichnen das abstrahierende Unternehmen des Verstandes, die unmittelbar gegebenen Erscheinungen auf bildhafte bzw. begriffliche Repräsentationen zu reduzieren, welche weder dem erkannten Objekt noch dem erkennenden Subjekt angehören, als unerlaubten, untauglichen und unrealistischen Versuch, im nachhinein zu beweisen, was zu beweisen weder nötig noch möglich ist.[143] Jacobi, der „deutsche Platon",[144] sei zwar nicht vollends zum unverfälschten „Natürlichen Realismus" vorgestoßen, habe aber klar gesehen, daß Kants Ideen der reinen Vernunft, weil schlechterdings dem Unbedingten zugehörig, menschlichem Erkennen unerreichbar sind; eine solche Philosophie jedoch, welche die Erkenntnisgrenzen auf Bereiche ausweite, die nicht zu erkennen sind, untergrabe mit dem Mißtrauen in die Wahrhaftigkeit des Bewußtseins ihr eigenes Fundament.

---

[143] Vgl. L II 126, 349; R I 128 f., Anm. Hamiltons; R II 769, 793–796.

[144] Hamilton rühmt Jacobi, „whom his countrymen have hailed the Plato of the latter age", als „Plato of Germany", und seine Lehre als „the philosophy of the modern Plato" (D 312; R II 793); Jacobi selbst beruft sich zur Rechtfertigung seiner Erkenntnistheorie mehrfach auf Platon (vgl. etwa JW I 244; JW II 54, 58, 67, 71). Derartige Bezeichnungen scheinen damals keine Seltenheit gewesen zu sein. So schrieb G. F. Bachmann in seiner Rezension von Hegels „Phänomenologie des Geistes", man könne „Schellingen gewissermaßen den modernen Plato, jenen [Hegel] den deutschen Aristoteles nennen" (zit. n. J. Hoffmeister, Einleitung zu: G. W. F. Hegel, Phänomenologie des Geistes, Hamburg 1952, S. XLI). Solche Prädikate sind zwar nicht übermäßig aufschlußreich, aber für eine kürzelhafte Charakterisierung durchaus praktikabel, weshalb sich auf diese Weise auch Hamilton und Jacobi vergleichen lassen. Abgesehen von inhaltlichen Differenzen (s. unten S. 142 f.) ist Hamilton im Unterschied zu Jacobi präziser im Analysieren und Formulieren. Er fällt zwar zuweilen ins Pathos, wird aber nie schwärmerisch. Jacobis weit ausgreifender, immer das Ganze in den Blick nehmender Denkstil differenziert im allgemeinen zu wenig – Hamiltons Vorliebe für analytisch sorgfältige Unterscheidungen verführt ihn manchmal zu pedantischen Disjunktionen. Die spekulative Kraft Kants erreicht keiner von ihnen. Obwohl der 1819 verstorbene „Philosoph und Literat der Goethezeit" (s. oben Anm. 141) Hamiltons philosophisches œuvre unmöglich kennen konnte, rechtfertigen die Gemeinsamkeiten der beiden Kant-Kritiker, Jacobi als „deutschen Hamilton" und Hamilton als „englischen Jacobi" zu bezeichnen, ohne dabei allzu pauschal zu werden. Denn abgesehen von ihrer historischen Fast-Gleichzeitigkeit bleibt immerhin die eklatante Besonderheit bestehen, daß seinerzeit ein Brite vom Range Hamiltons die Deutschen Kant und Jacobi – und ein Deutscher vom Range Jacobis die Briten Hume und Reid im Original gelesen und rezipiert haben.

[145] Das wird in den beiden ersten Aufsätzen der „Discussions" ausgeführt; vgl. etwa D 17–19, 56, 86–93, hier: D 18.

Unserem Autor zufolge hat Kant zwar die Anmaßungen der alten Metaphysik zerstört durch seinen Aufweis, daß die Idee des Unbedingten – weil kein Wissen erbringend – keine objektive Realität zum Inhalt haben kann. Er versäumte allerdings zu zeigen, daß sich diese Idee, die kein positiver Begriff ist, sondern ein bloßes Faszikel von Negationen, in keiner Weise philosophisch anwenden läßt. Die unlösbare Widersprüchlichkeit seiner Lehre führt daher vom Idealismus über den Skeptizismus zum Nihilismus eines Fichte und Schelling. Wer freilich die Widerspruchslosigkeit der ursprünglichen Überzeugungen der Vernunft leugnet, begeht philosophischen Selbstmord („act of suicide", „felo de se"). So hat Kant zwar den Leib des Rationalismus vernichtet, diesem Leib aber nicht das Gespenst des Absoluten ausgetrieben – „und dieses Gespenst spukt in den [philosophischen] Schulen bis auf den heutigen Tag".[145] Weil Kant in seiner Inkonsequenz jene Glaubwürdigkeit der Vernunft bezweifelte, auf der seine Philosophie basiert, mußte sein Denken zur „Absurdität" werden.[146]

Für Hamilton bilden Kants Vernunft-Ideen den Ausdruck der Verselbständigung eines trügerischen, erkenntnisunfähigen, inhaltsleeren Bewußtseins. Indem Kant nicht durchschaut, daß seine Vernunft-Ideen lediglich Negationen des erkennbaren Bedingten sind, die nur subjektive Geltung haben, reduziert er den Verstand zur selbständigen Erkenntnisfähigkeit.[147] Es gibt aber nur *eine* Vernunft bzw. nur *ein* Bewußtsein mit verschiedenen Erkenntnisfähigkeiten, und dieses einzige Erkenntnisorgan ist auf die Erkenntnis des Bedingten bezogen und beschränkt.[148] Das von Hamilton im „Gesetz des Bedingten" verankerte „negative Denken" sollte zeigen, daß positive Erkenntnis immer relative Erkenntnis ist.[149]

---

[146] Vgl. L I 373 f., 399–404. – Weil Kant legitime und illegitime Vernunfterkenntnis nicht eindeutig und konsequent voneinander abhebe, heiße er zu Recht „der Alleszermalmer": „The intellectual Samson, he casts down not only Metaphysic and Rational Psychology, but Philosophy itself; and Kantian doctrines are among the ruins." (D 633)

[147] D 18.

[148] Vgl. L IV 109 f.

[149] Siehe oben S. 100–124. – Anders als für Kant, der die „Ideen" nur als heuristische Fiktionen und regulative Prinzipien versteht (was Hamilton übrigens geflissentlich übergeht), bedeuten die Ideen für Hegel „Wissen" über die Dinge selbst – für Hamilton dagegen „Nicht-Wissen", da sie dem Bereich des Unbedingten

Kant selbst wollte seinen „transzendentalen Idealismus" allerdings anders verstanden wissen, als Hamilton ihn interpretiert hat. Wie bereits angedeutet, ist Hamiltons Philosophieren eher von der Tendenz bestimmt, die *Einheit* des Bewußtseins zu bewahren und das *Bedingte* zu thematisieren, während Kant – trotz des Agnostizismus seiner theoretischen Philosophie – der gegenläufigen Tendenz folgt, im Zuge der Vernunftkritik die einzelnen Erkenntnisfähigkeiten zu *unterscheiden* und aufgrund dieser Differenzierung das *Unbedingte* zu thematisieren. Aber stimmt diese Kennzeichnung? Kant trifft ohne Zweifel eine deutliche Abgrenzung von Sinnlichkeit, Verstand und Vernunft.[150] Zugleich jedoch ist sein „größtes Augenmerk" darauf gerichtet, die „verschiedenen Erkenntnisarten... aus ihrem gemeinschaftlichen Quell ab[zu]leiten", denn „ohne dieses ist in der Metaphysik alles lauter Rhapsodie".[151] Hamilton wiederum glaubt, daß Kant durch die vorgenommene Unterscheidung in (unvermögende) theoretische und (verläßliche) praktische Vernunft[152] insofern eine fundamentale Inkonsequenz begangen hat, als damit das eine und einzige Bewußtsein in seiner Wahrhaftigkeit untergraben wird.

Hamiltons Kant-Kritik gipfelt in seiner Interpretation der „Ideen" Kants, und die nicht wegzuleugnende Einseitigkeit seiner Kritik gründet in der durchaus befragenswerten Tendenz seines Philosophierens. Warum also kritisiert und verwirft unser Autor den „Idealismus" Kants? Es ist offenbar nicht die Mehrdeutigkeit des lateinischen bzw. englischen „idea", die Hamilton veranlaßt,

---

zugehören. Wenn also Hegel ebenfalls die Kantsche Trennung von Verstand und Vernunft kritisiert, dann aus Gründen und Intentionen, die denen Hamiltons diametral entgegengesetzt sind. Vgl. dazu W. Marx, Aspekte einer transzendentalen Topik. Zum Problem der Verhältnisbestimmung von Verstand und Vernunft im Rahmen der theoretischen Philosophie Kants, in: Philosophisches Jahrbuch 81 (1974) 259–283. In diesem Beitrag heißt es: „Ohne Gewalt kann man Hegels spekulative Logik als Kritik der transzendentalen Differenz zwischen Vernunft- und Verstandesbereich deuten, deren transzendentaler Charakter dazu führt, daß Ideen lediglich als Ideale fungieren, daß Prinzipien daran einen Mangel haben, daß Gegenstände ihnen nicht, wenigstens nicht direkt *kongruieren.*" (260)

[150] Vgl. etwa KrV B 692: „Der Verstand macht für die Vernunft ebenso einen Gegenstand aus, als die Sinnlichkeit für den Verstand."

[151] Prol (KGS IV 329 f.).

[152] Vgl. KrV B 823 f.

Sinnesvorstellungen und Vernunftideen mit dem gleichen Wort zu bezeichnen und auch in der Kontroverse bedeutungsgleich zu verwenden.[153] Obwohl Sinnesvorstellungen und Vernunftideen bei Kant keineswegs die gleiche Bedeutung haben – und unser Autor dies auch weiß –, greift Hamilton die einzige Gemeinsamkeit heraus, die ihnen nach seinem Dafürhalten tatsächlich zukommt: ihre vermitteln-sollende Funktion. Während nämlich die sinnlichen Repräsentationen als vermittelndes „Drittes" zwischen Erkenntnisobjekt und Erkenntnissubjekt treten sollen und so die Unmittelbarkeit des Erkenntnisvorgangs zunichte machen, sollen die Ideen der Vernunft als ebenso vermittelndes „Drittes" zwischen den Bereich des Bedingten und den Bereich des Unbedingten treten, wodurch die konstitutive Begrenztheit des Erkennens zerstört wird. Hamiltons agnostisches Erkenntnisinteresse läßt ihn verkennen, daß nach Kant mögliche Erfahrung allein unseren Begriffen Realität geben kann, weil sonst „aller Begriff nur Idee [ist], ohne Wahrheit und Beziehung auf einen Gegenstand";[154] daß eine Idee nur ein „reiner Vernunftbegriff" ist, „ein Begriff aus Notionen, der die Möglichkeit der Erfahrung übersteigt";[155] daß die Vernunft darum *nichts* zu *erkennen* bekommt, sondern lediglich „zu einem gegebenen Bedingten auf der Seite der Bedingungen (unter denen der Verstand alle Erscheinungen der synthetischen Einheit unterwirft) absolute Totalität fordert, und dadurch die Kategorie zur transzendentalen Idee macht".[156]

Doch obwohl man nach Kants eindeutiger Formulierung durch solche Ideen „eigentlich nur erkennt, daß man nichts wisse",[157] weil Erkenntnisgegenstände empirisch gegeben sein müssen und die Idee „ein bloßes Geschöpf der Vernunft ist",[158] spürt Hamilton die Tendenz heraus, daß in Kants Ideenlehre der überzogene, noch immer nicht radikal vernichtete rationalistische Erkenntnisanspruch zum Zuge kommen will. Deshalb dürfen die transzendentalen Ideen

[153] Vgl. Hamiltons Untersuchungen zur Herkunftsgeschichte und Bedeutungsverschiedenheit von „idea", etwa R II 925–928, 961–965.
[154] KrV B 517.
[155] KrV B 376–384, hier: B 377.
[156] KrV B 436.
[157] KrV B 498.
[158] KrV B 506 f.

nicht „zum Unbedingten erweiterte Kategorien" sein, das heißt *keine* Verstandesbegriffe, die zum Unbedingten als der Totalität aller Bedingungen vorstoßen wollen.[159] Gerade weil wir nach *Kant* „zu dem, was wir nicht wissen können, auch keine Verbindlichkeit haben"[160] und „mit allen möglichen Wahrnehmungen immer unter *Bedingungen* ... befangen" bleiben, so daß wir „an nichts Unbedingtes" herankommen – „euer Gegenstand ist bloß in eurem Gehirne"[161] –, ist es nach *Hamilton* nicht nur illegitim, sondern selbstmörderisch, beim Geschäft der Vernunftkritik, das heißt also bei einem Unternehmen, das über „Leben oder Tod" des Menschen als des geistbegabten Wesens entscheidet, solche Bewußtseins-Modifikationen ohne Gegenstandsentsprechung überhaupt einzuführen. Hamilton insistiert auf der konstitutiven Begrenztheit aller Erkenntnis. Darin dürfte der tiefste Grund für die Tatsache liegen, daß sich Hamilton mit dem von Kant betonten nur „regulativen", niemals „konstitutiven" Gebrauch der Vernunft in der Kontroverse nicht auseinandersetzt.[162] Er mißtraut dem – vor Vaihinger bei Kant selbst begegnenden – „Als ob"[163] sogar noch, wenn Kant

[159] Vgl. KrV B 379.
[160] KrV B 504.
[161] KrV B 512.
[162] Vgl. KrV B 536–546, 506, 550.
[163] Vgl. etwa KrV B 699–709 passim, hier B 698–700: „Alsdann heißt es z. B. die Dinge der Welt müssen so betrachtet werden, *als ob* sie von einer höchsten Intelligenz ihr Dasein hätten. Auf solche Weise ist die Idee eigentlich nur ein heuristischer und nicht ostensiver Begriff und zeigt an, nicht wie ein Gegenstand beschaffen ist, sondern wie wir, unter der Leitung desselben, die Beschaffenheit und Verknüpfung der Gegenstände der Erfahrung überhaupt *suchen* sollen ... Wir wollen den genannten Ideen als Prinzipien zufolge *erstlich* (in der Psychologie) alle Erscheinungen und Empfänglichkeit unseres Gemüts an dem Leitfaden der inneren Erfahrung so verknüpfen, *als ob* dasselbe eine einfache Substanz wäre ... Wir müssen *zweitens* (in der Kosmologie) die Bedingungen, der inneren sowohl als der äußeren Naturerscheinungen, in einer solchen nirgend zu vollendenden Untersuchung verfolgen, *als ob* dieselbe an sich unendlich und ohne ein erstes oder oberstes Glied sei, obgleich wir darum, ausserhalb aller Erscheinungen, die bloß intelligiblen ersten Gründe derselben nicht leugnen, aber sie doch niemals in den Zusammenhang der Naturerklärungen bringen dürfen, weil wir sie gar nicht kennen. Endlich und *drittens* müssen wir (in Ansehung der Theologie) alles, was nur immer in den Zusammenhang der möglichen Erfahrung gehören mag, so betrachten, *als ob* diese eine absolute, aber durch und durch abhängige und immer noch innerhalb der Sinnenwelt bedingte Einheit ausmache, doch aber zugleich, *als ob* der Inbegriff aller Erscheinungen (die Sinnenwelt selbst) einen einzigen obersten und allgenugsamen Grund außer ihrem Umfange habe ..." – Vgl. weiter KrV B 583, 647.

hervorhebt, daß nur ein „analogischer“ Gebrauch der Ideen zulässig sei,[164] weil diese nicht über Erfahrungserkenntnisse hinausgehen und „lediglich zur Grenzbestimmung der menschlichen Vernunft dienen“.[165]

Hamilton hat jedoch Kant eine entscheidende Einsicht voraus, und er hätte gut daran getan, diese Position der Überlegenheit bei seiner Kant-Kritik wirksam ins Feld zu führen. Wenn nämlich die Möglichkeit, philosophierend die Wahrheit zu erreichen, auf der Verläßlichkeit des menschlichen Erkenntnisvermögens beruht und wenn unser Autor immer wieder bekräftigt, daß das Bewußtsein die einzige und letzte, in seiner Wahrhaftigkeit *nicht mehr zu beweisende und nicht zu erkennende* Erkenntnisinstanz bildet, ist Kant mit der Frage zu konfrontieren, ob auch er die Vernunft als „Gerichtshof“[166] und „Richter“[167] nicht bloß einsetzt, sondern das Recht dieser Einsetzung als absolut unbeweisbar artikuliert. Man wird sagen müssen, daß er dies nicht oder zumindest nicht in gleicher Klarheit, Ausdrücklichkeit und Intensität leistet. Es gibt zweifellos einen „agnostischen Kant“,[168] doch sein Aufweis, daß Dinge an sich der Vernunft unerkennbar bleiben, erstreckt sich nicht auf die Vernunft selbst, obwohl verstreute Formulierungen darauf hinzudeuten scheinen.[169] Wenn Kant schreibt, daß die reine Vernunft in ihrem dogmatischen Gebrauche „vor dem kritischen Auge einer höheren und richterlichen Vernunft erscheinen“ muß[170] und daß sich diese höhere Vernunft auf sich selbst „verlassen“ kann, weil „alles, was die Natur selbst anordnet, ... zu irgendeiner Hinsicht

---

[164] Vgl. KrV B 701–706.

[165] Prol (KGS IV 357). – Man muß sich darüber im klaren sein, daß auch Hamiltons „Bewußtsein“ – wie Kants „Vernunft“ – „das Unbedingte fordert“ (KrV B 592 f., 612), sobald die Gottesfrage zur Erörterung ansteht. Hamilton spricht zwar nirgends von der „Idee“ Gottes als „regulativem Prinzip“ (vgl. KrV B 714–730), räumt aber durchaus die Möglichkeit ein, aus äußerer (Kausalität) und innerer (sittliche Autonomie) Erfahrung *„analog“* auf Gott zu schließen (s. oben S. 116 f.).

[166] KrV A XI.

[167] KrV B XIII.

[168] Siehe oben S. 10, Anm. 4.

[169] Vgl. etwa KrV B 697: „Die Ideen der reinen Vernunft ... sind uns durch die Natur unserer Vernunft aufgegeben, und dieser oberste Gerichtshof aller Rechte und Ansprüche unserer Spekulation kann unmöglich selbst ursprüngliche Täuschungen und Blendwerke enthalten.“

[170] KrV B 767.

gut [ist]"[171] – und wenn er weiter schreibt, daß die zur Kritik eingesetzte Vernunft „alle Entscheidungen aus den Grundregeln ihrer eigenen Einsetzung hernimmt, deren Ansehen keiner bezweifeln kann",[172] so ist damit noch immer nicht zum Ausdruck gebracht, daß diese Vernunft als der unbedingte Grund aller Erkenntniskritik ihrerseits unerkennbar bleibt und unerkennbar bleiben muß. Kant sieht zwar auch die Versuchung der Vernunft, „sich entweder einer skeptischen Hoffnungslosigkeit zu überlassen oder einen dogmatischen Trotz anzunehmen", und sagt, beides sei „der Tod einer gesunden Philosophie",[173] unterläßt es jedoch zu zeigen, *warum* die beiden Geisteshaltungen tödlich – oder wie Hamilton sagt: selbstmörderisch – sein müssen. Dies gesehen und begründet zu haben, bleibt das Verdienst Hamiltons, obwohl es der schottische Agnostiker entweder übersehen oder vermieden hat, seine Einsicht gegen den Begründer des transzendentalen Idealismus ins Feld zu führen.

Das Denken der beiden ungleichen Philosophen ruht auf dem selben Fundament, auch wenn Hamilton vorzugsweise vom Bewußtsein und Kant fast ausschließlich von der Vernunft spricht. Die Tragfähigkeit des gemeinsamen Fundaments läßt sich nicht noch einmal demonstrativ absichern. Es ist aber ein gewaltiger Unterschied, ob diese Unbegründbarkeit als solche durchschaut und herausgearbeitet wird oder nicht. Hamilton verdankt diese seine Einsicht der Problematisierung des gern als „naiv" und „unkritisch" bezeichneten Common Sense-Denkens, das hier tiefer sieht als der „kritische" Kant.

Jacobis Erkenntnistheorie konnte und mußte Hamilton bei seiner Kritik an Kants „Idealismus" hochwillkommen sein. Hamilton wie Jacobi sind nachhaltig von Thomas Reid beeinflußt und halten mit ihm an der unmittelbaren Gegenstandserkenntnis fest.[174] Hamilton wie Jacobi beziehen sich – nur partiell durch Reid vermittelt – auf den „Glauben" und das „Gefühl" David Humes.[175]

[171] KrV B 771.
[172] KrV B 779.
[173] KrV B 434.
[174] JW II 146 f.
[175] JW II 152 f., 156–163, 202–205 wird Hume wörtlich zitiert. – Hamilton führt L IV 72 f. aus, daß es Hume selbst war, der mit seinem Glaubensbegriff der

Hamilton wie Jacobi verwerfen den Sensualismus Lockescher Herkunft[176] und den Idealismus Berkeleys.[177] Hamilton setzt sich als erster Engländer, Jacobi als erster Deutscher mit Kants transzendentalem Idealismus kritisch auseinander. Beide teilen Kants Überzeugung, daß alle Erkenntnis auf den Bereich des sinnlich Erfahrbaren beschränkt bleibt, und sehen in der „Enthüllung eines sich selbst betrügenden... Rationalismus... Kants wahrhaft große That, sein unsterbliches Verdienst".[178] Beide werfen Kant vor, daß seine „Ideen" nur erweiterte Verstandesbegriffe sind, die fälschlich vorgeben, den Begriff des Unbedingten erreichen zu können.[179]

Jacobi fürchtet, daß sich ohne die unmittelbare Gegenstandserkenntnis der Vernunft die Wirklichkeit der Dinge und schließlich auch das erkennende Subjekt in „nichts" auflösen. Jede Philosophie, die den Verstand zur eigenständigen Erkenntnisinstanz ermächtige, müsse zwangsläufig im absoluten „Nihilismus" enden. Wenn das diskursive Denken des Verstandes die Sinnesanschauungen zunächst zu bloß subjektiven Vorstellungen, sodann zu Begriffen abstrahiert und diese zu vollends fiktiven „Ideen" verflüchtige, so stelle sich das verbleibende Etwas als bloßes „Nicht-Nichts" dar, ja sogar „als das baare Nichts, wenn nicht die dennoch vorherrschend bleibende Vernunft es mit Gewalt verwehrte."[180]

Nach Jacobi vermag der abstrahierende Verstand zwar widerspruchsfreie, allgemeingültige und insofern wissenschaftlich brauchbare Hypothesen zu bilden, nicht jedoch, Erkenntnisse hervorzubringen. Denn der Verstand hält an den sinnlichen Anschauungen nur das Allgemeine fest, „vertilgt" die einzelnen Bedingungen und entfernt sich durch fortschreitende Abstraktion immer mehr von der wahrgenommenen Wirklichkeit.[181] Wir müssen uns nach den Dingen richten, statt die Dinge nach unseren Vorstellungen und Be-

---

Common Sense-Philosophie die „Waffen" zur Überwindung des Humeschen Skeptizismus in die Hand gab. – Zur Gleichsetzung von Common Sense mit Jacobis „Vernunft-Glauben" und „Vernunft-Gefühl" (wie Hamilton übersetzt und schreibt) vgl. R II 768 f.

[176] Zur Kritik Hamiltons an Condillac vgl. etwa D 2–7, 39.

[177] Vgl. G. Baum, Vernunft und Erkenntnis, a. a. O. S. 11–17.

[178] JW II 33.

[179] JW II 78.

[180] JW II 102.

[181] JW II 36, 65, 78.

griffen bilden zu wollen.[182] Jacobi deutet den spontanen Zugriff der Kantschen sinnlichen Anschauungsformen und Denkformen des Verstandes als eigenmächtigen Eingriff. Das ist gemeint, wenn er in einer Terminologie, die insgesamt weit unschärfer ist als die Hamiltons, erklärt: „Wer über seinen Vorstellungen, und den Vorstellungen von seinen Vorstellungen aufhört die Dinge selbst wahrzunehmen, der fängt an zu träumen. Die Verknüpfungen dieser Vorstellungen, die Begriffe, die sich aus ihnen bilden, werden dann immer subjectiver, und in demselbigen Verhältniß an objectivem Inhalt ärmer."[183] Die Vorstellungen und Begriffe sind insofern von vornherein suspekt, als es der selbständige Verstand ist, der sie entwirft: „Wenn unsere Sinne uns gar nichts von den Beschaffenheiten der Dinge lehren; nichts von ihren gegenseitigen Verhältnissen und Beziehungen; ja nicht einmal, daß sie außer uns wirklich vorhanden sind: und wenn unser Verstand sich blos auf eine solche *gar nichts von den Dingen selbst* darstellende, *objectiv platterdings leere* Sinnlichkeit bezieht, um *durchaus subjectiven* Anschauungen, nach *durchaus subjectiven* Regeln, durchaus *subjective Formen* zu verschaffen: so weiß ich nicht, was ich an einer solchen Sinnlichkeit und einem solchen Verstande habe, als daß ich damit lebe; aber im Grunde nicht anders als wie eine Auster damit lebe. Ich bin alles, und außer mir ist im *eigentlichen* Verstande Nichts. Und ich, mein Alles, bin denn am Ende auch nur ein *leeres Blendwerk* von Etwas; *die Form einer Form;* gerade so ein Gespenst, wie die anderen Erscheinungen, die ich Dinge nenne, wie die ganze Natur, ihre Ordnung und ihre Gesetze."[184] Inwiefern Jacobi dem transzendentalen Idealismus Kants zu Unrecht eine solche Theorie unterstellt,[185] wurde bereits an der entsprechenden Fehlinterpretation Hamiltons deutlich und braucht hier nicht im einzelnen erörtert zu werden. Es sei jedoch festgehalten, daß sich Jacobi mit seiner Erkenntnistheorie zu den „Realisten" zählt,[186] für die kein drittes, zwischen Subjekt

---

182 JW II 167.
183 JW II 234.
184 JW II 216 f.
185 Vgl. etwa KrV A 367–375.
186 JW II 299. – In seinem Brief an Jean Paul vom 16. März 1800 erklärt Jacobi: „Ich bin Realist, wie es vor mir noch kein Mensch gewesen ist, und behaupte, es gibt kein vernünftiges Mittelsystem zwischen totalem Idealismus oder

und Objekt tretendes „Erkenntnißmittel" existiert[187] – keine „nur sich selbst darstellenden Vorstellungen, diesen durch-und-durch Gespenstern"[188].

Während Kant voraussetze, daß Wahrnehmung im eigentlichen Sinne *„nicht sey"*, gründet sich Jacobis Erkenntnistheorie auf die

totalem Realismus." (Aus Jacobis Nachlaß. Ungedruckte Briefe von und an Jacobi und Andere. Nebst ungedruckten Gedichten von Goethe und Lenz, hrsg. v. R. Zoeppritz, Leipzig 1869, Bd. I, S. 239) – Jean Pauls aufklärerischer Rationalismus wurde, rund zwanzig Jahre vor Heinrich von Kleist, nach dem Studium der „Kritik der reinen Vernunft" von einer „Kantkrise" erschüttert, die ihm Jacobis Glaubensphilosophie wenn nicht bewältigen, so doch formulieren half (vgl. D. Sölle, Realisation. Studien zum Verhältnis von Theologie und Dichtung nach der Aufklärung, Darmstadt und Neuwied 1973, S. 207–211; W. Harich, Jean Pauls Revolutionsdichtung. Versuch einer neuen Deutung seiner heroischen Romane, Reinbek 1974, S. 73–80. Zur Diskussion um Heinrich von Kleists „Kantkrise" von 1801 vgl. U. Gall, Philosophie bei Heinrich von Kleist. Untersuchungen zu Herkunft und Bestimmung des philosophischen Gehalts seiner Schriften, Bonn 1977). Jean Paul hat darum, nicht zuletzt in seiner Polemik gegen Fichte, Jacobi als seinen philosophischen Lehrer betrachtet und verehrt. Wir dürfen vermuten, daß auch der nüchtern-zurückhaltende „Stubengelehrte" Hamilton das zunächst ungebrochene Vertrauen in die Erkennbarkeit der Welt durch sein Kantstudium in ähnlicher Weise verloren und mit Jacobis Hilfe gewissermaßen wieder aufgefangen hat. In jedem Fall kann dieser vergleichende Hinweis nahelegen, daß es sich beim Einfluß der Kantschen Transzendentalphilosophie auch auf Hamilton nicht nur um eine rational aufzuarbeitende Unverträglichkeit divergierender Philosopheme, sondern um eine tiefe Erschütterung im Weltverhältnis und Weltverständnis gehandelt hat. – Obwohl Jacobi nach Hamiltons Meinung nicht zum „Natürlichen Realismus" in seiner reinen Form vorgedrungen ist, findet sich der Sache nach eindeutig dieser „Natürliche Realismus", auch als „Natürlicher Dualismus", etwa in JW II 165, 175 f., 208.

[187] JW II 230.

[188] JW II 36. – Der Ausdruck „Gespenst" (vgl. auch JW II 113; JW III 33, 49, 415 u. ö.) besagt hier, seiner ursprünglichen Form gemäß, soviel wie „Gespinst". Kant verwendet ihn auch in dieser Bedeutung, wenn er gegen die „Hirngespinste" der Rationalisten polemisiert, und ebenso, wenn er von Fichtes Wissenschaftslehre erklärt, sie sehe ihm aus „wie eine Art von Gespenst". Hamilton spricht im gleichen Sinn wie Jacobi vom Gespenst („spectre"). Er kann übrigens seine Anspielung auf Ixion („we embrace a cloud for a divinity", D 38) Jacobi ebenso entlehnt haben (JW III 29) wie das mehrfach von ihm angeführte Leibniz-Wort: „Die Menschen suchen, was sie schon wissen, und wissen nicht, was sie suchen." (JW II 168) Es würde zu weit führen, die auch für solche Details mit guten Gründen zu vermutende Abhängigkeit Hamiltons von Jacobi zu belegen. Eine Abhängigkeit von größerer Tragweite dürfte jedoch bezüglich der „Legitimationskette" Hamiltons (vgl. etwa JW II 235: „. . . verlieren wir Gott, die Natur, uns selbst", und JW II 272: „der geheime Handgriff des Schöpfers") sowie bezüglich seiner grundlegenden Unterscheidung in „äußere" und „innere" Erfahrung vorliegen (vgl. etwa JW II 107 f., 219).

Voraussetzung, daß „*Wahrnehmung*, im strengsten Wortverstande – *sey*", das heißt eine Wahrnehmung, die kraft ihrer „Wirklichkeit und Wahrhaftigkeit" die von der Vernunft zu vollbringende unmittelbare Gegenstandserkenntnis ermöglicht: „Wie die den äußeren Sinnen sich offenbarende Wirklichkeit keines Bürgen bedarf, indem sie selbst der kräftigste Vertreter ihrer Wahrheit ist; so bedarf auch die jenem tief inwendigen Sinne, den wir Vernunft nennen, sich offenbarende Wirklichkeit keines Bürgen: sie ist ebenfalls selbst und allein der kräftigste Zeuge ihrer Wahrheit. Nothwendig glaubt der Mensch seinen Sinnen, nothwendig glaubt er seiner Vernunft, und es giebt keine Gewißheit über der Gewißheit in diesem Glauben."[189] Weil die Vernunft in ihrer Wahrhaftigkeit verläßlich ist,[190] wendet sich Jacobi gegen den Mendelssohnschen Rationalismus mit dem Argument, daß nach Gewißheit nur der streben könne, dem ein unmittelbar Gewisses gegeben sei, das unbeweisbar ist und auch keines Beweises bedarf.[191]

Für Jacobi bilden Verstand und Vernunft insofern ein und dieselbe Erkenntnisinstanz, als sie beide „anschauend" und „offenbarend" auf „Gefühl" und „Glauben" gegründet sind.[192] Dieses im „Glauben" wurzelnde „Gefühl" ist jedoch nicht Organ oder Inbegriff der Emotionen, sondern Garant für die Gültigkeit der Erkenntnis, „Vernunftgefühl" und insofern als „ein geistiges Auge für geistige Gegenstände"[193] zu verstehen: „Alle Wirklichkeit, sowohl die körperliche, welche sich den Sinnen, als auch die geistige, welche sich der Vernunft offenbart, wird dem Menschen allein durch das Gefühl bewährt; es giebt keine Bewährung außer und über dieser."[194] Nach Jacobi erfolgt die Gegenstandskonstitution durch

---

[189] JW II 34 f., 107 f.

[190] JW II 101.

[191] JW IV a 210. – Es ist nicht verwunderlich, daß sich Kant *für* Mendelssohn und *gegen* Jacobis „geheimen Wahrheitssinn" ausspricht, den er eine „überschwengliche Anschauung unter dem Namen des Glaubens" nennt (in: „Was heißt: sich im Denken orientieren?", KGS VIII 134), während Hamiltons Auffassung von der selbstevidenten Wahrhaftigkeit bis in die Formulierungen hinein Jacobi entspricht.

[192] JW II 58–60, 3 f., 9, 37, 61, 108 f., 163–167; JW III 369 f. – Wenn es JW II 55 heißt: „Glaube ist die Abschattung des göttlichen Wissens und Wollens in dem endlichen Geiste des Menschen", so wird an einem solchen Beleg klar, warum Jacobi selbst sich häufig auf Platon beziehen kann.

[193] JW II 81, 74.

[194] JW II 108 f.

eine ursprüngliche, intuitive Schau, die auf jeden Eingriff des diskursiven Denkens verzichtet: Alle Erkenntnis ist positiv und unmittelbar.[195] Darum fordert er gegen Kant einen Sprung aus dem diskursiven Denken des Verstandes in die intuitive Anschauung der Vernunft: „Mich scheidet von der Kantischen Lehre das allein, was sie auch von sich selbst scheidet und mit sich uneins macht, nämlich, daß sie das Daseyn zweyer spezifisch von einander unterschiedener Erkenntnißquellen im menschlichen Gemüth zugleich voraussetzt und bestreitet, wie vorhin gezeigt worden ist; jenes nämlich schweigend und sich selbst unbewußt; dieses ausdrücklich, offenbar und durchaus."[196] Jacobis Axiom von der Unmittelbarkeit jeder wirklichen und nicht nur fiktiv so genannten Erkenntnis läßt ihn Kants Trennung von Verstand und Vernunft verwerfen. Die Vernunft wird zum umfassenden und positiven Erkenntnisvermögen, das dem Menschen nicht „leere Hirngespinste" und nicht „leere objectiv beziehungslose Bilder (Ideen)" vorgaukelt.[197] Wirklichkeit gibt sich nicht im reflektierenden Verstand, sondern nur im Gefühl zu erkennen. Wenn der Mensch dieses inwendige Wissen seines Gemüts mißachtet, wird er in den leeren „Abgrund eines alles verschlingenden offenbaren Nichts der Erkenntniß" versinken.[198]

Ich kann hier nur andeuten, inwiefern Jacobis Folgerungen aus Kants Unterscheidung von Verstand und Vernunft den Verfasser der Ersten Kritik nicht treffen. Jacobi unterstellt Kant offensichtlich das sensualistische Schema, nach dem die Dinge Sinnesempfindungen hervorrufen, die vom abstrahierenden Verstand zu Vorstellungen gebildet werden und durch diesen fortschreitenden Abstraktionsprozeß immer mehr von ihrem ursprünglichen Erkenntnisgehalt verlieren.[199] Für Kant hingegen ist der Verstand zwar nicht selbst anschauend, muß aber immer auf Anschauung bezogen sein, um Erscheinungen erkennen zu können – Erscheinungen jener „Dinge an sich", die der theoretischen Vernunft unerkennbar bleiben. Damit verflüchtigt sich jedoch nicht das Erkannte zum

[195] JW II 267.
[196] JW II 29 f.; vgl. JW II 37 f.
[197] JW III 219; JW II 28.
[198] JW II 105.
[199] Vgl. G. Baum, Vernunft und Erkenntnis, a. a. O. S. 52 f.

„Gespenst" oder „baaren Nichts", denn „es folgt auch natürlicherweise aus dem Begriffe einer Erscheinung überhaupt: daß ihr etwas entsprechen müsse, was an sich nicht Erscheinung ist, weil Erscheinung nichts für sich selbst ... sein kann".[200] Wenn den Erscheinungen, die als Gegenstände der Erfahrung erkennbar sind, keine Dinge an sich selbst zugrunde lägen, so würde „der ungereimte Satz daraus folgen, daß Erscheinung ohne etwas wäre, was da erscheint".[201] Hamilton teilt bekanntlich diese Grundüberzeugung Kants, wenn er die unerkennbare, aber notwendige Existenz von „Matter and Mind in itself" bzw. den „unknown ground" der Dinge anspricht.[202] Er folgt also *nicht* Jacobis Interpretation, nach der die Annahme von „Dingen an sich" eine widersprüchliche und unhaltbare Voraussetzung bilden,[203] und müßte darum auch die vielzitierte Feststellung Jacobis (die er vermutlich auch kannte, ohne sie jedoch zu zitieren) ausdrücklich ablehnen: „Ich muß gestehen", schreibt der deutsche Kant-Kritiker, „daß ich *ohne* jene Voraussetzung in das System nicht hineinkommen, und *mit* jener Voraussetzung darin nicht bleiben konnte."[204] *Anders* als Jacobi sieht Hamilton, daß die für Kant durchaus phänomenal erkennbaren Gegenstände außer uns mit den „Dingen an sich" nicht identisch sind.[205] Doch das unüberwindliche Mißtrauen in die Ideenlehre Kants – es ist das Mißtrauen des Common Sense-Philosophen Hamilton – läßt ihn dennoch *mit* Jacobi annehmen, daß diese bloßen Negationen des Denkens entgegen ihrem „Richtungssinn" das Unbedingte verfehlen, weil der ihnen noch immer innewohnende, nicht gänzlich ausgetriebene Ungeist der rationalistischen Metaphysik mit seinem anmaßenden Erkenntnisanspruch am Werk ist.

Jacobi hat seine Auffassung, daß der konsequente Idealismus zum Nihilismus führt, zunächst gegen Fichtes Wissenschaftslehre,

---

200 KrV A 251; vgl. B 520.

201 KrV B XXVI f.; vgl. B XXXIX–XLIII („... ich bin mir ebenso sicher bewußt, daß es Dinge außer mir gebe, die sich auf meinen Sinn beziehen, als ich mir bewußt bin, daß ich selbst in der Zeit bestimmt existiere", B XLIII) und GMS (KGS IV 451).

202 Vgl. etwa L I 154 f.

203 Vgl. JW II 295 ff.

204 JW II 304.

205 Vgl. zu dieser noch immer umstrittenen Problematik G. Prauss, Kant und das Problem der Dinge an sich, Bonn 1974.

später gegen Kant angeführt:[206] Fichte sei den Weg Kants zu Ende gegangen. Wenn Thomas Reid von „Egoismus" spricht, so ist damit bereits jener Nihilismus gemeint, den Jacobis „David Hume" – ohne den Terminus zu nennen – in die Worte faßt: „Allem Idealismus überhaupt liegt das Argument zum Grunde, daß die Materie unserer Vorstellungen nur *Empfindung*, eine Modification unseres Selbst seyn könne..."[207] Jacobi zufolge war Kant inkonsequent, weil er an „Ideen" festhielt, die doch nur aus Empfindungen abstrahierte, erweiterte Verstandesbegriffe ohne Aussagekraft sein können. Wenn Kant die Ideen Gott, Freiheit, Unsterblichkeit unter den Bedingungen der sinnlichen Erkenntnis denkt, hätte er folgerichtig am Bereich des sinnlich Anschaubaren als einziger Erkenntniswirklichkeit festhalten müssen, statt die Vernunft mit sich selbst in Widerspruch zu setzen. Nach Jacobi spricht es für Kant, daß er in seiner Postulatenlehre der Vernunft vertraut – und es spricht gegen Kant, daß er dennoch meinte, unmittelbar erkanntes auf mittelbar zu demonstrierendes Wissen, den Glauben der praktischen Vernunft auf diskursiv gewonnene Verstandesbegriffe reduzieren zu können: „Demnach ist das wahre Verhalten der Sache dieses: Der Kriticismus untergräbt zuerst, der Wissenschaft zu Liebe, theoretisch die Metaphysik; dann – weil nun alles einsinken will in den weit geöffneten bodenlosen Abgrund einer absoluten Subjectivität – wieder, der Metaphysik zu Liebe, praktisch die Wissenschaft."[208] Für Jacobi muß *jede* Philosophie, die sich gegen die Unmittelbarkeit der Erkenntnis ausspricht und dennoch das Unbedingte erreichen will, „Nihilismus" werden. Eine solche Phi-

---

[206] W. Müller-Lauter weist in seinem von umfassender Quellenkenntnis zeugenden Beitrag (s. oben Anm. 141) mit O. Pöggeler darauf hin, daß D. Jenisch schon drei Jahre vor Jacobi den unbedingten Transzendental-Idealismus als Nihilismus bezeichnet hat (a. a. O. S. 113). Diese Tatsache korrigiert zwar die bisher als sicher angenommene Auffassung, Jacobi habe den Begriff als erster geprägt, tangiert aber selbstverständlich nicht Jacobis Nihilismus-Verdikt als solches.

[207] JW II 39.

[208] JW II 44; vgl. JW III 369 f. und JW II 14–25. – In Jacobis Einleitung zu seinen philosophischen Schriften heißt es, das Gespräch über „Idealismus und Realismus" werfe dem theoretischen Teil des Kantschen Systems vor, „daß er zum Nihilismus führe, und zwar mit einer solchen allzerstörenden Kräftigkeit dahin führe, daß keine hintennach ersonnene Hülfe das ein für allemal Verlorne wiederbringen könne" (JW II 19).

losophie mache nämlich das Unbedingte, das sie erreichen will, dadurch zunichte, daß sie es unter den Bedingungen des vermittelten bedingten Erkennens erkennen will.[209] Es ist deutlich genug geworden, daß Jacobi und Hamilton in dieser Interpretation übereinstimmen.

Eine letzte, daraus folgende Gemeinsamkeit ist ebensowenig zu verkennen. Wenn Jacobi erklärt, das auf diese falsche Weise erstrebte Wissen vom Unbedingten müsse zu radikaler Unwissenheit führen,[210] so bleibt er dem Argumentationsgang seiner Nihilismus-These treu. Es ist zunächst überraschend, daß Jacobi „Unwissenheit" auch in einem positiven Sinn versteht, wenn er seine „Philosophie des Nicht-Wissens dem philosophischen Wissen des Nichts" vorzieht,[211] ja alles gelungene Philosophieren als Nichtwissen bezeichnet und „das Bewußtsein des Nichtwissens für das Höchste im Menschen" erklärt.[212] Hier liegt jedoch nur scheinbar eine inkonsequente Wendung vor. Sie bringt nämlich die von Hamilton als „learned ignorance" formulierte Einsicht in die Begrenztheit alles menschlichen Wissens zum Ausdruck.[213]

Hamilton wie Jacobi wollen im Interesse von „Wahrheit und Leben" – Jacobi sagt, sie seien „eins und dasselbe" –[214] einen Vernunft- und Philosophiebegriff retten, der nicht ein „Todtenkopf der Vernunft"[215] ist wie die idealistisch-nihilistischen Philosophien: „Was mich betrifft, so halte ich das Princip der Vernunft mit dem Princip des Lebens für einerley ... Es ist also nicht wohl möglich, wenn man nicht sich selbst und sein eigenes Leben hasst, die Vernunft gering zu schätzen."[216] Hier setzt sich das „Vertrauen" in den „Naturinstinkt" durch, der allein das „tägliche Leben" bestehen und den „übertriebenen Skeptizismus" entkräften kann – jener als unbeweisbar eingesehene und darum gerade nicht naive „Glaube", den Jacobi und Hamilton letztlich David Hume verdanken, der im

[209] Vgl. JW II 77–83, 178 f.
[210] Vgl. JW III 306.
[211] JW III 44.
[212] JW III 5.
[213] Zu Jacobis „Philosophie des Nichtwissens" und Hamiltons „learned ignorance" s. oben Anm. 112.
[214] JW I 281.
[215] JW III 308.
[216] JW II 222, 264.

zwölften Abschnitt seiner „Enquiry" erklärt: „Ein Anhänger des Pyrrho kann aber nicht erwarten, daß seine Philosophie einen bleibenden Einfluß auf unseren Geist haben wird... Er muß im Gegenteil zugeben – wenn er überhaupt etwas zugeben wird –, daß alles menschliche Leben zugrunde gehen müßte, wenn seine Prinzipien allgemein und unverrückbar in Geltung kämen. Alles Denken, alles Handeln würde sofort aufhören..."[217]

2.6 Die Signatur des agnostischen Denkens von William Hamilton

Hamiltons Denken hat die jahrhundertealte insulare Kontinentalsperre durchbrochen und die englische Philosophie im gesamten mittleren Drittel des 19. Jahrhunderts bestimmt. Erst 1865 erschienen die eingangs genannten beiden Werke,[1] die der Vorrangstellung Hamiltons ein Ende setzten: J. St. Mills „Examination of Sir William Hamilton's Philosophy"[2] und J. H. Stirlings „The Secret of Hegel",[3] mit dem die Hegel-Rezeption großen Stils in England

---

[217] Enqu 160/Unt 201.

[1] Siehe oben S. 14.

[2] Mills Kritik kulminiert einerseits in der Zurückweisung des Hamiltonschen Anspruchs auf ursprüngliche, nicht vermittels Assoziation erworbene, apriorische Notwendigkeit bei sich führende *Erkenntnisgewißheiten* – und andererseits in der Entfaltung der These, daß Hamiltons Überzeugung von der *Relativität der Erkenntnis* keinerlei Begrenzung zu einem vorgeblich Unerkennbaren markieren könne und insofern in sich sinnlos sei (vgl. J. St. Mill, An Examination, a. a. O. S. 17–44, 63–73, 136–156, 181 f., 225–229; deutsch: Eine Untersuchung, a. a. O. S. 28–56, 77–87, 155–177, 203–205, 251–266). Mill versucht also, die beiden tragenden „Pfeiler" von Hamiltons „Denkgebäude" zum Einsturz zu bringen.

[3] Derselbe J. H. Stirling veröffentlichte wenige Monate nach Erscheinen der „Examination" Mills seine ebenso furiose wie unsachliche Streitschrift gegen Hamilton: „Sir William Hamilton, being the Philosophy of Perception. An Analysis" (a. a. O.). In dieser nachlässig und herablassend formulierten Polemik, die sowohl die analytische Präzision Mills als auch dessen – bei aller Unnachgiebigkeit in der Sache – noblen Stil der Auseinandersetzung vermissen läßt, werden Hamilton Wirrköpfigkeit, Unredlichkeit und Unkenntnis von Kant vorgehalten. Das Pamphlet verzichtet auf eine Auseinandersetzung mit Hamiltons zentraler Theorie von der Relativität aller Erkenntnis und befaßt sich lediglich mit dessen Wahrnehmungs- und Bewußtseinstheorie, von der es heißt: „This part, however [nämlich die Wahrnehmungstheorie], is ... the most important ... The other parts are, for the present, suppressed, in sub-

begann. Wenn philosophiegeschichtliche Abrisse und der überwiegende Teil der Sekundärliteratur immer wieder darauf hinweisen, daß die partiell gelungene Leistung unseres Autors darin besteht, zwischen Reids Common sense-Denken und Kants Transzendentalphilosophie zu vermitteln, so werden damit die gegebenen historischen Koordinaten richtig nachgezeichnet – mehr aber nicht. Ein ähnlich eingeengter Blickwinkel liegt vor, wenn sich die Kritik darauf konzentriert, in Hamiltons Denken – sei es zu Recht oder zu Unrecht – empiristisch-sensualistische und rationalistisch-dogmatische Relikte ausfindig zu machen[4] und ihm Punkt für Punkt Naivitäten und Überheblichkeiten, Mißverständnisse und Inkonsequenzen, terminologische und logische Widersprüche[5] anzulasten.

---

mission to the temper of the time." (a. a. O. p. VI f.) Stirling, der den neuen „Zeitgeist" in England einführt und verkörpert, verübelt unserem Autor zutiefst, daß dieser weder konsequenter Phänomenalist geblieben noch konsequenter Nooumenalist geworden sei (vgl. etwa p. 13). Daran zeigt sich, daß Stirling die Intentionen Hamiltons nicht einmal ihrem historischen Stellenwert entsprechend einzuschätzen vermochte. In einem Punkte freilich hat der Verfasser des epochemachenden zweibändigen Werkes „The Secret of Hegel" historisch richtig gesehen. Er schreibt nämlich: „Hamilton ... has probably caused the retardation of general British philosophy by, perhaps, a generation." (a. a. O. p. VII) Daß ein Hegel-Adept wie Stirling das Denken Hamiltons als „retardierend" beurteilen muß, versteht sich von selbst.

[4] Varianten dieser Art von Kritik finden sich bei Nauen, Rasmussen und Segerstedt.

[5] Die scharfsinnigen Analysen der Untersuchung von G. Geduldig (Die Philosophie des Bedingten. Transzendentalphilosophische Überlegungen zur Philosophie Sir William Hamiltons [1788–1856], Bonn 1976) nehmen den alten Eklektizismus-Vorwurf nur teilweise auf (vgl. etwa S. 21, 140). Geduldig untersucht primär die logische Bedeutung und Tragweite von Hamiltons Kategorie des „Bedingten"; er entdeckt dabei eine Fülle von Ungenauigkeiten, Selbstmißverständnissen und Widersprüchen. Ich verzichte darauf, über die bereits vorgebrachten Einwände hinaus, mich mit jeder Einzelheit der Hamilton-Kritik Geduldigs auseinanderzusetzen. Denn zunächst sind, grundsätzlich, Thema und Problemstellung meines Versuchs andersgeartet. Insbesondere aber kommt nach meinem Darfürhalten den von Hamilton vertretenen und eingesetzten *logischen* Argumentationsfiguren eine instrumentale, seine erkenntnismetaphysischen Erörterungen stützensollende Funktion zu. Deshalb teile ich zwar die von Geduldig geäußerte Kritik, soweit sie die Relevanz des – am „Gesetz des Bedingten" erörterten – „negativen Denkens" betrifft. Ich kann mich jedoch nicht der von Geduldig im Verlauf seiner Studie vertretenen Auffassung anschließen, nach der Hamiltons „fact" (bzw. „facts"), von der (bzw. von denen) er bei der Entfaltung seiner Theorie von der Relativität der Erkenntnis schreibt, im Sinne empirisch feststellbarer Faktizität zu deuten wäre (a. a. O. etwa S. 115, 121 f., 144 f.). Schließlich kann ich auch der irrationali-

Dieses dem Aufspüren, Analysieren und Addieren von Unstimmigkeiten zugewandte Interpretationsverfahren ist nicht eindringlich genug. Es verkennt, daß sich jedes philosophische Denken einer ihm innewohnenden Grundspannung verdankt. Darum muß der Versuch gemacht werden, die Argumentationsfiguren und Theorien Hamiltons aus der Grundspannung seines Denkens zu verstehen.

Für Hamilton bildet das Bewußtsein oder der Geist des Menschen Anfang und Ende seiner Philosophie. Das Bewußtsein läßt den Menschen durch Erkenntnis der Innen- und Außenwelt die ihm zukommende natürliche Bestimmung seines Lebens erreichen. Als Entfaltung der Fähigkeiten des Bewußtseins ist Philosophie von höchster „praktischer“ Bedeutung, obwohl dem Menschen innere und äußere Welt – das heißt: seine ganze Welt – nicht anders als durch ein und dasselbe Bewußtsein zugänglich werden. Was ihm durch das Bewußtsein als einziger Erschließungsinstanz zugänglich wird, ist die Welt der Erscheinungen, also nicht: Schein, sondern Wirklichkeit – und dennoch nicht die ganze Wirklichkeit. Die „Gründe“ dieser Erscheinungen müssen verborgen bleiben, weil dem Bewußtsein der Grund seiner selbst verborgen bleibt. Die Welt des Menschen ist die Welt der Erscheinungen, und diese Welt erstreckt sich zwischen dem unerkennbaren Grund des Bewußtseins und dem unerkennbaren Grund der Dinge. Das Bewußtsein ist sich der Wahrhaftigkeit seiner Erkenntnisse gewiß und „weiß“ kraft dieser nicht zu beweisenden Wahrhaftigkeit, daß die ihm erkennbare Wahrheit zwischen zwei Unerkennbarkeiten liegt, die gleichwohl nicht „Nichtse“ sind, sondern jene eigentlichen „Wirklichkeiten“, deren Sein in den Erscheinungen erscheint. Die Erscheinungen sind erkennbar, weil sie bedingt sind – bedingt vom Unbedingten, das unerkennbar ist. Weil jedoch das erkennbare Bedingte im unerkennbaren Unbedingten gegründet ist, strebt das Bewußtsein nach diesem Unbedingten als dem halt- und einheitgebenden Grund seiner Welt. Der Mensch überschritte die seinem Bewußtsein gesetzten Grenzen, wenn er der unbedingten Gründe seiner Welt habhaft werden wollte. Doch in seinem „Streben nach dem Unbedingten“ wird ihm bewußt und vergewissert er sich, daß die Welt der Er-

---

stischen Deutung von Hamiltons „belief“ (a. a. O. etwa S. 124–126, 131 f., 137) nicht zustimmen.

scheinungen, die seine einzige Welt bildet und auf deren Erkenntnis er angewiesen bleibt, nicht die ganze Welt ist.

Die selbstgestellte Aufgabe des Bewußtseins, sich die Erkenntnis des Gesamtbereichs von innerer und äußerer Welt einsichtig zu machen, ist undurchführbar ohne den anstrengenden Versuch, das Erkennbare und den Vorgang des Erkennens selbst im einzelnen zu differenzieren, zugleich aber das Differenzierte wiederum zu integrieren. Diese begriffliche Arbeit des einen Bewußtseins, die eine Welt zu erkennen, muß, um in redlicher und legitimierbarer Selbstreflexion vollzogen werden zu können, zwischen verschiedenen Einzelfähigkeiten und -tätigkeiten des Erkennens auf der einen, zwischen verschiedenen Einzelkomponenten und „-schichten" des zu Erkennenden auf der anderen Seite nicht nur unterscheiden, sondern das Unterschiedene als zu Recht Unterschiedenes ausweisen, wechselseitig aufeinander beziehen und in Einzeltheorien begründen. Es ist unbestreitbar, daß alle Erörterungen Hamiltons an dieser übergreifenden Aufgabe orientiert bleiben, obwohl nicht jede seiner Argumentationen in gleichem Maße überzeugt.

Einen besonders angreifbaren und doch seiner Intention nach außerordentlich gewichtigen Argumentationsansatz, der von der bisherigen Hamilton-Literatur überhaupt nicht gesehen oder völlig verkannt wurde, bilden die „Testimonia" unseres Autors. Es ist, um nur ein Beispiel aus der Sekundärliteratur anzuführen, entschieden zu oberflächlich, den Einsatz der „enzyklopädischen Gelehrsamkeit" Hamiltons (die übrigens als „intellektuelle Gefräßigkeit" gedeutet wird) beim Zitieren früherer Philosophen, ja ganzer Reihen anerkannter Autoritäten so zu erklären: „Wenn Hamilton ‚Testimonies' sammelt für die eine oder andere philosophische Lehrmeinung, dann sieht man ihn förmlich mit der philosophischen Botanisiertrommel durch die Gegend rennen."[6] Doch weit davon entfernt, zufällig oder willkürlich zu sein, läßt sich Hamiltons Sammeln von Testimonien zwingend auf Absicht und Ziel seines Philosophierens zurückführen.

Wenn man Hamilton zu lesen beginnt, ist man tatsächlich zunächst erstaunt über das Ausmaß seiner philosophiegeschichtlichen Kenntnisse, wird dann beim intensiveren Eindringen in sein

[6] G. Geduldig, a. a. O. S. 178.

Denken allmählich abgestoßen von der scheinbar eitlen und spekulativ unergiebigen Zurschaustellung angesammelten Materialwissens, bis man versucht ist, die aufwendigen Quellenbelege als offenkundig überflüssige Accessoires zu übergehen. Aber sein Verfahren hat Methode. Es beruht auf einer – freilich eher applizierten als ausgearbeiteten – Theorie. Einerseits entspringt diese (von Hamilton nie so genannte) Theorie unmittelbar dem philosophischen Denken unseres Autors, andererseits soll sie die Durchführung seines Entwurfs stützen und dessen Ergebnisse bekräftigen. Hamiltons „Autoritätenbeweise“ sollen in einem Konsensargument konvergieren, das auf der Wahrhaftigkeit des unverbildeten Bewußtseins beruht und aus dieser Wahrhaftigkeit ihren Anspruch ableitet. Der Anspruch besagt, daß das Urteil aller (oder der meisten) vernünftigen, über Reichweite und Grenzen ihrer Erkenntnisfähigkeiten aufgeklärten Menschen zuverlässiger ist als das Urteil eines einzelnen (oder weniger) – zumal dann, wenn diese wenigen angesichts der geistigen Bestimmung des Menschen „blind“ geblieben (das Urteil der „unreflected vulgar“) oder blind geworden sind (der „suicide“ der idealistisch-nihilistischen Philosophen). Der „common sense“ müßte, als jedem menschlichen Individuum „von Natur aus“ eingestiftete Erkenntnisquelle und Erkenntnisinstanz, zum „common consent“ der Menschheit werden, wenn sowohl die aufs Phänomenale beschränkte Reichweite als auch die unerkennbare Wahrhaftigkeit dieses einzigen Wahrheitskriteriums von allen durchschaut und konsequent beachtet würde.

Schon diese Überlegungen können zeigen, daß das von Hamilton ansatzweise entfaltete „common consent“-Argument sich nicht als äußerliches und zufälliges Beiwerk disqualifizieren läßt. Historisch gesehen, verdankt unser Autor dieses Argument, entgegen naheliegenden Vermutungen, weder unmittelbar der schottischen Denktradition noch den „Cambridge Platonists“[7] noch Descartes[8] noch

[7] Als Standardwerk über die neoplatonisierende Gruppe der – von Coleridge so benannten – „Cambridge Platonists“ gilt noch immer J. Tulloch, Rational Theology and Christian Philosophy in England in the Seventeenth Century, II Vols., London–Edinburgh 1872. – Zum Verhältnis von schottischer Common sense-Tradition und Cambridge Platonism vgl. T. T. Segerstedt, a. a. O. S. 15 bis 21.

[8] In seiner Methodenschrift erklärt Descartes bekanntlich den „bon sens“ für

dem kontinentalen Humanismus[9] noch der Scholastik[10] noch Cicero[11], sondern mit an Sicherheit grenzender Wahrscheinlichkeit jenem Aristoteles, den Hamilton seit Beginn seiner philosophischen Studien über alle anderen Philosophen stellt. In seiner Note A „On the Philosophy of Common Sense“, dem für diesen Zusammenhang zentralen Text, zitiert er an hervorragender Stelle aus der „Nikomachischen Ethik“: „What appears to all we affirm to be; and he who rejects this belief will assuredly advance nothing better deserving of credence.“[12]

---

die bestverteilte Sache der Welt, obwohl er ihm nur für das Übergangsstadium einer provisorischen Moral Geltung zubilligt (vgl. das erste und dritte Kapitel des „Discours“).

[9] Die humanistischen Sprichwortsammlungen, als bekannteste die ständig erweiterten und in zahlreichen Ausgaben verbreiteten „Adagia“ des Erasmus, waren mehr als unterhaltsame Florilegien. Sie wurden sowohl vom Sprichwort-Sammler und -Editor selbst als auch von seinen Zeitgenossen als „die Essenz der Weisheit von Zeitaltern“ und insofern als ernstzunehmender Ausdruck eines Consensus verstanden (vgl. R. Bainton, Erasmus. Reformer zwischen den Fronten, Göttingen 1972, S. 51 f., 185 f., hier: S. 51). – Bereits Aristoteles hat Sprichwörter gesammelt und zitiert, weil sich darin, wie K. Oehler schreibt (s. oben Abschnitt 2.3, Anm. 41), „der Consensus omnium ausspricht, wie er sich aufgrund zahlloser persönlicher und geschichtlicher Begebenheiten für die verschiedenen Situationen der menschlichen Existenz ergeben hat“ (a. a. O. S. 239).

[10] Hamilton kennt die meisten antiken und scholastischen Aristoteles-Kommentare von Alexander von Aphrodisias bis Thomas von Aquin (vgl. R II 775–777; auch s. oben S. 18).

[11] Cicero, der wie Hamilton ein großer „Vermittler“ war (und darum, wie Hamilton, mit dem Eklektizismus-Verdikt bedacht wird), hat dem Consensus omnium eine Deutung gegeben, die der Hamiltons sehr nahe kommt. Vgl. K. Oehler, a. a. O. S. 243–245.

[12] Ich zitiere diese Sätze des Aristoteles (Eth. Nic. 1172 b, 36 ff.) bewußt im englischen Wortlaut Hamiltons: R II 755, 772 f.; D 90 f. schreibt er, daß das Argument vom Common Sense in der Philosophie des Aristoteles die Autorität eines Prinzips erhielt, und daß darum Jacobi – mit Fries – völlig fehlgeht, wenn er Aristoteles an die Spitze jener absurden Majorität von Philosophen stelle, die alles zu beweisen versuchen. – K. Oehler hat überzeugend herausgearbeitet, daß der Consensus omnium in seiner Verwendung als Kriterium der Wahrheit nicht, wie allgemein angenommen, auf die Stoiker, sondern auf Aristoteles zurückgeht (a. a. O. S. 234–271). Oehler rekurriert ebenfalls auf die von Hamilton angeführte Äußerung des Aristoteles und erklärt, daß sich dieser Grundsatz in fast allen Werken des Stagiriten ausgesprochen findet (a. a. O. S. 237–241). Danach dürfte es kaum noch zweifelhaft sein, daß Hamilton sein Konsensargument Aristoteles als ursprünglicher historischer Quelle verdankt. Es ist im übrigen frappierend, die von Oehler aufgrund eigener Forschungen

Der eigenständige Denker Hamilton war nicht darauf angewiesen, durch gehäufte Zitate Gelehrsamkeit zu demonstrieren, obwohl damalige und heutige Zeitgenossen diesen – positiven oder negativen – Eindruck immer wieder gewonnen haben. Er hatte es um so weniger nötig, mangelnde Originalität durch das Alibi von Zeugenaussagen zu kaschieren, als ihm nach der – nicht bescheiden, sondern sachlich gemeinten – Selbsteinschätzung seines Denkens gar nicht daran gelegen sein konnte: Hamilton versichert mehrfach, daß er keine neue Philosophie schaffen, sondern im Interesse der Wahrheit die begründeten Überzeugungen aller Denkenden vor Übergriffen und Unschärfen bewahren wolle.[13] Er hat *durch* seine Testimonia zeigen wollen, daß seine Philosophie *wahre* Philosophie ist, *weil* ihre Prinzipien zu allen Zeiten von den lautersten Denkern vertreten wurden. Ausschließlich darin liegt für ihn der Zusammenhang zwischen dem einen, unmittelbar erkennenden Bewußtsein als naturgegebenem, jedem Menschen eingestifteten „locus principiorum" und dem „common sense of mankind" in seiner geschichtlich vermittelten Vielfalt. In diesem Sinne kann er darum schreiben: „A fact of consciousness, and a fact of the

---

erhobene und abrißartig bis Thomas Reid nachgezeichnete Geschichte des Konsens-Arguments mit Hamiltons – innerhalb seiner Note A in 66 Spalten abgedruckten (R II 770–803) – Testimonia zu vergleichen. Die von Hamilton angeführten Zeugnisse, die mit Hesiod beginnen (den, nach Homer, auch Oehler als ersten Namen nennt) und mit Cousin enden, erscheinen als selbstständiger Teil unter der bezeichnenden Überschrift „The universality of the philosophy of Common Sense; or its general recognition, in reality and in name, shown by a chronological series of testimonies from the dawn of speculation to the present day" (R II 742).

[13] Vgl. etwa L I 402 f. – Hegels Differenzschrift wendet sich gegen die Auffassung, daß die einzelnen Philosophien „originell" sein müßten: „Ebensowenig als von beständigen Verbesserungen kann von *eigentümlichen Ansichten* der Philosophie die Rede sein. Wie sollte das Vernünftige eigentümlich sein? Was einer Philosophie eigentümlich ist, kann eben darum, weil es eigentümlich ist, nur zur Form des Systems, nicht zum Wesen der Philosophie gehören. Wenn ein Eigentümliches wirklich das Wesen der Philosophie ausmachte, so würde es keine Philosophie sein; und wenn ein System selbst ein Eigentümliches für sein Wesen erklärt, so konnte es dessen ungeachtet aus echter Spekulation entsprungen sein, die nur im Versuch, in der Form einer Wissenschaft sich auszusprechen, gescheitert ist ... Das Wesen der Philosophie ist gerade bodenlos für Eigentümlichkeiten, und um zu ihr zu gelangen, ist es, wenn der Körper die Summe der Eigentümlichkeiten ausdrückt, notwendig, sich *à corps perdu* hineinzustürzen ..." (HTW II 17. 19)

common sense of mankind, are only various expressions of the same import."[14]

Hamilton will mit seinem Konsensargument an die immanente „Legitimationskette" anknüpfen, die das Vertrauen in die Wahrhaftigkeit des Bewußtseins trägt, indem er dieser „Legitimationskette" ihr fehlendes und letztes „Glied" hinzufügt: die *geschichtliche* Bewahrheitung der Wahrhaftigkeit des Bewußtseins. Er versucht also, mit Lessing zu sprechen, den garstigen breiten Graben zwischen „notwendigen Vernunftswahrheiten" und „zufälligen Geschichtswahrheiten" zu schließen:[15] Apriorische und historische Universalität sollen einander wechselseitig ergänzen und stützen. Das „argument from common consent" kann jedoch nicht voll überzeugen, weil sein Geltungsbereich *zwischen* zufälliger Konsonanz und notwendiger Übereinstimmung der Aussagen angesiedelt bleibt.

Auch soll keineswegs verschwiegen werden, daß Hamilton einige der von ihm angeführten „Testimonies" fragwürdig, inkonsequent, fehlerhaft, zuweilen sogar widersprüchlich interpretiert.[16] Dennoch ist die Valenz einer aufs Erfassen des Ganzen gerichteten Denkbemühung nicht nur an der Schlüssigkeit einzelner Argumente und Theoreme zu messen. Eine um Wahrheit bemühte, kritisch reflektierte Denkbewegung kann sich zwar nur im Modus differenzierender Vereinzelung ihrem Ziel nähern, das Ganze der Wirklichkeit

---

[14] L I 292. – Aus der Vielzahl einschlägiger Äußerungen vgl. etwa: R II 747, 752; L I 267 f.; L II 116 f., 352.

[15] Vgl. G. E. Lessing, Gesammelte Werke in zehn Bänden, hrsg. v. P. Rilla. Bd. VIII, Berlin 1956, S. 12, 14.

[16] Vgl. etwa D 59–62, 68, 87 f., 92, 193, 310; vgl. weiterhin L. Stephen, The English Utilitarians, a. a. O. vol. III, p. 386, 392. – Was Hamilton in einer seiner einführenden Vorlesungen zum negativen Einfluß vorgefasster Meinungen bemerkt, kann man auch *gegen* ihn lesen, nämlich als unbeabsichtigte Selbstdecouvrierung seiner mitunter voreingenommenen Interpretationspraxis: „What we wish, says Demosthenes, that we believe; what we expect, says Aristotle, that we find – truths which have been re-echoed by a thousand confessors, and confirmed by ten thousand examples. Opinions once adopted become part of the intellectual system of their holders. If opposed to prevalent doctrines, selflove defends them as a point of honour, exaggerates whatever may confirm, overlooks or extenuates whatever may contradict. Again, if accepted as a general doctrine, they are too often recognized, in consequence of their prevalence, as indisputable truths, and all counter appearances peremptorily overruled as manifest illusions." (L I 74)

zu erkennen; Hamilton vermag dieses Ziel nicht zu erreichen, weil er Agnostiker ist. Doch er vermag dieses Ziel ebensowenig zu vergessen, weil sein Agnostizismus im Horizont jenes Denkens philosophiert, für das Wahrheit und Einheit konvertibel waren.[17] Was Hamilton, dem Motiv und Ziel seines Philosophierens entsprechend, mit diesem von ihm ansatzweise entfalteten Argument zu erreichen und zu rechtfertigen versucht, ist die Re-integration vereinzelter Theorien in die Ganzheit seines einheitlichen Entwurfs. Der Stellenwert, den Hamilton seinem Konsensargument anweist, verdeutlicht sowohl das unbeirrbare ursprüngliche Interesse, die Einheit des Denkens zu bewahren und wiederherzustellen, als auch die eigendynamische Tendenz des vereinzelt Gedachten, sich diesem Prozeß der Entdifferenzierung zu entziehen. Jedes Konsensargument teilt die Schwäche von Indizienbeweisen. Aber die beharrliche Anstrengung unseres Autors, die in ihrer Vereinzelung „haltlose" Denkfigur seinem philosophischen Gesamtentwurf einzugliedern, bezeugt die durchgehaltene Relationalität zwischen den „Teilen" und dem „Ganzen" dieses Denkens auf exemplarische Weise.

Die Anstrengung, in der aufrechterhaltenen Verhältnisdynamik aller „Teile" zum „Ganzen" die Einheit der erkennbaren Welt herzustellen, mißlingt im Modus ihres Vollzugs. Dieser modal mißlingende Versuch, die Einheit der erkennbaren Welt durch ein lückenloses Relationsgeflecht aller Bezugsgrößen herzustellen, muß mißlingen, weil die Gesamtheit des Erklärbaren von jenem nicht Erklärbaren konstituiert wird, das Hamilton als „Unbedingtes" bezeichnet. Die Anschauung der Einheit, Ziel aller philosophischen Reflexion,[18] gewinnt ihren Horizont im Blick aufs Unbedingte, das der begründende Grund des Bedingten ist. Anders gesagt: Die „Liebe zur Einheit", die sich in der Anstrengung artikuliert, das Verhältnis zwischen den reflexionsgebundenen Teilen und dem un-

[17] Nietzsche formuliert im ersten Hauptstück von „Menschliches, Allzumenschliches", das sich mit dem Schicksal der Metaphysik befaßt, als luzide Vermutung: „Vielleicht ist der *wissenschaftliche Beweis* irgendeiner metaphysischen Welt schon so *schwierig*, daß die Menschheit ein Mißtrauen gegen ihn nicht mehr los wird. Und wenn man gegen die Metaphysik Mißtrauen hat, so gibt es im ganzen und großen dieselben Folgen, wie wenn sie direkt widerlegt wäre und man nicht mehr an sie glauben *dürfte*." (F. Nietzsche, Werke in drei Bänden, hrsg. v. K. Schlechta. Bd. I, München 1966, S. 463)
[18] Vgl. D 87.

reflektierbaren Ganzen wider alles Mißlingen aufzuarbeiten, empfängt ihren Impuls aus dem „Streben nach dem Unbedingten", das auf den haltgebenden Grund dieser Erscheinungswelt gerichtet ist, ohne ihn je erreichen zu können.

Aber vom Unbedingten schweigen müssen, heißt nicht, es vergessen können. Wenn Hamilton schreibt: „Existence absolutely and in itself, is to us as zero",[19] so meint er damit den „Nullpunkt" der beiden Begrenzungen, zwischen denen die erkennbare Welt ausgespannt ist: den unerkennbar-unbedingten Grund der Dinge und den unerkennbar-unbedingten Grund des Bewußtseins. Wer die Spannung zwischen dem zweifachen „zero" jeder unverfälschten Philosophie durchhält,[20] weiß, daß sein Wissen von allem überhaupt zugänglichen „Etwas" ausgespannt ist zwischen diesem unzugänglichen, zweifach begrenzenden „Nichts". Damit ist auch im zeitlich-genetischen Sinne die „Spanne" des Philosophierens bezeichnet. Wer den Weg zwischen dem unreflektierten Nichtwissen des vorphilosophischen Denkens am Anfang und dem reflektierten Nichtwissen des philosophischen Denkens am Ende durchmessen hat, weiß schließlich „mehr", weil er „weniger" weiß, als er anfangs wußte. Nachdem das Bewußtsein seine ursprünglich naive Selbstgewißheit verloren und den Weg der reflektierten Selbsterkenntnis durchmessen hat, kommt es, einsichtig geworden, am vorläufigen Ziel auf seine Anfänge zurück.[21] Die so gewonnene Einsicht bleibt gleich weit entfernt von der Blindheit des Alltagsverstandes und von der Verblendung der Vernunft.

In dieser und nur in dieser Bedeutung ist Hamiltons „learned ignorance" angemessen zu verstehen: „There are two sorts of *Ignorance:* we philosophise to escape ignorance, and the consum-

[19] D 54.

[20] Vgl. L I 309.

[21] Es ist genau dieser Prozeß des auf seinen Ursprung sich zurückwendenden Denkens, den Hamilton am Kant der praktischen Vernunft wahrnimmt: „Kant ... derides the common sense of mankind ... he at last, however, found it necessary (in order to save philosophy from the annihilating energy of his ‚Speculative Reason') to rest on that very principle of an ultimate belief." (D 93) Obwohl sich für Hamilton Philosophie nur reflektierend verwirklicht, kann das unverzichtbare Geschäft des Reflektierens nach ihm niemals Selbstzweck und Ziel des Philosophierens sein (vgl. D 93 zum „argument from common sense").

mation of our philosophy is ignorance; we start from the one, we repose in the other; they are the goals from which, and to which, we tend; and the pursuit of knowledge is but a course between two ignorances, as human life is itself only a wayfaring from grave to grave... Science is a drop; nescience is the ocean in which that drop is whelmed. The highest reach of human science is indeed the scientific recognition of human ignorance..."[22] Hamiltons „learned ignorance" läßt sich darum weder in Richtung einer sittlich-religiös motivierten Demut[23] noch in Richtung einer unkritischen „Bescheidenheitsphilosophie"[24] deuten. Im Gegenteil, dieses einsichtig gewordene Nichtwissen ist kritischer Ausdruck überwundener Naivität.[25] Das Bewußtsein hat verstehen gelernt, die scheinbar definitiven Grenzen der Welt als die nur vorläufigen Grenzen seiner Erkenntnis dieser Welt zu durchschauen: als den begrenzenden Horizont, jenseits dessen das Unbedingte als Ziel aller Erkenntnis liegt. Die Unerreichbarkeit dieses Zieles ist jedoch kein Beweis für seine Nichtexistenz: „... it is not competent to argue, that what cannot be comprehended as possible by us, is impossible in reality".[26]

Hamiltons Versuch, die Erkenntnis der Welt aus der Spannung zwischen Bedingtem und Unbedingtem zu konstituieren, ist ihm häufig als unkritisches und unentschiedenes Kompromißdenken verübelt worden. Diese Sicht verkennt jedoch den prägenden Grundzug seines Agnostizismus. Bei Hamilton wird nämlich das, worüber man am *meisten* sagen kann, nur sagbar kraft seiner Spannung zu dem, worüber man am *wenigsten* sagen kann. Die sagbaren, weil erkennbaren bedingten Phänomena von Innen- und Außenwelt verdanken ihre Bedeutung dem unsagbaren, weil unerkennbaren unbedingten Grund von Innen- und Außenwelt. Erst der Bezug aufs Unerkennbare, das *in* seiner Unerkennbarkeit nicht angetastet oder gar vereinnahmt wird, macht das Erkennbare *in* seiner Erkennbarkeit bedeutsam. Die entscheidenden und entschiedenen Antworten,

---

[22] D 634.
[23] F. Nauen, a. a. O. S. 109–111.
[24] G. Geduldig, a. a. O. S. 115; vgl. ebd. S. 39, 77, 105.
[25] Vgl. dazu auch die von Hamilton zusammengestellten und kommentierten philosophischen Aussagen zur Begrenztheit menschlicher Erkenntnis: D 634–649.
[26] L II 404.

seien es die überkommenen oder die erwarteten, müssen darum unbeantwortet und in ihrer Fraglichkeit bestehen bleiben.

Hamiltons Agnostizismus tendiert zu einer Offenheit, der alle geschlossenen Positionen verdächtig sind. Dieser Tendenz haben sich Mansel und Huxley entzogen, weil sie die Spannung zwischen Erkennbarem und Unerkennbarem lösen wollten.

3. Agnostisches Denken bei Henry Longueville Mansel

3.1 Die Voraussetzungen

Mansel, der als treuester Schüler Hamiltons gilt,[1] rezipiert die „Philosophie des Bedingten“, um die Integrität christlichen Glaubens gegen ungerechtfertigte Erkenntnisansprüche zu verteidigen. Da er einerseits die philosophische Begrifflichkeit Hamiltons aufgegriffen und andererseits in einem theologisch-apologetischen Kontext gedacht hat, kann sich die Darstellung der Voraussetzungen seines Denkens vergleichsweise kurz fassen. Es genügt also, im Anschluß an eine einführende bio-bibliographische Skizze die erkenntnistheoretische Ausgangsposition Mansels knapp zu umreißen. Das Hauptaugenmerk gilt der spezifischen Gestalt und Signatur seines Agnostizismus.

3.11 Person und Werk

Henry Longueville Mansel (1820–1871)[2] wurde zu Cosgrove in Northamptonshire geboren und studierte ab 1839 in Oxford am

---

[1] Diese Auffassung, die im folgenden erheblich zu modifizieren sein wird, gründet sich vor allem auf die Tatsachen, daß H. L. Mansel zusammen mit J. Veitch die nachgelassenen Vorlesungen Hamiltons ediert (vgl. oben S. 22) und daß er während seiner Lehrtätigkeit in Oxford Hamiltons Philosophie sowohl mündlich als auch publizistisch verteidigt hat. So griff er in die von J. St. Mill gegen Hamilton geführte Kontroverse ein mit seiner Streitschrift „The Philosophy of the Conditioned. Comprising some Remarks on Sir William Hamilton's Philosophy, and on Mr. J. S. Mill's Examination of that Philosophy“, London and New York 1866. Diese Schrift basiert auf zwei Zeitschriftenbeiträgen, die Mansel im gleichen Jahr veröffentlicht hatte in: The Contemporary Review 1 (1866) 31–49, 185–219.

[2] Dieser einführenden bio-bibliographischen Skizze liegt folgende, chronologisch geordnete Literatur zugrunde: J. W. Burgon, Lives of Twelve Good Men, London 1888. Vol. II, p. 149–237; L. Stephen, Mansel, Henry Longueville, in:

St. John's College. Nach seinem Bakkalaureatsexamen (1843) an demselben College zum Tutor bestellt, wurde er 1845 Geistlicher der anglikanischen Staatskirche. Seit 1855 war Mansel „Reader" und seit 1859 Professor für Moraltheologie und Metaphysik am Magdalen College, Oxford. 1866 wurde er an diesem College zum Professor für Kirchengeschichte, 1868 zum Dekan der St. Paul's Cathedral in London berufen.

Hinter diesen spärlichen Daten verbirgt sich das Leben einer vielseitig veranlagten Persönlichkeit. Als etwa Zwanzigjähriger studierte Mansel vornehmlich die englischen Theologen des 18. Jahrhunderts und frühe Kirchengeschichte. Außerdem lernte er Französisch, Deutsch und Hebräisch. Sein Arbeitseifer, sein Formulierungsgeschick, sein eminentes Gedächtnis und nicht zuletzt sein unaufdringliches Wesen gewannen ihm die Wertschätzung von Lehrern und Studenten. Literarisch gebildet, geistreich in der Unterhaltung und von geselligem Naturell, war er bei den Gesprächen im „common room" tonangebend und allgemein beliebt. Als Theologe und Hochschullehrer vertrat Mansel die Prinzipien der konservativen „Tories". In seinem philosophischen Denken auf Hamilton und Cousin rekurrierend, war er mit den Hauptschriften des zeitgenössischen Deutschen Idealismus dank seiner Deutschkenntnisse erstaunlich gut vertraut. Mansel war einer der entschiedensten Gegner des Hegelianismus, der in Oxford wachsenden Einfluß gewann.[3] Es ist daher kein Zufall, daß die an ihm gerühmten Charakterzüge – Liebenswürdigkeit und Bescheidenheit – in seinen Kontroversschriften verschwindend geringe Spuren hinterlassen haben.

Von den Schriften Mansels werden hier nur jene genannt und im folgenden zugrundegelegt, die im engeren Sinne für unsere Themenstellung relevant sind:[4] sein großer Artikel „Metaphysics" in

---

Dictionary of National Biography, ed. by L. Stephen and L. Lee, London 1890. Vol. XXXVI, p. 81–83; G. E. Davie, Mansel, Henry Longueville, in: Enc Phil V 152 f.

[3] Hamilton schreibt 1853 in einem seiner Beiträge zur Reform der englischen Universitäten: „I am told, that Hegelianism is making way at Oxford. This may be good or it may be bad: the doctrine is good to controvert; it is bad to believe." (D 788, Anm.)

[4] Eine vollständige Aufzählung der Werke Mansels findet sich bei L. Stephen, a. a. O. S. 83.

der achten Auflage der „Encyclopaedia Britannica“ (1857)[5], sein aus den „Bampton Lectures“ hervorgegangenes Werk „The Limits of religious Thought“ (1858)[6] und sein Sammelband „Letters, Lectures and Reviews“ (1873)[7].

3.12 Erkenntnistheoretische Ausgangsposition

3.121 Begriffe

Mansels Denken ist im wesentlichen von den begrifflichen Kategorien Hamiltons bestimmt. Davon zeugt, grundsätzlich und allgemein, einerseits seine Lehrtätigkeit – Mansel hat Hamiltons Philosophie nach Oxford gebracht – und andererseits sein Artikel „Metaphysics“ in der „Encyclopaedia Britannica“. Dieser Artikel gliedert die Metaphysik in „Psychologie“ als Wissenschaft von den bedingten Tatsachen des Bewußtseins und in „Ontologie“ als Wissenschaft von diesen Bewußtseinstatsachen in ihrem Verhältnis zum Unbedingten; da nur das Bedingte erkennbar, das Unbedingte aber unerkennbar sei, bleibe wahre Philosophie auf den „psychologisch“ zugänglichen Bereich der Erscheinungen begrenzt. Während die Kategorien dieses Artikels Mansel als Hamilton-Schüler ausweisen, nimmt die eigenwillige Aufteilung der Metaphysik bereits den er-

---

[5] Dieser Artikel erschien separat unter dem Titel „Metaphysics, or the Philosophy of Consciousness“, Edinburgh 1860.

[6] Gemäss dem Willen ihres Stifters und Namengebers John Bampton sind diese jährlich zu haltenden acht Vorlesungen dazu bestimmt, „to confirm and establish the Christian Faith, and to confute all heretics and schismatics ...“ (RT, p. IV). – Daß sich Mansel nicht erst in den „Bampton Lectures“, sondern grundsätzlich als Apologet des christlichen Glaubens verstand, wird auch in seinen Aufsätzen offenkundig.

[7] Dieser Band enthält folgende Beiträge: The Philosophy of Language (p. 3 ff.). – Recent Extensions of Formal Logic (p. 39 ff.). – The Limits of Demonstrative Science considered (p. 79 ff.). – Man's Conception of Eternity. An Examination of Mr. Maurice's Theory of a fixed state out of time (p. 111 ff.). – Psychology the Test of Moral and Metaphysical Philosophy (p. 125 ff.). – On the Philosophy of Kant (p. 157 ff.). – Modern German Philosophy (p. 189 ff.). – Sensation Novels (p. 215 ff.). – Modern Spiritualism (p. 255 ff.). – Freethinking – its History and Tendencies (p. 293 ff.). – Philosophy and Theology (p. 339 ff.). – On Utility as a Ground of Moral Obligation (p. 363 ff.). – On the Idealism of Berkeley. A Fragment (p. 381 ff.). – Scenes from an unfinished Drama, entitled „Phrontisterion, or Oxford in the 19th Century (p. 392 ff.).

kenntnismetaphysischen Dualismus vorweg, durch den sich der apologetische Theologe vom Denken seines philosophischen „Lehrers“ entfernen und schließlich völlig entfremden wird.

Mansel verdankt der „Philosophie des Bedingten“ das begriffliche Instrumentar. Sein Denken ist bis in die Wahl der Formulierungen hinein von Hamilton bestimmt. So verwirft er in seinem Aufsatz „Psychology the Test of Moral and Metaphysical Philosophy“ geistige Besitzhaltung zugunsten geistiger Tätigkeit („intellectual activity“), die ihren immanenten Nutzen („utility“) habe und einem gebieterischen Bedürfnis unserer Natur („imperative want of our nature“) entspringe: „The demand of that want is, that we should reconcile consciousness with itself.“[8] Philosophie wird damit zur Bewußtseinsphilosophie im Sinne der Hamiltonschen „Psychologie“, für die Erkenntnis so weit reicht wie die Relationen des Bewußtseins zu den Erscheinungen von Innen- und Außenwelt.[9] Die Erkenntnis des Erscheinenden verweise auf das unerkennbare Sein der Erscheinungen, dessen Geheimnis („mystery“) der Metaphysiker keineswegs lösen könne, aber *als* unlösbar begründen müsse.[10] Alles Denken sei als Denken begrenzt, jenseits dieser Grenzen unphilosophisch und „selbstmörderisch“.[11]

Diese Hinweise mögen genügen, um anzudeuten, in welchem Maße Mansel der Begrifflichkeit Hamiltons verpflichtet ist. Er selbst bekennt sich ausdrücklich zu dem übernommenen Erbe und nennt Hamilton „the greatest philosophical critic of the age“[12], dessen Name gewiß einst zu den größten in der Geschichte der englischen Philosophie zählen werde.[13]

---

[8] LLR 140 f.; vgl. LLR 182: „The duty of philosophy is, not to transcend consciousness, but to make consciousness at unity with itself.“

[9] LLR 136 f., 146, 148, 157.

[10] LLR 144: „All that experience conveys to us is finite: yet are we compelled to conceive the Finite only as existing by and in relation to the Infinite. The perception of phenomena suggests the idea of Being; and from Being we are irresistibly carried on to the foundation of all Being; from that which is, to that which must be; from that which exists dependently, to that which exists in itself.“ - L 147: „I do not say that it is the duty of the metaphysician to solve this mystery of Being; but it is his duty to find out why it is insoluble.“

[11] LLR 209, 211, 141 f.

[12] LLR 80.

[13] LLR 183 f.

3.122 Argumente

Auch in der Auseinandersetzung mit abweichenden philosophischen Positionen verwendet Mansel im wesentlichen die Argumente Hamiltons. Davon zeugen sowohl die Ausführungen seiner gegen J. St. Mill gerichteten Streitschrift „The Philosophy of the Conditioned" als auch die gezielten Attacken seiner Aufsätze und der „Bampton Lectures".

Mansel hält *Mill* entgegen, daß das erkennbare Relative unleugbar auf ein Absolutes verweise, das gerade in seiner Absolutheit nicht zu erkennen sei. Obwohl alle Erkenntnis auf die Erscheinungen der Dinge beschränkt bleibe, erschöpfe sich darin nicht das Sein der Dinge: „You are the victim, says the Positivist, of your own delusions. Being itself is a delusion. There exists nothing in nature but phenomena; dreaming theorists have invented the rest. It may be so; but how came they to invent it? The dogmatic assertion of nonexistence helps us no more than the dogmatic assertion of existence."[14]

Obwohl Mansels *Kant*-Interpretation ausführlicher ist als die Hamiltons, kommt er aufs Ganze gesehen zu denselben Schlußfolgerungen.[15] Da die Gegenstände des Bewußtseins nach Kant nicht als genaue Nachbildungen der Dinge, wie sie sind, betrachtet werden könnten, blieben die Dinge an sich menschlichen Fähigkeiten unbekannt und unerkennbar.[16] Das Wirkliche sei insofern identisch mit dem Absoluten, als es der Relation zum erkennenden Subjekt entzogen sei: „It is the great merit of Kant's criticism to have brought this question to a decisive issue. The unconditioned, i. e., that which depends on no antecedent law of matter or mind, – in other words, the absolute or the real, – is inconceivable by human consciousness."[17] Kant verwickle sich jedoch in zwei gravierende, folgenschwere Widersprüche. Er verstehe die spekulative

---

[14] LLR 147. – LLR 81: „The theory which refers all knowledge to the single source of Experience, I have always considered to be, under any explanation to which it has been subjected, untenable." – Vgl. auch RT 166.

[15] Innerhalb seines Aufsatzes „On the Philosophy of Kant" resümiert Mansel LLR 164–172 sachlich richtig und darstellerisch gekonnt die wichtigsten Denkschritte der „Kritik der reinen Vernunft".

[16] LLR 198 f.

[17] LLR 171.

Vernunft als selbständige, vom Verstand verschiedene und ihm überlegene Fähigkeit – und die praktische Vernunft als selbständige, von der spekulativen Vernunft verschiedene und ihr überlegene Fähigkeit.[18] So habe dieser unvergleichliche Philosoph, dem in seinem eigenen Lande nicht die gebührende Achtung zuteil geworden sei, zwar eine Lektion der Bescheidenheit gelehrt, zugleich aber dazu beigetragen, daß entgegen dem *logischen* Ergebnis seiner Prinzipien als *historisches* Ergebnis eine Philosophie des Absoluten und Unendlichen aufkommen konnte – „the most systematic and consistent (even in absurdity) that has yet been given to the world"[19].

Der *Idealismus*, den der Aufsatz „Modern German Philosophy" erörtert, ist nach Mansel unakzeptabel. Die Schriften der zeitgenössischen Idealisten ließen die von jeher zwischen den beiden Nationen bestehende abgründige Verschiedenheit des Philosophierens erkennen. Mansel schreibt: „... idealism is a form of philosophy which has never greatly flourished on English soil, and the tendencies of the present age especially are by no means favourable to its growth."[20] Deutsche Philosophie sei dunkel und nebulos.[21] Während sie die Vernunft verselbständige und monistisch („unitarian") sei, basiere die englische Philosophie auf den instinktiven Überzeugungen des common sense und auf dem natürlichen Dualismus von Ich und Nicht-Ich.[22] Diese idealistischen Systeme hingegen seien von dem Irrtum durchdrungen, „that a philosophy of the absolute can only be reached by transcending the laws of human consciousness".[23]

Der vorangegangene Abschnitt brachte neben Gemeinsamkeiten zwischen „Schüler" und „Lehrer" zwei Züge zum Vorschein, in denen Mansel von Hamilton abweicht. Mansel zitiert ausführlicher aus den Schriften des zeitgenössischen Deutschen Idealismus,[24] ob-

---

[18] LLR 172–182.

[19] LLR 80, 182.

[20] LLR 382, 189.

[21] Mansel spricht von den „clouds and fogs of Teutonic metaphysics" (LLR 190); von Schelling und Hegel als den beiden Philosophen, „whose modes of thought are most removed from an Englishman's point of view" (LLR 191); von den „dark sentences" Hegels (RT 158).

[22] LLR 191–193, 201–206.

[23] LLR 210.

[24] Im Text und vor allem im ausgedehnten Anmerkungsapparat der „Bampton Lectures" (der etwa die Hälfte des vierhundertseitigen Bandes ausmacht) läßt

wohl man sofort hinzufügen muß, daß er dabei keine ins Gewicht fallenden Ergebnisse gewinnt, die über Hamiltons Auseinandersetzung mit dem idealistischen Denken hinausgehen. Weiterhin sind Mansels Erläuterungen leichter verständlich, obwohl ihre Plausibilität nicht selten durch vage Formulierungen zustande kommt. Diese graduellen Unterschiede treten jedoch hinter dem spezifischen Charakteristikum zurück, das nun zu entfalten ist: Mansel isoliert den bei Hamilton nur angedeuteten, unausgeführt gebliebenen religionsphilosophischen Aspekt[25] agnostischen Denkens, um ihn auf die Theologie seiner Zeit zu applizieren. Er versucht, genauer gesagt, die Unantastbarkeit der christlichen „Offenbarungslehren" durch ein agnostisch bestimmtes Erkenntnismodell abzusichern.

3.2 Die Grenzen religiöser Erkenntnis

Mansel will die Eigenständigkeit der christlichen „Offenbarungslehren" gegen Übergriffe illegitimen Denkens durch den Einsatz legitimen Denkens verteidigen. Dieses Interesse, das auch in einigen Aufsätzen zutagetritt, wird in den „Bampton Lectures" thematisiert. Dort versteht sich Mansel ausdrücklich als Apologet, der die Berechtigung philosophischer Spekulationen in Religion und Theologie überprüfen will. Respektvoll nennt er Hamilton, der die Grenzen menschlichen Denkens am besten theoretisch dargelegt, und Joseph Butler,[26] der diesen Grenzen am überzeugendsten

---

sich verfolgen, wie Mansel das spekulative Denken über das Absolute zunächst bei Plotin und den griechischen Kirchenvätern, bei Meister Eckehart und Angelus Silesius, bei Spinoza, Leibniz, Wolff und schließlich bei Schelling und Hegel aufsucht (vgl. etwa RT 30 f., 39, 41, 46, 49–51, 292, 296, 298, 305, 338) – und wie er sodann die „Grenzüberschreitungen" Hegels *auch* bei den Linkshegelianern fortgeführt sieht; so wird die durch D. F. Strauß und L. Feuerbach vorgenommene „deification of Humanity" kritisiert (vgl. etwa RT 293, 320–322).

[25] RT 101: „The purpose of our inquiry is to ascertain the limits of religious thought; and, for this purpose, it is necessary to proceed from the limits of thought and of human consciousness in general, to those particular forms of consciousness which, in thought or in some other mode, especially constitute the essence of Religion." – Vgl. auch RT 26, 29, 32, 257, 339. – Mansel verwendet, um sein Untersuchungsverfahren zu kennzeichnen, wechselweise und ohne ausdrücklich zu unterscheiden, die Termini „philosophical Theology" (RT, p. V), „religious philosophy" (RT 1) und „philosophy of Religion" (RT 34, 127, 362).

[26] Der anglikanische Bischof Joseph Butler (1692–1752) hat mit seinem gegen

praktische Anerkennung verschafft hat,[27] als Gewährsleute. Mansel stellt die Aussage Hamiltons „No difficulty emerges in theology, which not had previously emerged in philosophy“[28] seinem Buch als Motto voran. Im Sinne dieser Aussage will er die Vernunftkritik der „Philosophie des Bedingten“ auf den Bereich der religiösen Erkenntnis applizieren.

Damit ist das Programm vorgezeichnet. Nach Mansel müssen alle religiösen Systeme („religious systems“) davon ausgehen, daß Vernunft und Glaube („Reason and Faith“) völlig verschiedenen Bereichen zugeordnet sind. Darum kann und darf nicht die Religion – weder die natürliche noch die geoffenbarte – der Kritik unterworfen werden, sondern der menschliche Geist in seiner Beziehung („relation“) zur Religion.[29] Aus einer sorgfältigen und unvoreingenommenen Untersuchung der konstitutiven Bedingungen des menschlichen Geistes resultiert jedoch, daß alle Erkenntnis auf den Bereich des Relativen begrenzt ist.[30] Da die Vernunft also über das Wesen Gottes und die Legitimität der Offenbarung keinerlei Aussagen treffen kann und darf, ist eine Beurteilung der Religion innerhalb der Grenzen der Vernunft, wie Kant sie vornahm, nach Mansel von vornherein abzulehnen.[31] Theologie, so heißt es unmißverständlich, ist einzig als „Zweig der Psychologie“ intellektuell verantwortbar.[32] Das Ausmaß menschlicher Erkenntnis liegt demnach – auch im religiösen Bereich – zwischen totaler Ignoranz

---

den zeitgenössischen Deismus gerichteten Werk „The Analogy of Religion, natural and revealed, to the constitution and course of Nature“ (1736) die anglikanische Theologie nachhaltig beeinflußt. So ist etwa J. H. Newmans „Grammar of Assent“ (1870) ohne Butlers „Analogy“ undenkbar; es kann hier nur erwähnt werden, daß derselbe Newman auch mittelbar durch Mansels „Limits“ zur Abfassung seiner „Grammar“ angeregt wurde, obwohl die Argumentationsweise der beiden Werke erheblich von einander abweicht.

27 RT, p. VIII f.

28 D 625 f. – Diese Aussage macht Mansel zu seinem „ceterum censeo“, das er immer wieder zitiert, paraphrasiert und kommentiert; vgl. RT 28, 61, 99, 148, 170, 197 f., 219; LLR 350. – Als weiteres Motto wählt Mansel einen Satz von „Bishop Berkeley“: „The objections made to faith are by no means an effect of knowledge, but proceed rather from an ignorance of what knowledge is.“ Die Herkunft der beiden Zitate wird von Mansel nicht belegt.

29 RT 24.

30 Vgl. RT 23–26, 34, 37, 60, 65 f., 69 f., 105 f.

31 RT 16, 62, 183, 194, 393.

32 „... a branch of Psychology ... Its primary concern is with the operations

und Allwissenheit.[33] Obwohl Mansel einräumt, daß falsche Bescheidenheit oft ebenso gefährlich sein kann wie falscher Stolz, gilt seine Kritik und Polemik ausschließlich den Befürwortern anmaßenden Denkens. Dabei unterscheidet er zwischen „Dogmatikern", welche die Legitimität der biblischen Offenbarung aus Vernunftgründen beweisen wollen, und „Rationalisten", welche diese Legitimität aus Vernunftgründen entkräften wollen.[34]

Mansel legt auf diese von ihm bis zum Überdruß strapazierte Unterscheidung größten Wert, obwohl sie mehr verwirrt als klärt. Denn „Dogmatismus" hat hier fast dieselbe Bedeutung wie in Kants Metaphysik-Kritik und bedeutet keineswegs einen *Anti*-Rationalismus, der die Unerklärbarkeit der Dogmen des christlichen Glaubens befürwortete. Das gerade Gegenteil ist der Fall. Weil also die „Dogmatiker" ein unmittelbares, ungeprüftes *Wissen* (von Gott) – und die „Rationalisten" ein ebenso unmittelbares, ungeprüftes *Wissen* (vom Menschen) beanspruchen, überschätzen *beide* Gruppen ihre Möglichkeiten. Mansel sieht das nicht. Er ist so sehr auf die *unterschiedlichen Interessen* dogmatischen und rationalistischen Denkens fixiert, daß er deren *übereinstimmend ungerechtfertigten Erkenntnisanspruch* übersieht, obwohl diese Gemeinsamkeit den erkenntnistheoretisch entscheidenden Aspekt darstellt. Mag das dogmatische Denken konstruktive, das rationalistische Denken destruktive Absichten verfolgen – ihre Illegitimität wurzelt in dem gleichen Mangel an vernunftkritischer Selbsteinschätzung. Wenn nämlich Gott in seiner Absolutheit ebenso unerkennbar bleiben soll wie das menschliche Bewußtsein in seiner Absolutheit,[35] wird

---

and laws of the human mind; and its special purpose is to ascertain the nature, the origin, and the limits of the religious element in man; postponing, till after that question has been decided, the further inquiry into the absolute nature of God." (RT 35) – Mit dieser Aussage teilt Mansel das Unternehmen des *Vernunftkritikers* Kant, während er den *Religionsphilosophen* Kant beiläufig den „Rationalisten" zuzählt (RT 194, 393).

[33] RT 23 f.

[34] Mansel erklärt die Bedeutung dieser unterschiedlichen Positionen vor allem in den ersten beiden Vorlesungen seiner „Limits of Religious Thought"; vgl. besonders RT 1 f., 4–6, 8–10, 14 f., 40–43.

[35] Insofern Gott *und* Mensch ihrem absoluten Sein nach unerkennbar sind, kann Mansel in einer nur scheinbar paradoxen Formulierung erklären: „Reason gains nothing by repudiating Revelation; for the mystery of Revelation is the mystery of Reason also." (RT 178; vgl. RT 217, 223)

auch der Dogmatismus zu einem Rationalismus. Mansel verkennt diese Konsequenz. So hat seine Unterscheidung zwischen „Dogmatikern“ und „Rationalisten“ zwar historisch und zeitgeschichtlich durchaus ihre Berechtigung.[36] Sie ist aber erkenntnistheoretisch bedeutungslos und braucht uns daher nicht weiter zu beschäftigen.

Insofern das menschliche Bewußtsein in seiner konstitutiven Begrenztheit nur das Relative und Endliche zu fassen vermag, nicht jedoch das Absolute und Unendliche,[37] gilt diese Begrenztheit gleichermaßen für philosophische und theologische Erkenntnis. So bleibt beispielsweise das „unbekannte Etwas“ der Kausalität ebenso absolut verborgen wie das „unbekannte Etwas“ Gottes: „The Principle of Causality ... is to the philosopher what the belief in the Existence of God is to the theologian“; deshalb läßt sich zwar klar sagen, was Kausalität und Gott *nicht* sind, nicht aber, was sie sind.[38] Dennoch drängt sich das Absolute dem menschlichen Geist als Ergänzung („complement“) des Realativen auf, und dieses Verwiesensein gilt gleichermaßen für philosophische und theologische Erkenntnis.[39] Demnach können wir Personalität als *unsere* Perso-

---

[36] In seinem Aufsatz „Freethinking – its History and Tendencies“ interpretiert Mansel die Deisten des 18. Jahrhunderts als Vorläufer und Ideengeber des zeitgenössischen Rationalismus (vgl. besonders LLR 293, 305, 316, 333 f., 336). Dieser Deutung wird man kaum widersprechen können. Es ist jedoch bezeichnend für den spezifischen, von Mansel gewählten apologetischen Ansatz, daß er die keineswegs antichristliche Absicht der Deisten entweder verkennt oder bewußt verschweigt. Ihm kommt es allein darauf an, die alten und neuen Rationalisten mit ihren eigenen Waffen zu schlagen: Um eine Philosophie des Unendlichen entwickeln und damit Gottes Offenbarung zugleich beurteilen und kritisieren zu können, müßte der menschliche Verstand (reason) grundsätzlich und allgemein zur Erkenntnis des Unendlichen fähig sein; da er jedoch weder im philosophischen noch im religiösen Bereich zur Erkenntnis des Unendlichen fähig ist, sind die Begriffe der Rationalen Theologie selbstzerstörerisch (self-destructive) und selbstmörderisch (suicidal) – „those Babels of Reason, which Philosophy has built for itself“ (RT 229. – Vgl. RT 50, 70 f., 76, 92–94, 185, 219, 233, 264).

[37] RT 94 f.: „Our whole consciousness manifests itself as subject to certain limits, which we are unable, in any act of thought, to transgress. That which falls within these limits, as an object of thought, is known to us as *relative* and *finite* ... The Absolute and the Infinite are thus, like the Inconceivable and the Imperceptible, names indicating, not an object of thought and of consciousness at all, but the mere absence of the conditions under which consciousness is possible ...“ – Vgl. RT 183.

[38] RT 172 f.

[39] Vgl. RT 67, 266.

nalität zwar nur begrenzt und relativ denken, doch das Bewußtsein dieser Begrenztheit und Relativität ermöglicht den Gedanken, daß eine unendliche und absolute Person existiert.[40] Dieser Gedanke – oder dieses „faintest image of the supreme reality of God“, wie Mansel vage sagt[41] – wird jedoch nur möglich, wenn wir unseren Personbegriff in seiner Begrenztheit negieren und in seiner Gegebenheit ins Unendliche überhöhen, ohne freilich der Selbsttäuschung zu verfallen, auf diese Weise den Gott der Offenbarung begriffen zu haben.[42]

Es braucht nur angedeutet zu werden, daß in diesem Gedankengange Mansels sowohl die von Hamilton getroffene Unterscheidung zwischen erkennbarer „Daß“-Existenz und unerkennbarer „Was“-Existenz (im Sinne des aristotelischen ὅτι und διότι) als auch dessen problembefrachtetes „negatives Denken“ aufgegriffen und appliziert wird, wenn auch in weit geringerer Distinktheit.[43]

Nach Mansel ist das „Daß“ der Existenz Gottes menschlichem Bewußtsein positiv, das „Was“ und „Wie“ dieser Existenz hingegen nur negativ gegeben. An diesem Punkt der Erörterungen führt der Autor jedoch seine Variante des – Butler verdankten – Analogiedenkens ein. Die auf seiten des menschlichen Bewußtseins gegebene Entsprechung zwischen philosophischer und religiöser Erkenntnis – sie bildet den Ausgangspunkt des Manselschen „Programms“ – wird nun ergänzt durch die von seiten Gottes hergestellte Akommodation seiner Äußerungen an das Fassungsvermögen menschlicher Vernunft. Während der verborgene Grund Gottes und seiner Offenbarung menschlicher Vernunft nicht zugänglich ist, entsprechen die Äußerungen Gottes in ihren Bedingungen und Artikulationsformen den Bedingungen und Artikulationsformen, derer sich menschliche Vernunft bedient und bedienen muß. Die „Offenbarungslehren“ sind nach den Absichten der Vorsehung Gottes *relativ* zur Konstitution ihrer Adressaten, und deshalb sind die biblischen Anthropomorphismen der menschlichen Phänomener-

[40] RT 84–87, 89.
[41] RT 87.
[42] RT 198: „Reason does not deceive us, if we will only read her witness aright ... The light that is within us is not darkness; only it cannot illuminate that which is beyond the sphere of its rays.“
[43] Vgl. etwa RT 72, 120–122, 147.

kenntnis *analog.*[44] Gott hat den Menschen nicht spekulative, transzendente Wahrheiten über seine absolute Natur, sondern *regulative* Wahrheiten mitgeteilt, die den Fähigkeiten des Menschen zugänglich und seinen religiösen Bedürfnissen („religious wants") angepaßt sind.[45]

Die Analogizität zwischen göttlicher Offenbarung und menschlichem Bewußtsein wird von Mansel eindringlich und in großer Breite entfaltet. Man erwartet als Ergebnis seiner Darlegungen die Schlußfolgerung, daß dem allgemeinen menschlichen „Bedürfnis", erkennen zu *wollen,* nun auch im religiösen Bereich die Möglichkeit offen steht, erkennen zu *können.* Es scheint zunächst tatsächlich so, als beabsichtige er, im Zuge seiner antirationalistischen Bemühungen um den Aufweis der Legitimität begrenzter religiöser Erkenntnis abschließend dieses Ziel anzusteuern. Denn mit der wechselseitigen artikulativen Angemessenheit von menschlichem Bewußtsein und göttlicher Offenbarung ist auch die letzte, bislang noch nicht gegebene Voraussetzung geschaffen, unter der legitime, inhaltlich bestimmte religiöse Erkenntnis möglich ist. Mansel unterläßt jedoch diesen Schritt und gibt seiner Argumentation eine einschneidend andere Wendung.

Nach ihm ist das Ziel der Religion nicht Erkenntnis, sondern Praxis.[46] Dieses Ziel der Religion bestimmt sich aus ihrem Ursprung. Ihr Ursprung aber liegt nicht in dem Bedürfnis, zu erkennen und zu reflektieren, sondern in dem Bedürfnis, anzuschauen und zu fühlen. Religion entspringt der sittlichen Natur des Menschen mit ihrem Gefühl der Abhängigkeit und der sittlichen Ver-

---

44 RT 29, 74, 166.

45 RT 143–147, 195, 362. – Daß Mansel sachlich und terminologisch die transzendentale Dialektik der Ersten Kritik Kants unmittelbar, das heißt ohne den in diesem Fall verschlossenen Umweg über Hamilton aufgreift, zeigt sich noch deutlicher in einigen seiner Aufsätze; vgl. etwa LLR 120: „... regulative ideas, of which the purpose is to accomodate Revelation to human faculties, not to require us to transcend them". Weil er jedoch die „regulativen Ideen" nicht mit jenem Kant anerkennen will, der Religion auf die „Grenzen der bloßen Vernunft" festlegt, gibt er ihnen mit J. Butler (s. oben Anm. 26) die Bedeutung von „analogen" Wahrheiten.

46 Auch das Ziel der Philosophie ist nach seiner lapidaren Feststellung nicht Erkenntnis, sondern Praxis: „Action, and not knowledge, is man's destiny and duty in this life; and his highest principles, both in philosophy and in religion, have reference to this end." (RT 149)

pflichtung.[47] Gott, der Schöpfer, hat die sittliche Natur des Menschen geschaffen. Er hat sie jedoch nicht mit einer absoluten Moralität ausgestattet, sondern mit einer relativen, dem Menschen angemessenen Moralität. Gott, der Offenbarer, stellt sich auf diese relative Moralität mit ihren sittlich-religiösen Bedürfnissen ein, indem er sich nicht in seinem absoluten Sein, sondern anthopomorphistisch äußert.[48] Die biblischen Anthropomorphismen vermitteln die sittlichen Eigenschaften Gottes in einer Form, die dem sittlichen Gefühl („moral sense") des Menschen angepaßt ist und die ihm deshalb die Möglichkeit gibt, danach zu leben und zu handeln: „Revelation, to have any practical effect, must be adapted to the constitution of its human recipient, not to that of its Divine Author ..."[49]

Mansel zufolge verzichtet der offenbarende Gott auf eine Offenbarung seines absoluten Wesens, weil alle menschliche Erkenntnis relativ ist. Doch auch in ihrer relativen, dem menschlichen Geist zugänglichen Gestalt zielt die Offenbarung nicht darauf, religiöse Erkenntnisse zu vermitteln. Solche Erkenntnisse werden zwar gegeben, aber niemals um ihrer selbst willen. Gleich welche „Offenbarungslehren" dem Geist des Menschen zugänglich gemacht wurden – sei es der Ursprung der Sünde, die Erlösung durch Christus, die Rechtfertigung aus dem Glauben, das Zusammenwirken von

[47] Mansel bezieht sich hier ausdrücklich auf Schleiermacher. Indem er jedoch hinzufügt, daß mit diesem Gefühl – trotz seiner Unabweisbarkeit – keinerlei unmittelbare Kenntnis Gottes gegeben ist, kritisiert er ebenso ausdrücklich die aus Schleiermacher ableitbaren Konsequenzen (RT 106–110, 113 f., 116, 357–359).

[48] RT 150 f., 153 f., 208.

[49] LLR 116. – Auf diesen Aspekt konzentriert sich J. St. Mill, der das gesamte siebente Kapitel seiner „Examination" der Kritik an Mansel vorbehalten hat. Das Kapitel führt die Überschrift „The Philosophy of the Conditioned as applied by Mr. Mansel to the Limits of religious Thought" (a. a. O. p. 111–135; deutsch: a. a. O. S. 128–154). Er kritisiert an Mansel vor allem, daß dessen vorgebliches Analogiedenken ein böses Spiel mit Worten treibe. Seine Theorie mißachte die Univozität der Bedeutungen sprachlicher Aussagen und füge der Christenheit größten Schaden zu. Wenn die Attribute Gottes – wie etwa „Güte" und „Gerechtigkeit" – absolut bedeutungsverschieden seien von den gleichnamigen menschlichen Attributen, werde die Forderung unzulässig, menschliche Moralität auf die Anerkennung dieser göttlichen Attribute zu verpflichten. Mill stellt daher fest, Mansel habe aus Hamiltons Prämissen die falschen Schlüsse gezogen. Diese Beurteilung ähnelt zwar der meinen, ist jedoch anders begründet, insofern sich Mills Argumentation auf die Erhebung sprachlogischer Widersprüche konzentriert.

menschlicher Willensfreiheit und göttlicher Vorsehung[50] –, religiöse Erkenntnisse sind nichts anderes als unentbehrliche Vehikel zur Ermöglichung religiös-sittlicher Praxis und haben darum eine ausschließlich funktionale oder – wie Mansel sagt – „regulative" Bedeutung.[51] Wenn Mansel davon ausgeht, daß menschliche Vernunft im Bereich der Religion als sittliche Vernunft praktisch werden will, und wenn er dann dazu übergeht, göttliche Offenbarung als Ermöglichung dieser Praxis zu interpretieren, können zwischen menschlicher Vernunft und göttlicher Offenbarung keine Widersprüche mehr auftreten.[52] Die so erreichte Widerspruchslosigkeit wird allerdings um einen hohen Preis erkauft.[53] Mansels Integrationsmodell gelingt nur auf Kosten einer Trennung: Die religiöse Erkenntnis wird einzig und allein der religiösen Praxis zugeordnet. Die ausschließlich auf Moralität fixierte *Erkenntnis* erzwingt aber einen ausschließlich auf die Mysterien der Offenbarung fixierten *Glauben:* „... we find ourselves compelled to walk by faith, and not by sight; – to admit that we have knowledge enough to guide us in our moral training here; but not enough to unveil the hidden things of God."[54]

Diese Aufforderung, unter Denkverzicht zu glauben, empfindet Mansel selbst jedoch keineswegs als Überforderung, sondern als konsequente Folge der Unerkennbarkeit des Unendlichen.[55] Weil

---

[50] Vgl. RT 210–232.

[51] RT 141, 240 f.

[52] RT 166, 211.

[53] Die erkenntnistheoretischen Konsequenzen werden uns im folgenden beschäftigen. Historisch betrachtet, hat Mansel diese Widerspruchslosigkeit dadurch zustandegebracht, daß er heterogene Elemente des Butlerschen Analogiedenkens, der Kantschen Ethik und der Hamiltonschen Philosophie des Bedingten zunächst aus ihren ursprünglichen Kontexten herauslöste und dann einander zuordnete.

[54] RT 210.

[55] Von dem Versuch, das Absolute und Unendliche zu denken, heißt es: „It proves our own impotence, and it proves nothing more. Or rather, it indirectly leads us to *believe* in the existence of that Infinite which we cannot *conceive...*" (RT 95) – Der ein knappes Jahrzehnt nach den „Bampton Lectures" erschienene Aufsatz „Philosophy and Theology" zieht die Schlußfolgerung: „Hence it is quite consistent with the pretensions of such a philosophy, both to admit the existence of difficulties which it is unable to explain and doubts which it is unable to solve, and also *to supply the deficiencies of reason by an appeal to faith ...*" (LLR 341) – (Hervorhebungen in beiden Belegen von mir)

das Endliche und das Unendliche nebeneinander „koexistieren", wie Mansel schreibt, müssen wir, wenn die Vernunft versagt, „Zuflucht im Glauben" suchen; so glauben wir, obwohl wir nicht verstehen.[56] Statt den von ihm aufgerissenen Zwiespalt zu bedauern, spricht Mansel voller Befriedigung von den „getrennten Bereichen der Vernunft und des Glaubens", die der Mensch nicht „versöhnen" darf.[57] Nach ihm ist der Glaube an den unendlichen Gott und seine Mysterien durchaus vereinbar mit der spekulativen Unfähigkeit, Gott und seine Mysterien zu erkennen.[58] Gott hat das „Fundament" jener Stadt gelegt, deren Bau die von ihm bestellten Arbeiter vollendet haben: die Stadt des Glaubens, deren Mauern der christliche Apologet verteidigen muß. Die „positive Seite" dieses Glaubens bilden die inhaltlich bestimmten Offenbarungslehren.[59] Sie müssen, entgegen dem aufbegehrenden Stolz der Vernunft, unbedingt angenommen werden. Der jenseits von Vernunft oder Unvernunft zu leistende Glaube hat sich dem ausdrücklichen Wortlaut der biblischen Schriften als einzigem Kriterium zu unterwerfen.[60]

In diese Forderungen münden Mansels Argumente. Um die Integrität des christlichen Glaubens zu verteidigen, benutzt er die Denkkategorien der Philosophie des Bedingten als Instrumentar. Mansel rezipiert und appliziert diese Kategorien, entzieht sich aber dem Denken, das sie hervorgebracht und dem Prozeß der eigendynamischen Entfaltung dieses Denkens re-integriert hat. Was als kritische Prüfung der Grenzen religiösen Denkens begann, endet mit dem fundamentalistisch-biblizistisch vorgetragenen Appell, an das Unbedingte zu glauben.

3.3 Die Signatur des agnostischen Denkens von Henry Longueville Mansel

Mit den von Mansel beziehungslos auseinandergerissenen Welten des Endlichen und des Unendlichen entsteht ein erkenntnismetaphysischer Dualismus. Die entzweiten Bereiche des Erkennbaren

[56] RT 120 f., 114.
[57] RT 24, 61, 127.
[58] RT, p. XIV, 171.
[59] LLR 339 f.
[60] RT 180. – LLR 115.

und des Unerkennbaren[61] machen das in der „Liebe zur Einheit" sich artikulierende „Streben nach dem Unbedingten" zunichte, von dem das agnostische Denken Hamiltons seine Spannung bezieht.[62] Deshalb wird die „gelehrte Unwissenheit" bei Mansel tatsächlich zur sittlich-religiös motivierten Haltung und zum Ausdruck jener unkritischen „Bescheidenheitsphilosophie", die man Hamilton fälschlich unterstellt hat.[63] Die Philosophie des Bedingten wird zur „Magd und Hilfskraft des christlichen Glaubens",[64] die ihren „negativen Dienst" an dem „bereits existierenden System positiver Wahrheiten" zu verrichten hat.[65] Durch solche instrumentalisierende Unterordnung philosophischer Erkenntnis zerfällt die dem agnostischen Denken immanente Spannung und erlahmt seine nach außen wirkende Irritationskraft.

Nach Mansel darf sich der Philosoph dem Unbegreiflichen gegenüber nur deshalb des Urteils enthalten, weil seinem in sich ruhenden Denken keine praktische Bedeutung zukommt. Der Theologe hingegen hat dem Stolz der selbstzufriedenen Vernunft Einhalt zu gebieten, weil er dafür sorgen muß, daß die Menschen das Unbegreifliche glauben, damit dieser Glaube ihr praktisches Verhalten bestimmt.[66] Die agnostische Urteilsenthaltung hätte demnach den Sinn, das Unbegreifliche als eine Art Adiaphoron des Denkens auf sich beruhen zu lassen, damit es für den Praxisbezug des Glaubens verfügbar wird. Mansel scheint nicht zu bemerken, daß er damit sich selbst widerspricht. Seine Behauptung vom mangelnden Praxisbezug der Philosophie steht in klarem Widerspruch zu seiner anderen Behauptung, das Ziel der Philosophie sei nicht Erkenntnis, sondern Praxis.[67] Vor allem aber ist die zugrunde liegende Verhältnisbestimmung von philosophischem Denken und

---

61 Vgl. RT 223 f., 231.
62 Siehe oben S. 154–157.
63 Siehe oben S. 156.
64 LLR 184.
65 LLR 340. – Es ist klar, daß hier die scholastische Vorstellung von der Philosophie als „ancilla theologiae" aufgegriffen wird. – Darüber hinaus wird verständlich, warum für Mansel jeder Versuch, eine „metaphysische Theologie" oder überhaupt Theologie als „Wissenschaft" zu entwerfen, von vornherein zum Scheitern verurteilt ist (vgl. RT, p. XII f., 257).
66 LLR 112 f.
67 RT 149.

religiösem Glauben mehr als fragwürdig. Mansels Ansicht, jenes Unbegreifliche, das dem Denken entzogen bleibe, sei im Glauben unmittelbar zu erreichen, stimmt ganz und gar nicht überein mit dem – Hamilton entlehnten – Motto, das er seinem Hauptwerk voranstellt: „No difficulty emerges in theology, which not had previously emerged in philosophy."[68] Der Apologet christlichen Glaubens hätte besser daran getan, diesen Satz seines philosophischen „Lehrers" gründlich zu durchdenken, statt ihn vordergründig zu zitieren. Denn Mansel ignoriert das Problembewußtsein, auf das er sich beruft.

Nach Mansel wird *das religiös Unerkennbare*, anders als das philosophisch Unerkennbare, *im Glauben zugänglich* und praktikabel. Wenn philosophische Erkenntnis von dem falschen Anspruch abläßt, sich selbst als höchste Quelle der Wahrheit einzuschätzen und stattdessen bereit ist, sich der „höheren Autorität" Gottes zu unterwerfen, erreicht der wider alle Erkenntnis *glaubende* Mensch die *positiven*, inhaltlich gefüllten Wahrheiten der Offenbarung.[69] Mansels fideistischem Glaubensbegriff entspricht also folgerichtig ein positivistisches Offenbarungsverständnis. Sein apologetisch eingesetzter Agnostizismus identifiziert das Unerkennbare mit dem Inhalt der „übernatürlichen" jüdisch-christlichen Offenbarung, der dem Zugriff philosophischer Erkenntnis entzogen bleiben muß und nur im religiösen Glaubensgehorsam entgegenzunehmen ist. Das philosophische Wissen bleibt hier nicht mehr auf das philosophische Nichtwissen bezogen, sondern wird dem religiösen Glauben untergeordnet.

Das Unbedingte, von dem Hamilton aussparend schweigt, füllt Mansel mit inhaltlichen Aussagen – und während der Philosoph des Bedingten gleichwohl ans Unbedingte gebunden bleibt, zerstört der Apologet des Unbedingten die Bindung ans Bedingte. Sein Dualismus kennt keinerlei Zusammenhang zwischen einer auf Anthopomorphismen gegründeten, ausschließlich moralisch-praktisch bestimmten *Erkenntnis* und einem auf Mysterien gegründeten, ausschließlich fundamentalistisch-fideistisch bestimmten *Glauben*. Weil Mansel die philosophische Grenzbestimmung religiösen Denkens,

---

[68] Siehe oben S. 165.

[69] Vgl. LLR 340 f.

die zu leisten er angetreten ist, in solcher Weise abbrechen läßt, mißbraucht er jene Philosophie des Bedingten, auf die er sich unablässig beruft. Wenn das Unbedingte in seiner Unerkennbarkeit isoliert wird, zerfällt die erkenntniskonstituierende Spannung zwischen dem Bedingten und dem Unbedingten, die dem Agnostizismus Hamiltons seine einzigartige Signatur verleiht.

Mansels Absicht, die Philosophie des Bedingten apologetisch zu applizieren, ist in erkenntnistheoretischer Hinsicht[70] als mißlungen anzusehen. Dieses Mißlingen ergibt sich keineswegs zufällig, etwa weil Mansel unlogisch oder ungeschickt vorgegangen wäre – gerade das trifft nicht zu. Unser Autor streitet mit fast virtuoser Könnerschaft für sein Ziel; seine Argumentationsführung ist so differenziert angelegt, daß sie den allmählich vorbereiteten und schließlich durchgeführten Dualismus beinahe verdeckt. Das Vorhaben Mansels muß jedoch mißlingen, weil sich legitimes agnostisches Denken nur zur Abweisung, nicht zur Stützung von Positionen mit vernunftkritisch ungerechtfertigten Ansprüchen einsetzen läßt. Mansels Argumentation bleibt darum solange legitim, als sie sich *gegen* den Rationalismus/Dogmatismus wendet. Sie wird jedoch illegitim, sobald sie sich *für* die Stützung des von ihm verteidigten Offenbarungspositivismus einsetzt.

Soll agnostisches Denken für Ziele eingesetzt werden, die nicht in ihn selbst liegen, so wird es instrumentalisiert. Insofern Mansel die Begrifflichkeit Hamiltons übernommen hat, ist auch er Agnostiker. Weil er diese Begrifflichkeit jedoch zur Fundamentierung seiner vernunftkritisch ungerechtfertigten theologischen Position einsetzt und dabei die vom Denken auszuhaltende Spannung zum Unbedingten preisgibt, mißbraucht er die Philosophie des Bedingten. Sein Agnostizismus läßt sich daher als fideistisch mißbrauchter Agnostizismus bezeichnen.[71]

---

[70] Mansel hat uns hier nicht als Theologe, sondern ausschließlich als Erkenntnistheoretiker zu interessieren, der die Absicht verfolgt, den menschlichen Geist in seiner Beziehung zur Religion zu überprüfen (RT 24).

[71] Insofern ist Mansel *kein* Schüler Hamiltons. Dieser Hinweis auf die korrekturbedürftige geläufige Einschätzung soll verhindern helfen, daß das agnostische Denken Hamiltons selbst in Mißkredit gerät: Das Schüler-Prädikat wird auch in diesem Falle leicht zum Lehrer-Verdikt.

4. Agnostisches Denken bei Thomas Henry Huxley

4.1 Die Voraussetzungen

Thomas Henry Huxley (1825–1895)[1] ist vielleicht die aufgeklärteste und geistig beweglichste Gestalt im Viktorianischen England. Er hat insbesondere als „controversialist"[2] den wissenschafts- und fortschrittsgläubigen „Zeitgeist" dieser Epoche mindestens ebenso geformt wie repräsentiert. Huxley ist nicht in erster Linie Philosoph, sondern Naturwissenschaftler. Sein Denken, das weit auseinanderliegende Wissensgebiete umfaßt, artikuliert sich im Zuge einer überaus vielseitigen und nachhaltigen öffentlichen Wirksamkeit. Die spezifische Motivation und Gestalt seines Agnostizismus ist da-

---

[1] Den Ausführungen dieses Abschnitts liegt neben den Schriften Huxleys folgende, chronologisch geordnete Literatur zugrunde: W. F. R. Weldon, Huxley, Thomas Henry, in: Dictionary of National Biography, ed. by L. Stephen and S. Lee, London 1901. Supplement Vol. III, p. 22–31; L. Stephen, Thomas Henry Huxley, in: ders., Studies of a Biographer, London 1898 (reprinted 1910). Vol. III, p. 188–219; P. Ch. Mitchell, Thomas Henry Huxley. A Sketch of his Life and Work, New York and London [3]1901; L. Huxley (Ed.), Life and Letters of Thomas Henry Huxley. II Vols., London 1900; W. T. Thiseldon-Dyer, Huxley, Thomas Henry, in: The Encyclopaedia Britannica, Cambridge [11]1910. Vol. XIV, p. 17–20; H. Peterson, Huxley. Prophet of Science, London 1932; W. Irvine, Apes, Angels and Victorians. The Story of Darwin, Huxley, and Evolution, New York 1955; C. Bibby, T. H. Huxley. Scientist, Humanist and Educator, London 1959; W. Irvine, Thomas Henry Huxley, London 1960; W. C. Williams, Huxley, Thomas Henry, in: Dictionary of Scientific Biography, ed. by Ch. C. Gillespie, New York 1973. Vol. VIII, p. 589–597.

[2] M. H. Carré nennt Huxley „the greatest of controversialists" (Phases of Thought in England, Oxford 1949, p. 349). Englisch-deutsche Wörterbücher übersetzen „controversialist" unzulänglich mit „Polemiker" oder „Kritiker". Streng genommen, gibt es für diesen Terminus kein deutsches Äquivalent. Umschreibend, und zwar speziell im Hinblick auf Huxley, kann man jedoch sagen: Ein „controversialist" entfaltet und artikuliert seine Überzeugungen in der öffentlich geführten mündlichen Auseinandersetzung und/oder in situationsbezogenen Gelegenheitsschriften.

her ohne den biographisch-zeitgeschichtlichen Kontext nicht zu verstehen. Für die Darstellungsweise bedeutet dieser Umstand einen Vorteil und einen Nachteil: den Vorteil, daß hier etwas von dem geistigen „Klima" spürbar wird, in dem auch Hamilton und Mansel dachten, das jedoch in ihrem Denken nicht annähernd so intensiv zum Ausdruck kommt; den Nachteil, daß die einander durchdringenden „Schichten" des Huxleyschen Denkens schwer zu isolieren und auszugliedern sind. Eigenart und Stellenwert des Huxleyschen Agnostizismus lassen sich nur entfalten, wenn umrißhaft das gesamte Denken und öffentliche Wirken dieses enzyklopädisch gebildeten Viktorianers bekannt ist, der bis über die Jahrhundertwende hinaus als geachtete oder gefürchtete Autorität ersten Ranges galt.[3]

---

[3] Die folgenden Ausführungen werden diese Huxley entgegengebrachte Haltung des Respekts mehrfach ansprechen. Vorab seien jedoch einige – im gegenwärtigen Zusammenhang nicht näher zu erörternde – Äußerungen von Autoren angeführt, die gerade wegen ihrer unterschiedlichen geistigen Herkunft das hohe Ansehen Huxleys um so nachdrücklicher dokumentieren können; ich zitiere wiederum in chronologischer Folge. Ernst Haeckel dankt nach seiner Rückkehr von den Karibischen Inseln 1867 Huxley für die – im Vorjahr erfahrene – Gastfreundschaft in London mit den Worten: „Den Hauptzweck meines Aufenthalts in London, Sie und Darwin persönlich kennenzulernen, habe ich so vollständig erreicht, und diese Bekanntschaft, ein Hauptwunsch meines Lebens, hat mir zu so großer Befriedigung gereicht, daß ich immer nur mit der lebhaftesten Freude an die angenehmen und lehrreichen Stunden zurückdenke, die ich bei Ihnen und bei Darwin verlebt habe" (zit. n. J. Hemleben, Ernst Haeckel in Selbstzeugnissen und Bilddokumenten, Reinbek 1964, S. 81). Karl Marx bezieht sich sowohl im ersten Entwurf als auch in der veröffentlichten Endfassung von „Der Bürgerkrieg in Frankreich" (beide niedergeschrieben 1871) auf den „hohen wissenschaftlichen Gewährsmann, Professor Huxley" (K. Marx u. F. Engels, Werke. Bd. 17, Berlin 1962, S. 544, 343). Gilbert Keith Chesterton schreibt 1933 in einem Brief an H. G. Wells, er erinnere sich an den „alten Agnostizismus" seiner Jugend, „als mein Bruder Cecil und mein Freund Bentley den alten Huxley fast wie einen Gott verehrten" (zit. n. M. Ward, Gilbert Keith Chesterton, Regensburg 1956, S. 511). Schließlich seien auch die beiden Enkel T. H. Huxleys erwähnt, der Schriftsteller Aldous Huxley und der Biologe Sir Julian Huxley, die der ausgezeichneten Biographie von C. Bibby je ein längeres Vorwort beigesteuert haben, in dem sie die Achtung und Bewunderung gegenüber ihrem berühmten Großvater nicht nur bekunden, sondern auch begründen (in: C. Bibby, a. a. O. p. VII–XIV). – Die Parallelen im Lebenswerk von Thomas Henry Huxley und Sir Julian Huxley sind nicht zu übersehen. Beide angesehene Biologen und brillant formulierende Publizisten, haben sie sich außerordentlich erfolgreich dafür eingesetzt, Naturwissenschaft zu popularisieren. Dieser Erfolg beruhte nicht nur auf ihrem hohen Wissensstand

1825 als Sohn eines Mathematik-Lehrers in Ealing bei London geboren, wollte der jugendliche Huxley ursprünglich Ingenieur für Maschinenbau werden. Die geringen finanziellen Mittel seiner Familie veranlaßten ihn jedoch, sich 1842 an der Universität London zu immatrikulieren, um Biologie, Vergleichende Anatomie und Physiologie zu studieren; was ihn an diesen Wissensgebieten interessierte, nennt er in seiner Autobiographie, gut cartesisch, „the mechanical engineering of living machines".[4] 1845 erwarb er das medizinische Bakkalaureat (M. B.) mit einer Goldmedaille für seine ausgezeichneten Leistungen in Anatomie und Physiologie. Der zwanzigjährige Arzt bewarb sich bei der Königlichen Marine und begleitete als Assistenzarzt der Fregatte „Rattlesnake" Kapitän Stanley auf einer vierjährigen Forschungsexpedition durch die australischen Gewässer (Torresstraße). Während dieser Zeit zwischen 1846 und 1850 widmete er sich fast ausschließlich der Erforschung niederer Meerestiere. Trotz höchst unzureichender Ausrüstung – er verfügte nur über ein behelfsmäßiges Fangnetz und ein Mikroskop – gelang es Huxley, seine Studien auf dem bislang unerschlossenen Forschungsgebiet so weit voranzutreiben, daß er die gewonnenen Ergebnisse in einer Reihe kleinerer Arbeiten zu Papier brachte und der heimatlichen „Linnean Society" übermittelte. Obwohl er auf diese revolutionierenden zoologischen Arbeiten zu seiner Enttäuschung keinerlei Reaktion erhielt, übersandte er der „Royal Society" 1849 ein größeres Manuskript („On the Anatomy and the Affinities of the Family of the Medusae"), das er bei seiner Rückkehr gedruckt vorfand und das ihm neben der Aufnahme in die „Royal Society" sowohl öffentliche Anerkennung als auch die bereitwillige Förderung seiner weiteren wissenschaftlichen Vorhaben eintrug.

Als 1859 Darwins „On the Origin of Species" erschien, setzte sich Huxley intensiv für die Verteidigung der Evolutionshypothese

---

und auf der Fähigkeit, eine verständliche Sprache zu sprechen, sondern auf der ihnen selbstverständlichen Bereitschaft, den „einfachen Leuten" gleiche Rechte einzuräumen und gleiche Fähigkeiten zuzuerkennen.

[4] CE I 7.

ein[5] – man nannte ihn seitdem „Darwin's bulldog" –, obwohl er andererseits, wie sich noch zeigen wird, darauf bedacht war, den hypothetischen Charakter dieser Theorie gegenüber unkritischen Deutungen hervorzuheben. Huxley, der bereits 1854 zum Dozenten für Naturgeschichte an der „Government School of Mines" ernannt worden war und seine dort geführten paläontologischen Untersuchungen in mehr als zwanzig Arbeiten über die Anatomie und Klassifizierung von Fossilien niederlegte, festigte im Verlauf der nächsten vier Jahrzehnte nicht nur seinen Ruf als naturwissenschaftliche Kapazität; er wurde darüber hinaus durch seine kulturpolitisch einflußreiche Tätigkeit in mehr als zehn „Königlichen Kommissionen", durch seine Kontroversen[6] mit Autoritäten der kirchlichen Orthodoxie, die den biblischen Wortlaut gegen das Evolutionsdenken verteidigten und jedem Andersdenkenden „Unglauben" vorwarfen, und insbesondere durch seine umfangreiche Vortragstätigkeit zu einer der führenden geistigen Persönlichkeiten Englands. Diese Vorträge vermittelten neue naturwissenschaftliche

---

[5] Berühmt geworden ist seine Auseinandersetzung mit Samuel Wilberforce (1805–1873), dem wortgewaltigen Bischof von Oxford, der Huxley 1860 auf dem Treffen der „British Association for the Advancement of Science" vor knapp 1000 Anwesenden persönlich auf seine Abstammung vom Affen ansprach und daraufhin zur Antwort erhielt: Wenn ihm, Huxley, die Frage vorgelegt werde, ob er lieber einen armseligen Affen zum Großvater haben möchte oder einen hochbegabten und einflußreichen Mann, der seine Gaben und seinen Einfluß mißbraucht, um eine ernsthafte wissenschaftliche Diskussion lächerlich zu machen und die Wahrheit zu verdunkeln, so schäme er sich nicht, einem Affen den Vorzug zu geben. – Vgl. vor allen sekundären Berichten über dieses spektakuläre Ereignis (mit dem Huxley das Plenum auf seine Seite brachte) Huxleys unveröffentlichten Brief an Dyster vom 9. September 1860, den C. Bibby (a. a. O. p. 69 f.) auszugsweise wiedergibt.

[6] Obwohl Huxley, wie er in seiner abrißartigen Autobiographie schreibt (CE I 4), beim Verfolgen seiner Ziele unbeirrbar war und von seinen Zeitgenossen als „controversialist" hochgeschätzt wurde (s. oben Anm. 2), suchte er seinerseits nicht die Kontroverse, ja sie wurde ihm zumindest später eher lästig. So beteuert er 1878 in einem Brief an John Morley: „Controversy is to me as gin to a reclaimed drunkard." (LL I 488) Im Zuge einer der zahlreichen Auseinandersetzungen mit W. E. Gladstone, dem zweimaligen Premier (1880–1886 und 1892–1894), erklärt er als Fünfundsechzigjähriger: „Unhappily for my comfort, I have been much exercised in controversy during the past thirty years; and the only compensation for the loss of time and the trials of temper which it has inflicted upon me, is that I have come to regard it as a branch of the fine Arts, and to take an impartial and aesthetic interest in the way in which it is conducted, even by those whose efforts are directed against myself." (CE V 373)

Erkenntnisse in verständlicher Form und zielten darauf ab, die englische Bevölkerung zu einem „aufgeklärten", den Fortschritten der Naturwissenschaften entsprechenden Denken und Verhalten zu erziehen. Der in diesem Sinne „erzieherische" Einfluß Huxleys war mindestens ebenso groß wie sein wissenschaftliches Ansehen als Biologe. Das von ihm bevorzugte Publikum bestand aus Arbeitern, die ihm ihrerseits außerordentliche Lernbereitschaft und Sympathie entgegenbrachten.[7]

Die vielfältigen Zeugnisse seiner Zeitgenossen lassen keinen Zweifel an der Tatsache, daß Huxley als Wissenschaftler und als Person – eine Unterscheidung übrigens, die oft berechtigt ist, hier aber schlechterdings künstlich wirkt – ein Mensch von elementarer, absolut unbestechlicher Aufrichtigkeit und beim Verfolgen seiner Ziele ohne jeden Dünkel war. Aus dem immensen veröffentlichten Werk Huxleys[8] geht jedoch auch hervor, was bei den meisten seiner Biographen eher im Hintergrund bleibt: daß der Forscher und Erzieher durchaus nicht nur naturwissenschaftliche Kenntnisse und Interessen besaß. Bereits der jugendliche Huxley hat – also Autodidakt – weitreichende historische Studien getrieben und mehrere Fremdsprachen gelernt.[9] Er besaß ausreichende Griechisch-Kenntnisse, um aus dem Original übersetzen zu können, las mühelos das Latein der klassischen Autoren und der frühen Kirchenväter, beherrschte Französisch und – angeregt durch Carlyle[10] – Deutsch.[11] Nicht zuletzt sein eigener Schreibstil[12] ist von diesen Sprachen und

[7] Vgl. P. Ch. Mitchell, a. a. O. p. 208; C. Bibby, a. a. O. p. 30 f., 99 f.

[8] Collected Essays. IX Vols., London 1893–1894. – Scientific Memoirs ed. by M. Foster and E. R. Lankester. V Vols., London 1898–1903. – Life and Letters of Thomas Henry Huxley, ed. by L. Huxley. II Vols., London 1900. – Der Gesamtumfang aller dieser Bände beläuft sich auf knapp 8000 Seiten.

[9] Vgl. die Aufzeichnung des sechzehnjährigen Huxley über seine begonnenen und fortzusetzenden Studien LL I 11 f.

[10] Vgl. L. Stephen, a. a. O. p. 197.

[11] P. Ch. Mitchell, a. a. O. p. 214.

[12] C. Bibby nennt Huxleys Prosa „kristallklar" und „luzid" (a. a. O. p. 16 f.). Derselbe Autor deutet die Auffassung G. K. Chestertons, Huxley sei „much more a literary than a scientific man", als nicht allzu übertrieben, und neigt mit H. L. Mencken zu der Beurteilung: Huxley war „perhaps the greatest virtuoso of plain English who ever lived" (ebd.). L. Stephen stellt Huxleys Essays stilistisch auf eine Ebene mit den besten Partien J. Swifts (L. Stephen, a. a. O. p. 194 f.). Differenzierter und insofern aufschlußreicher ist die Analyse von P. Ch. Mitchell; er weist darauf hin, daß Huxleys geschriebenes Wort nicht

dem Denken geprägt, das sich darin artikuliert. Huxleys philosophiegeschichtliche Kenntnisse begegnen kohärent in seinem Hume-Buch samt den angehängten „Helps to the Study of Berkeley“.[13] Außerdem bezeugen größere und kleinere Partien der Aufsätze seine weitreichende Vertrautheit mit den klassischen Autoren der neuzeitlichen Philosophie,[14] etwa mit Bacon, Descartes,[15] Locke, Kant, Hamilton, Comte[16] und Spencer[17]. Huxley selbst, dessen

---

künstlerisch gestaltet und ästhetisch vollkommen sei, sondern in seiner präzisen Sachgerechtigkeit und gedanklichen Klarheit überzeuge: „The purple passages themselves, those which linger in the memory and to which the reader turns back, linger by their sense and not by their sound. For indeed the truth of the matter is that Huxleys style was a style of ideas and not of words and sentences ... The ideas and their ordering are the root and the branches, the beginning and the end of his style.“ (P. Ch. Mitchell, a. a. O. p. 214–217, hier: p. 216)

[13] Huxleys Hume-Buch erschien unter dem (vollständigen) Titel „Hume“ ursprünglich 1879 in London, sodann als VI. Band seiner „Collected Essays“ mit einem Anhang über Berkeley 1894 in London unter dem Titel „Hume. With Helps to the Study of Berkeley“.

[14] Vgl. etwa CE I 46 f., 102 f., 156, 278; CE V 60, 71, 84, 235 f., 255–260. – Der neunundsechzigjährige Huxley empfiehlt (im Vorwort seines Hume-Buches von 1894) zwei Möglichkeiten, mit Philosophie bekannt zu werden. Wer gewandt und gelehrt über philosophische Fragen sprechen wolle, ein gutes Gedächtnis besitze, in Griechisch, Französisch und Deutsch bewandert sei, solle mit den Ioniern anfangen und sich bis zu den Spekulationen der Gegenwart durcharbeiten. Wer dagegen – Huxley schreibt „on the contrary“ – daran interessiert sei, zu wirklichem Wissen und klarem Problembewußtsein vorzustoßen, brauche nur drei englische Autoren zu lesen (allerdings nicht autoritätsgläubig, sondern kritisch), nämlich Berkeley, Hume und Hobbes; das Studium dieser Autoren, die zudem die größten Meister der englischen Sprache seien, vermittle ihm „as much sound philosophical training as is good for any one but an expert“ (CE VI, p. XI f.). – Zum Schreibstil Huxleys s. oben Anm. 12.

[15] Vgl. etwa seinen 1870 veröffentlichten, aus einem Vortrag vor der „Cambridge Young Men's Christian Society“ entstandenen Essay über Descartes' Methodenschrift (CE I 166–198).

[16] Wie sich noch zeigen wird, besitzt Huxleys Verständnis von der Vorwärtsentwicklung der Menschheit durch zunehmende Aufklärung viele gemeinsame Züge mit der Theorie Comtes. Huxley trägt jedoch seine These von der Säkularisierung des Denkens ohne geschichtsphilosophische Ambitionen vor. Er beurteilt Comtes „Philosophie positive“ als ein synkretistisches Gemisch aus unwissenschaftlicher Methodik, Geschichtsklitterung und römisch-katholischem Universalitätsanspruch. Unter den verstreuten Äußerungen Huxleys können die folgenden Texte als exemplarischer Ausdruck seiner Einschätzung genommen werden. CE V 255: „But that the incongruous mixture of bad science with eviscerated papistry, out of which Comte manufactured the positivist religion, will be the heir of the Christian ages, I have too much respect for the humanity of the future to believe.“ CE V 256 f. nennt er Comte den „Moses of Positivism“

philosophisches Denken an den Schlußfolgerungen Humes und Kants orientiert ist,[18] hat sich mit einem von ihm geprägten Terminus als „Agnostiker“ bezeichnet. Da hier keine vollständige Lebensbeschreibung geboten, sondern eine Darstellung und Erörterung des Huxleyschen Denkens geleistet werden soll, wendet sich die bio-bibliographische Skizze nun der Entstehungsgeschichte dieser Wortprägung zu. Dabei wird bereits etwas von der Struktur des Huxleyschen Agnostizismus sichtbar werden.

4.12 Die Entstehung des Terminus „Agnostiker“

Der Biologe Huxley, der die Naturwissenschaft seine „liege lady“ nannte, und der Publizist Huxley, der seine Landsleute zum wissenschaftlich aufgeklärten Denken erzog, hat sich selbst weder als Philosoph noch als Historiker verstanden.[19] Er besaß jedoch genügend philosophisches Problembewußtsein und historisches Wissen, um über die Grenzen der Erkenntnis kritisch zu reflektieren und sich aufgrund der dabei gewonnenen Einsichten als „Agnostiker“ zu bezeichnen. Es waren allerdings eher persönliche und zeitgeschichtliche als im strengen Sinn philosophische Motive, die zur Entstehung des Terminus führten.

---

und erklärt: „I know no study which is so unutterably saddening as that of the evolution of humanity, as it is set forth in the annals of history ... When the historian of religion in the twentieth century is writing about the nineteenth, I foresee he will say something of this kind: The most curious and instructive events in the religious history of the preceding century are the rise and progress of two new sects called Mormons and Positivists. To the student who has carefully considered these phenomena nothing in the records of religious self-delusion can appear improbable.“ CE V 260: „... M. Comte may be described a syncretic, who, like the gnostics of early Church history, attempted to combine the substance of imperfectly comprehended contemporary science with the form of Roman Christianity.“ CE I 156: „In so far as my study of what specially characterises the Positive Philosophy has led me, I find therein little or nothing of any scientific value, and a great deal which is as thoroughly antagonistic to the very essence of science as anything in ultramontane Christianity. In fact, M. Comte's philosophy, in practice, might be compenduously described as Catholicism *minus* Christianity.“

[17] Zu Huxleys Abgrenzung von Spencer s. unten S. 189 f.

[18] CE V 237.

[19] CE V 236. – C. Bibby resümiert: „Huxley's was the last generation in which it was still possible for an exceptional man to master several sciences, and it would be wrong to think of him as a biologist alone.“ (a. a. O. p. 245 f.)

Huxley las als Fünfzehnjähriger Hamiltons „On the Philosophy of the Unconditioned". Obwohl die differenzierte Gedankenführung dieses Aufsatzes, der in nuce Hamiltons erkenntniskritische Konzeption enthält, dem jungen Huxley unzugänglich bleiben mußte, notiert er zwei zentrale Abschnitte über die Beschränkung von Wissen und Wissenschaft auf die Wirklichkeit des Endlichen in sein Tagebuch.[20] Die negierenden Aussagen dieser Abschnitte hat er offensichtlich verstanden, und es ist charakteristisch, daß er gerade sie festhielt.[21] Huxley bezieht sich mehrfach[22] und noch ein Jahr vor seinem Tod, im Vorwort des Hume-Buches, auf diese frühe Hamilton-Lektüre: „... our duty, therefore, is to remain silent; or to express, at most, suspended judgment. My earliest lesson in this topic was received from Hume's keen-witted countryman Hamilton."[23]

Als 1858 Mansels „The Limits of Religious Thought" erschienen waren, bewundert Huxley das kraftvolle Denken des Theologen Mansel, versichert jedoch zugleich, der kirchentreue Kleriker Mansel bemerke offenbar nicht, welchen Schaden er im eigenen Lager anrichte.[24] Obwohl sich Huxley später ebenfalls auf Mansel be-

---

[20] H. Peterson, a. a. O. p. 17–20.

[21] Huxley schrieb sich die folgenden Sätze heraus: „... philosophy, if viewed as more than a Science of the Conditioned, is impossible. Departing from the particular, we admit, that we can never, in our highest generalisations, rise above the Finite, that our knowledge, whether of mind or matter, can be nothing more than a knowledge of the relative manifestations of an existence, which in itself is our highest wisdom to recognize as beyond the reach of philosophy. This is what in the language of St. Austin, – ‚*Cognoscendo ignoratur, et ignorando cognoscitur*'." (D 15) „Loath to admit that our science is at best the reflection of a reality we cannot know, we strive to penetrate to existence in itself; and what we have laboured intensely to attain, we at last fondly believe we have accomplished. But, like Ixion, we embrace a cloud for a divinity. Conscious only of, – conscious only in and through, limitation, we think to comprehend the Infinite; and dream even of establishing the science – the *nescience* of man, on an identity with the omniscience of God. It is this powerful tendency of the most vigorous minds to transcend the sphere of our faculties, which makes a ‚learned ignorance' the most difficult aquirement – perhaps, indeed, the consummation, of knowledge." (D 37 f.)

[22] Vgl. CE V 235 f.; LL I 218.

[23] CE VI, S. X.

[24] Diese scharfsichtige und treffsichere Diagnose Huxleys findet sich in einem seiner Briefe an Ch. Lyell, dem er die „Limits" zu lesen empfiehlt (C. Bibby, a. a. O. p. 58). Nach Huxley zeitigt Mansels Apologetik die fatale Konsequenz, daß ein auf moralische Praxis und Mysterienglauben reduziertes Christentum

zieht,[25] hat ihn in diesen Jahren der Tod seines jüngsten, vierjährigen Sohnes persönlich weit mehr umgetrieben. Als der anglikanische Geistliche, Romancier und Kontroverstheologe Charles Kingsley[26] ihm in einem Trostbrief von der Unsterblichkeit der Seele schreibt, erwidert Huxley am 23. September 1860: „I neither deny nor affirm the immortality of man. I see no reason for believing in it, but, on the other hand, I have no means of disproving it. Pray understand that I have no *a priori* objections to the doctrine. No man who has to deal daily and hourly with nature can trouble himself about *a priori* difficulties. Give me such evidence as would justify me in believing anything else, and I will believe that. Why should I not? It is not half so wunderful as the conservation of force, or the indestructibility of matter."[27] Es leuchtet ein, daß die bereits in diesem Brief artikulierte agnostische Urteilsenthaltung nicht aus spekulativen Überlegungen erfolgt, sondern einer Haltung entspringt, in der persönliche Redlichkeit und wissenschaftliches Verantwortungsbewußtsein sich vereinigen.

Den Terminus selbst prägte Huxley erst knapp ein Jahrzehnt später in dem wohl anspruchsvollsten Diskussionszirkel des Viktorianischen England,[28] der „Metaphysical Society". Diese 1869 gegründete und bis 1880 bestehende Gesellschaft setzte sich aus Persönlichkeiten zusammen, die zur geistigen Elite Englands zählten und höchst unterschiedliche weltanschauliche Standpunkte vertraten. Zu ihren Mitgliedern gehörten neben Huxley und J. Tyndall

---

jegliche „matter of fact in Christian history" verliert und darum seinen Anspruch, als historische Religion zu gelten, nicht länger aufrechterhalten kann (CE IV 237 f.). Zu Huxleys Religionskritik s. unten S. 196–202. Sir Charles Lyell (1797–1875), neben Huxley der entschiedenste Protagonist der Darwinschen Evolutionstheorie (vgl. LL I 168 f.), etablierte die Geologie als Wissenschaft. Vgl. den in seiner Detailgenauigkeit vorzüglichen Artikel von L. G. Wilson, Lyell, Charles, in: Dictionary of Scientific Biography, a. a. O. Vol. VIII, p. 563–576.

[25] CE V 236; LL I 218.

[26] Vgl. das zum 100. Todestage Ch. Kingsleys (1819–1875) erschienene Januarheft der Zeitschrift „Theology. A Monthly Review" (LXXVII, No. 655) und darin besonders den Beitrag von A. J. Meadows, Kingsley's Attitude to Science, 15–22.

[27] LL I 217.

[28] Friedrich Heer meint sogar: „Agon, Streitkampf in dieser Art und Größe, gibt es im 19. Jahrhundert nur in England." (F. Heer, Europa Mutter der Revolutionen, Stuttgart [2]1964, S. 529)

als Naturwissenschaftlern die anglikanischen Kirchenfürsten Dean Stanley und Dean Alford, die Katholiken W. G. Ward und Kardinal Manning, der Premier Gladstone, die Dichter Tennyson und Ruskin; sie trafen neunmal jährlich zusammen, um die Stichhaltigkeit ihrer Prinzipien in Auseinandersetzungen zu erproben, die bei aller Unversöhnlichkeit der Standpunkte von wechselseitigem Respekt bestimmt waren.[29]

Bei einem Meeting dieses Gremiums im Jahre 1869 prägte Huxley die Bezeichnung „Agnostiker". Er selbst gibt darüber folgenden Bericht: „When I reached intellectual maturity and began to ask myself whether I was an atheist, a theist or a pantheist; a materialist or an idealist; a Christian or a freethinker; I found that the more I learned and reflected, the less ready was the answer; until, at last, I came to the conclusion that I had neither art nor part with any of these denominations, except the last. The one thing in which most of these good people were agreed was the one thing in which I differed from them. They were quite sure they had attained a certain ‚gnosis', – had, more or less sucessfully, solved the problem of existence; while I was quite sure I had not, and had a pretty strong conviction that the problem was insolulable. And, with Hume and Kant on my side, I could not think myself presumptuous in holding fast by that opinion ... This was my situation when I had the good fortune to find a place among the members of that remarkable confraternity of antagonists, long since deceased, but of green and pious memory, the Metaphysical Society. Every variety of philosophical and theological opinion

[29] C. Bibby, a. a. O. p. 54. Es ist aufschlußreich, daß nur drei Eingeladene sich weigerten, Mitglieder zu werden – und es macht nachdenklich, ihre Namen zu erfahren: Newman, Spencer und J. St. Mill (vgl. F. Heer, a. a. O. S. 529). – Bertrand Russell gibt eine paradox anmutende und dennoch plausible Erklärung für jenes Klima der Toleranz, das in den geistigen Auseinandersetzungen des Viktorianischen England bestand: „The Victorian Age was in most respects less tolerant than the present ... In one respect the Victorian Age was more tolerant than our own because it was less democratic. There was a respect for eminence of whatever kind, and a toleration for the eccentricities of the eminent which was not extended to the vulgar herd. Darwin and Huxley were unmolested when they proclaimed opinions which would have been considered intolerable in a village blacksmith." (B. Russell, Toleration, in: H. Grisewood [Hrsg.], Ideas and Beliefs of the Victorians. An historic Revaluation of the Victorian Age, London 1959, p. 268–276; hier: p. 268, 273 f.)

was represented there, and expressed itself with entire openness; most of my colleages were *-ists* of one sort or another; and, however kind and friendly they might be, I, the man without a rag of a label to cover himself with, could not fail to have some of the uneasy feelings which must have beset the historical fox when, after leaving the trap in which his tail remained, he presented himself to his normally elongated companions. So I took thought, and invented what I conceived to be the appropriate title of ‚agnostic'. It came into my head as suggestively antithetic to the ‚gnostic' of Church history, who professed to know so much about the very things of which I was ignorant; and I took the earliest opportunity of parading it at our Society, to show that I, too, had a tail, like the other foxes. To my great satisfaction, the term took ..."[30]

Der Ausdruck wurde auch in der Öffentlichkeit sofort aufgegriffen – „the term took" –, weil ihn R. H. Hutton, der Herausgeber des „Spectator", in seiner Zeitschrift zwar sinnentstellend, aber häufig benutzte;[31] für eine dauerhafte, wenn auch ebenfalls von den Huxleyschen Intentionen abweichende Verwendung des Terminus sorgten die Schriften Herbert Spencers und Leslie Stephens.[32] Wichtiger freilich als der Umstand, daß die neue Wortprägung sich durchsetzte, sind die Motive ihres Schöpfers. Sie sind, betrachtet man die Entstehungssituation, persönlicher und pragmatischer Art. Noch der greise Huxley schreibt dazu sehr realistisch und mit unverhohlenem Vergnügen: „Tolerably early in life I discovered that one of the unpardonable sins, in the eyes of most people, is for a man to presume to go about unlabelled. The world regards such a person as the police do an unmuzzled dog, not under proper control. I could find no label that would suit me, so, in my desire to range myself and be respectable, I invented one; and, as the chief thing I was sure of was that I did not know a great many things that the – ists and the -ites about me professed to be familiar with, I called myself an Agnostic."[33]

---

[30] CE V 237–239.

[31] H. Chisholm, Agnosticism, in: Encyclopaedia Britannica, Cambridge [11]1910. Vol. I, p. 379.

[32] Vgl. A. W. Benn, a. a. O. p. 204, 386.

[33] CE IX 134.

Die gänzlich unprätentiöse Erklärung läßt jenen Charakterzug Huxleys erkennen, den er selbst für die entscheidende Motivationsquelle seines Denkens und Tuns gehalten hat: seine unbedingte Aufrichtigkeit und Wahrhaftigkeit. Dieser Geisteshaltung entspringt ohne Zweifel der im doppelten Sinn „radikale" Impuls des Huxleyschen Agnostizismus.[34] Dennoch ist R. A. Armstrong nur mit Vorbehalt zuzustimmen, wenn er schreibt: „it will be seen then that the fundamental principle of Huxley's Agnosticism is ethical, not intellectual".[35] Derartige Urteile[36] legen nämlich das Mißverständnis nahe, als ließen sich die „ethischen" von den „intellektuellen" Prinzipien Huxleys trennen. Sie lassen sich jedoch nicht voneinander trennen. Der Huxleysche Agnostizismus beruht gerade auf der Komplexität dessen, was man sein „intellektuelles Gewissen" nennen kann. Die spezifisch agnostischen Äußerungen Huxleys müssen deshalb aus dem nicht spezifisch agnostischen Kontext seines Denkens allmählich herausgearbeitet und freigelegt werden.

4.2 *Huxleys Agnostizismus im Kontext seines Denkens*

4.21 Naturwissenschaft als organisiertes Tatsachenwissen

Für Huxley ist die Naturwissenschaft eine Macht, die dem menschlichen Wissen im Verlauf der vergangenen beiden Jahrhunderte neue, ungeheuer große Bereiche erschlossen hat und die in den folgenden beiden Jahrhunderten noch größere Eroberungen machen wird.[37] Sie setzt die autonome, wissenschaftlich legitimierte Erforschung von Mensch und Natur dem autoritären Glaubwürdigkeitsanspruch der überkommenen spekulativen Auffassungen entgegen

[34] „... I am simply honest and truthful ...", erklärt Huxley (CE I 162) und bezeichnet insbesondere die agnostische Denkhaltung als „that most valuable of all qualities, honesty of word or of deed" (CE V 241). – Vgl. C. Bibby, a. a. O. p. 38 f., 43.

[35] R. A. Armstrong, Agnosticism and Theism in the Nineteenth Century. An historical Study of the religious Thought, London 1905, p. 82.

[36] Ähnlich L. Stephen, a. a. O. p. 196: „Huxley's most prominent intellectual quality was his fidelity to fact ..."

[37] CE IX 138.

und führt so eine zweite „Reformation“ herauf.[38] Huxley zitiert zustimmend die Aussagen David Humes: Mensch und Natur wurden bisher nicht empirisch erforscht,[39] und Erfahrung hat künftig als einzige Autorität zu gelten;[40] denn abstrakte Überzeugungen können nicht über Tatsachenfragen entscheiden.[41]

Die moderne Naturwissenschaft („science“ oder „physical science“) befaßt sich mit den Erscheinungen der Welt, die unserem Wissen durch Beobachtung und Experiment zugänglich sind.[42] Sie befaßt sich *nur* mit diesen Erscheinungen und verdankt ihre Fortschritte der Einhaltung ihrer Grenzen. Ihre Grenzen aber fallen in eins mit dem Geltungsbereich verifizierbarer Hypothesen: „The progress of physical science, since the revival of learning, is largely due to the fact that men have gradually learnt to lay aside the consideration of unverifiable hypotheses; to guide observation and experiment by verifiable hypotheses; and to consider the latter, not as ideal truths, the real entities of an intelligible world behind phenomena, but as a symbolical language, by the aid of which Nature can be interpreted in terms apprehensible by our intellects.“[43]

Nach Huxley stellt Darwins „Origin of Species“ die Evolutionslehre erstmals auf sicheres wissenschaftliches Fundament.[44] Darwins Forschergeist wird mit dem Erkenntnisstreben des Sokrates verglichen; Sokrates habe sich jedoch, anders als Darwin, von den „hoffnungslos unlösbaren Problemen der Natur“ abgewandt.[45] Die Hypothese Darwins sei ein Forschungsinstrument ersten Ranges und höre doch nicht auf, eine – geniale – Hypothese zu sein. Wer ihr „Wahrheit“ oder „Unwahrheit“ zuspreche, mißachte jene von Goethe empfohlene „thätige Skepsis“ – Huxley zitiert hier deutsch –, die der Wahrheit so zugetan ist, daß sie den Zweifel nicht preisgibt um eines ungerechtfertigten Glaubens willen.[46] Der Vorkämp-

---

38 LL I 397; vgl. CE I 17.
39 CE VI 11.
40 CE VI 65.
41 CE VI 202.
42 CE V 62.
43 CE I 65.
44 CE I 101.
45 CE I 246 f.
46 CE I 19 f.

fer Darwins versteht die Evolutionslehre nicht als Spekulationsobjekt, sondern als Generalisierung beobachteter und von jedem beobachtbarer Fakten.[47]

In dieser Auffassung unterscheidet sich Huxley grundsätzlich von Spencer, mit dem er seit 1852 in ständigem persönlichen Kontakt steht.[48] Huxley kann zwar mit einem Seitenhieb auf Comte feststellen, daß Spencer die einzige respektable Autorität sei, die von der wissenschaftlichen Beweisbarkeit der Evolution überzeugt ist.[49] Zugleich aber hegt er ein tiefes Mißtrauen gegen den Evolutionsbegriff Spencers, weil dieser aus einer – wenn auch durch eine Fülle von Fakten erhärteten, insofern hochwahrscheinlichen und allen früheren biologischen Theorien überlegenen – Theorie ein philosophisches *System* konstruieren will.[50] 1863 schreibt Huxley, er traue Hamilton, Mansel und Spencer, solange diese destruktiv seien, lache aber über sie, sobald sie versuchten, ihre eigenen Fäden zu spinnen.[51] Dreißig Jahre später resümiert er in wenigen Sätzen, was ihn von Spencer trennt: „As between Mr. Spencer and myself, the question is not of a ‚dividing line', but of entire and complete divergence as soon as we leave the foundation laid by Hume, Kant, and Hamilton, who are *my* philosophical forefathers. To my mind the ‚Absolute' philosophies were finally knocked on the head by Hamilton; and the ‚Unkowable' in Mr. Spencers sense is

---

[47] CE V 41–44.

[48] Spencer und Huxley *gemeinsam* ist einerseits die partielle Aufnahme des agnostischen Denkens von Hamilton, andererseits der Evolutionsgedanke. Es sei jedoch darauf hingewiesen, daß Spencer in den „First Principles", dem ersten und einleitenden Band seines zehnbändigen „System of Synthetic Philosophy", an Hamiltons (und Mansels) Theorie vom Unerkennbaren anknüpft, um zu zeigen, daß die Naturwissenschaften zu den gleichen Folgerungen führen. Den Evolutionsgedanken hat Spencer bereits vor dem Erscheinen von Darwins „Origin of Species" herausgearbeitet, wenngleich hinzugefügt werden muß, daß das „System" – insbesondere die beiden Bände der „Principles of Biology" (1864–1867) – ohne den Impuls der Darwinschen Forschungen und ohne das ungeheure Echo, das sie fanden, wohl kaum seinen triumphalen Siegeszug hätte antreten können (vgl. PhStG I 76–93 und HistPhil VIII 121–145).

[49] CE I 102 f.; vgl. H. V. Routh, Towards the twentieth Century. Essays in the spiritual History of the nineteenth, Cambridge 1937, p. 281.

[50] CE V 41 f.

[51] LL I 242. Diese Äußerung ist insofern interessant, als sie tendenziell der *Kant*-Rezeption durch Hamilton und Mansel entspricht: Der „destruktive" Kant wird rezipiert, der „konstuktive" Kant abgewiesen.

merely the Absolute *redivivus*, a sort of ghost of an extinct philosophy, the name of a negation hocus-pocussed into a sham thing ... I have long been aware of the manner in which my views have been confounded with those of Mr. Spencer, though no one was more fully aware of our divergence than the latter. Perhaps I have done wrongly in letting the thing slide so long, but I was anxious to avoid a breach with an old friend."[52] Der Naturwissenschaftler Huxley, der sich von Fakten leiten läßt, mißtraut dem spekulativen Philosophen Spencer, der sich von Ideen leiten läßt und ihnen geeignete Fakten zuzuordnen versucht. Deshalb äußert sich Huxley stets höflich zurückhaltend, nie enthusiastisch zu Spencers Synthesen, und W. Irvine ist zuzustimmen, wenn er mit einem Anflug von Ironie erklärt: „... as Huxley was as sharply critical as Spencer was resourcefully constructive, the result was a prolonged and friendly disagreement".[53]

Huxley vermutet, daß die Neigung zur übersteigernden Interpretation von Hypothesen dem menschlichen Geist kaum auszutreiben und, wenn überhaupt, nur vom kritisch differenzierenden Philosophen als ungerechtfertigt zu durchschauen ist: „I suppose that, so long as the human mind exists, it will not escape its deep-seated instinct to personify its intellectual conceptions. The science of the present day is as full of this particular form of intellectual shadow-worship as is the nescience of ignorant ages. The difference is that the philosopher who is worthy of the name knows that his personified hypotheses, such as law, force, and ether, and the like, are merely useful symbols, while the ignorant and the careless take them for adequate expressions of reality."[54] Naturwissenschaftler sind jedoch, wie Huxley ausdrücklich versichert, keine mit besonderen Fähigkeiten ausgestattete Kaste. Sie benutzen, im Gegenteil, genau dieselben Methoden, die von allen Menschen – gleich welchen Standes und Berufs – im Alltagsleben sorglos und unbedacht

---

[52] Life and Letters of Thomas Henry Huxley, ed. by L. Huxley, London ²1903. Vol. III, p. 290 f.; hier ist ausnahmsweise aus der zweiten Auflage zu zitieren, weil nur diese die angeführten Briefpassagen enthält.

[53] W. Irvine, Thomas Henry Huxley, London 1960, p. 30; vgl. p. 236 f. – Vgl. auch H. Peterson, a. a. O. p. 134.

[54] CE IV 372. – Vgl. dazu die scharfe Kritik Huxleys am Vorgehen Spencers, „Unknowable" zum positiven Begriff zu hypostasieren: LL III 290 f.

praktiziert werden. Obwohl Naturwissenschaftler diese Methoden mit äußerster Sorgfalt und skrupulöser Genauigkeit benutzen,[55] folgen Wissenschaft und „common sense" den gleichen Regeln.[56] In dieser Überzeugung kann Huxley sogar sagen: „Science is, I believe, nothing but *trained and organised common sense* ..."[57]

Auf der gleichen methodischen Grundstruktur wie die Praxis des Alltagslebens beruhend, ist die Naturwissenschaft in ihrem Wissensanspruch ebenso bescheiden und in ihrer Dienstbereitschaft ebenso erdgebunden wie – Aschenputtel: „Cinderella is modestly conscious of her ignorance of these high matters. She lights the fire, sweeps the house, and provides the dinner; and is rewarded by being told that she is a base creature, devoted to low and material interests."[58] Für Huxley ist selbstvergessene Redlichkeit das treibende Motiv wissenschaftlicher Arbeit,[59] ja sein Wissenschaftsethos weist unverkennbar religiöse Züge auf. In einem Brief an Kingsley schreibt er: „Science seems to me to teach in the highest and strongest manner the great truth which is embodied in the Christian conception of entire surrender to the will of God. Sit down before fact as a little child, be prepared to give up every preconceived notion, follow humbly wherever and to whatever abysses nature leads, or you shall learn nothing. I have only begun to learn content and peace of mind since I have resolved at all risks to do this."[60] Kraft dieser uneingeschränkten, vorurteilslosen Hingabe an die Tatsachen hat die Naturwissenschaft, nach Huxley, viel erreicht; dennoch stehen wir, wie er sagt, mit unserer Erkennt-

[55] CE III 45 f.

[56] CE VI 160.

[57] CE III 45.

[58] CE IX 146.

[59] Vgl. C. Bibby, a. a. O. p. 43 f.

[60] LL I 219. – Dieses religiöse Moment, das Huxley zufolge der Unvoreingenommenheit naturwissenschaftlicher Faktentreue innewohnt, erinnert an mystische Spiritualität, wie sie beispielsweise in der (Ende des 14. Jahrhunderts zu datierenden) „Epistle of Privy Counsel" begegnet: „... look that nothing remain in thy working mind but a naked intent stretching unto God, not clothed in any special thought of God, in himself, how he is in himself, or in any of his works, but only that he is as he is. Let him be so, I pray thee, and make him on no otherwise." (The Cloud of Unknowing together with the Epistle of Privy Counsel, by an English Mystic of the XIVth Century, ed. by J. McCann, London [6]1952, p. 105)

nis der Natur erst am Anfang, nicht am Ende.[61] Diese Erkenntnis zielt nicht auf den Erwerb von abstraktem Wissen, sondern auf praktischen Nutzen.[62] Nach Huxley verdient Wissen als Selbstzweck kaum Respekt oder Interesse. Es soll vielmehr dem Zweck dienen, die unbefriedigenden Lebensbedingungen der Menschen zum Besseren zu verändern: „I think that knowledge of every kind is useful in proportion as it tends to give people right ideas, which are essential to the foundations of right practice, and to remove wrong ideas, which are the no less essential foundations and fertile mothers of every description of error in practice. And inasmuch as, whatever practical people may say, this world is, after all, absolutely governed by ideas, and very often by the wildest and most hypothetical ideas, it is a matter of the very greatest importance that our theories of things, and even of things that seem a long way apart from our daily lives, should be as far as possible true, and as far as possible removed from error."[63]

Bevor ich nun dazu übergehe, das aufklärerisch-erzieherische Denken Huxleys zu skizzieren, wird es gut sein, die verschiedenartigen Ergebnisse dieses Abschnitts noch einmal zu nennen. Anhand der – exemplarisch angeführten – Belege hat sich zunächst gezeigt, daß der Fortschrittsoptimismus des Naturwissenschaftlers Huxley verschränkt ist mit dem kritisch differenzierenden Bewußtsein des Philosophen Huxley, der seine Wissenschaft durch faktengebundene Hypothesenbildungen begrenzt weiß; diese Verschränkung kommt unter anderem in der wirkungsgeschichtlich zutreffenden Charakterisierung Humes als Wegbereiters des modernen Empirismus[64], in dem eigentümlichen und bezeichnenden Vergleich Darwin/Sokrates sowie in der Divergenz Huxley/Spencer zum Ausdruck. Es hat sich weiterhin gezeigt, daß Huxleys Wissenschaftsverständnis von persönlicher Redlichkeit und quasireligiöser Selbst-

[61] CE V 198.

[62] SM I 305: „The value of any pursuit depends upon the extent to which it fulfils one or all of three conditions. Either it enlarges our experience; or it increases our strength; or it diminishes the obstacles in the way of our acquiring experience and strength. Whatever neither teaches, nor strengthens, nor helps us, is either useless or mischievous."

[63] SM IV 253.

[64] Vgl. F. Zabeeh, Hume Precursor of Modern Empiricism. An Analysis of his Opinions on Meaning, Metaphysics, Logic and Mathematics, The Hague 1960.

losigkeit zeugt, daß es anti-elitär und pragmatisch konzipiert ist, weshalb ihm eine sozialreformerische Tendenz innewohnt.

4.22 Erziehung zu aufgeklärtem Denken im Dienste des Fortschritts

Huxley popularisierte die Ergebnisse der Naturwissenschaften mit solchem Erfolg, daß der Volkskundler Andrew Lang schreiben konnte: „In England when people say ‚science' they commonly mean an article by Professor Huxley ...“[65] Er maß der Erziehung des englischen Volkes, die für ihn eines der befriedigendsten und hoffnungsvollsten Ereignisse der modernen Geschichte darstellte, umfassende Bedeutung zu.[66] Seiner Überzeugung nach können die verständlich erklärten, aus Überzeugung akzeptierten und in die Praxis umgesetzten neuen Erkenntnisse über die Natur der Dinge und der Menschen einen Fortschritt einleiten, der durch die Vervollkommnung von Wissenschaft und Technik eine umwälzende Verbesserung des individuellen und sozialen Lebens der Menschen bewirkt.[67] Darum plädiert Huxley dafür, den Kindern bereits in

---

[65] Zit. n. C. Bibby, a. a. O. p. 101.

[66] CE I 16 f., 251. – 1880 schrieb Huxley an G. Howell: „Posthumous fame is not particularly attractive to me, but, if I am to be remembered at all, I would rather it should be as ‚a man who did his best to help the people' than by any other title.“ (LL I 476)

[67] CE I 42, 52 f., 251. Zu Huxleys umfassendem Erziehungsverständnis vgl. CE I 83: „... education is the instruction of the intellect in the laws of Nature, under which name I conclude not merely things and their forces, but men and their ways; and the fashioning of the affections and of the will into an earnest and loving desire to move in harmony with those laws.“ – In diesem Zusammenhang ist, kritisch gegenüber Huxleys Fortschrittsdenken, an die oft beschworene Parallelität zwischen Darwinscher Evolutionstheorie und kapitalistischem Konkurrenzkampf zu erinnern. Obwohl sicher kein unmittelbares Abhängigkeitsverhältnis vorliegt, sind weitgehende Ähnlichkeiten nicht zu übersehen. Vgl. dazu die treffende Charakterisierung von D. Sternberger, Das Zauberwort „Entwicklung“, in: ders., Panorama oder Ansichten vom 19. Jahrhundert, Frankfurt a. M. 1974, S. 87: „Man hat schon mehrmals bemerkt, daß die Entdeckung des Naturforschers Charles Darwin, nämlich das Prinzip der Natürlichen Zuchtwahl, ... in einer mehr als äußerlichen Analogie steht zu dem Phänomen der Konkurrenz, das im Zeitalter des freien Kapitalismus den wirtschaftlichen ‚Kampf ums Dasein' beherrscht, indem hier durch fortwährende Vernichtung der geringwertigeren und weniger mächtigen Unternehmen (und Personen) eine ebenso fortwährend positive Auslese der mächtigeren und geschickter ‚angepassten' stattfindet, und indem dieser brutale Automatismus stets von der ihn zu-

den unteren Klassen der Grundschulen und auch in der allwöchentlichen „Sonntagsschule" erste naturwissenschaftliche Kenntnisse zu vermitteln.[68] Wie das Verständnis der Natur der Verehrung Gottes nicht abträglich sein könne,[69] so bestehe auch kein Gegensatz zwischen humanistischem und naturwissenschaftlichem Wissen; vielmehr fördere das Studium der Naturwissenschaften die Geisteskultur.[70] Solche Erziehung sei unverzichtbar, weil die Menschen ohne sie zugrundegehen oder sich gegenseitig zugrunderichten würden. Huxley erklärt, daß „the savage of the civilisation is a more dangerous animal than any other wild beast and that sooner or later every social organization in which ferae accumulate unduly, will be torn to pieces by them".[71] Durch Erziehung zum aufgeklärten Denken werden den Menschen die Realitäten des Lebens und jene Zielvorstellungen nahegebracht, die den friedlichen Zusammenhalt einer Gesellschaft gewährleisten: Bildung und Moralität.[72]

Huxley entfaltet, um die Entstehung von Moralität zu erklären, die Theorie von der Restriktion egoistischer Einzelinteressen zum Wohle des Ganzen und variiert damit das Modell des auf rationaler Übereinkunft beruhenden Gesellschaftsvertrages. Eine an *übernatürliche* Normen gebundene und mit übernatürlich begründeten Sanktionen ausgestattete Ethik lehnt er nachdrücklich ab.[73] Ebenso nachdrücklich aber verwirft Huxley die Auffassung, als könne sich die Menschheit ihrem *natürlichen* Entwicklungsprozeß überlassen und darauf vertrauen, daß, gemäß dem stoischen Harmoniemodell,

---

gleich rechtfertigenden Hoffnung, ja Überzeugung begleitet und angefeuert wird, daß die Sieger in der Tat auch die Fähigsten gewesen seien und also gleichsam ein eingeborenes Recht zu ihrem Siege besessen hätten." – Zur Entstehung, Anlage und zeitgeschichtlichen Wirkung der „Origin of Species" vgl. den Überblick von J. Hemleben, Charles Darwin in Selbstzeugnissen und Bilddokumenten, Reinbek 1968, S. 105–121.

[68] CE III 122, 131–133.

[69] CE III 65.

[70] CE III 122, 131–133, 139 f., 143, 149.

[71] Dieser unmißverständliche Hinweis richtete sich an Vertreter der Schulbehörde (aus unveröffentlichten Aufzeichnungen Huxleys, zit. n. C. Bibby, a. a. O. p. 134 f.). – Vgl. auch CE III 77.

[72] CE I 289.

[73] „Religion, at first independent of morality, gradually took morality under its protection; and the supernaturalists have ever since tried to persuade mankind that the existence of ethics is bound up with that supernaturalism. I am not of that opinion." (CE V 52–54, hier: 54)

durch „naturgemäßes“ Leben jenes Glück zustandekomme, das jeder einzelne und die Gesellschaft im ganzen erstrebt. Da nämlich dem natürlichen Glücksverlangen durch Moralität und Recht Einschränkungen auferlegt werden müssen, damit es zu seiner Erfüllung gelangen kann, ist die „ethische Natur“ der Feind der „kosmischen Natur“. Bei dieser Disharmonie zwischen Evolution und Ethik sind „natürlicher Prozess“ und „ethischer Prozess“ angemessen nur antagonistisch zu denken. Moralität, Zivilisation und Gesellschaft gelingen allein im Kampf gegen den Naturzustand. Obwohl auch der Mensch Teil der Natur ist wie das geringste Schilfrohr, muß er durch Selbstbeschränkung („self-restraint“) die Entwicklung seiner animalischen Eigenschaften zügeln, um zunächst grundsätzlich überleben, dann aber human und glücklich leben zu können: „Let us understand, once for all, that the ethical process of society depends, not on imitating the cosmic process, still less in running away from it, but in combating it.“[74]

Es ist unverkennbar, daß der Naturwissenschaftler und Evolutionstheoretiker Huxley die Einzigartigkeit und die Würde des Menschen zu retten versucht, indem er – Elemente von Kants Praktischer Vernunft aufgreifend – den Menschen als sittliches Wesen versteht. Obwohl dieser Versuch mißlingen mußte, weil ihn der Autor einerseits unzureichend begründet, andererseits seinem übrigen Denken kaum integriert hat, darf die dahinter stehende Intention des „humanistischen Erziehers“ nicht übersehen werden. Es hat sich gezeigt, daß Huxley allen weltanschaulichen Deutungen naturwissenschaftlicher Forschung entschieden widerspricht. Er denkt gegen den Strom – sowohl einer unkritischen Interpretation der Evolutionslehre[75] als auch einer supranaturalistisch begründeten Ethik.[76] Sein nicht wegzuleugnender Aufklärungs- und

[74] CE IX 83; vgl. CE I 281. Huxley entfaltet diese These von der Sonderstellung des Menschen vor allem in den beiden ersten Beiträgen von Band IX seiner „Collected Essays“, der den Titel trägt: „Evolution and Ethics“; vgl. etwa CE IX, p. VIII f., 27, 30 f., 33, 44 f., 51–59, 73 f., 80–86.

[75] Das erhellt exemplarisch aus der Kontroverse mit Bischof Wilberforce (s. oben Anm. 5) sowie aus Huxleys Religions- und Klerikalismuskritik.

[76] Das zeigt ein Vergleich mit den einschlägigen Auffassungen Mansels.

[77] Siehe oben S. 181 f., 189 f. – Huxley sieht die Durchsetzbarkeit wissenschaftlich erarbeiteter Wahrheiten in der Geschichte des Denkens und der öffentlichen Meinung mit nüchternem Realismus: „History warns us ... that it is

Fortschrittsoptimismus hat ihn weder zum Anhänger der „Philosophie positive“ Comtes noch zum Befürworter des Spencerschen „System of Synthetic Philosophy“ gemacht.[77]

Nach Huxley widerstreiten aber nicht nur eigenmächtige intellektuelle Spekulationen der Wahrhaftigkeit und dem Fortschritt, zu denen faktengerecht verfahrende wissenschaftliche Forschung erzieht. Er ist davon überzeugt, daß die Anerkennung instituierter Autoritäten das Haupthindernis für die Selbstwerdung und Selbstbestimmung des Menschen bildet. Darum gelten seine Angriffe dem „closed mind“ in jeglicher Äußerung und Gestalt – sei es in Religion, Politik oder Erziehung.[78] Insbesondere der Autoritätsanspruch des von ihm so genannten „clericalism“ liefere die Menschen dem „splenic fever“ des Aberglaubens aus und unterbinde die Rechtfertigung der Wahrheit aus einsichtigen Gründen.[79] Darum sieht der „controversialist“ Huxley seine Aufgabe in der Fortsetzung jener „Reformation“, die nach seinem Verständnis den unversöhnlichen Kampf zwischen freiem Denken und tradierter Autorität begonnen hat.[80]

---

the customary fate of new truths to begin as heresies and to end as superstitions; and, as matters now stand, it is hardly rash to anticipate that, in another twenty years, the new generation ... will be in danger of accepting the main doctrines of the ‚Origin of Species‘, with as little reflection, and it may be with as little justification, as so many of our contemporaries, twenty years ago, rejected them.“ (CE II 229) – In den Notizbüchern Huxleys findet sich eine Skizze dessen, was man eine rezeptionsgeschichtliche Vierstadientheorie nennen könnte. In ironischem Sprachduktus gehalten, ist sie skeptisch und optimistisch zugleich: „The Four Stages of Public Opinion. I (Just after Publication): The Novelty is absurd and subversive of Religion and Morality. The propounder both fool and knave. II (Twenty years later): The Novelty is absolute Truth and will yield a full and satisfactory explanation of things in general – The propounder man of sublime genius and perfect virtue. III (Forty years later): The Novelty won't explain things in general after all and therefore is a wretched failure. The propounder a very ordinary person advertised by a clique. IV (A century later): The Novelty a mixture of truth and error. Explains as much as could reasonably be expected. The propounder worthy of all honour in spite of his share of human frailties, as one who has added to the permanent possessions of science.“ (unveröffentlicht, zit. n. C. Bibby, a. a. O. p. 77)

[78] Vgl. C. Bibby, a. a. O. p. 257.

[79] CE V 143; CE I 20 f., 27, 31 f., 40 f., 124, 129.

[80] 1873 schreibt er seiner Frau: „We are in the midst of a gigantic movement greater than that which preceded and produced the Reformation, and really only the continuation of that movement.“ (LL I 397) – Vgl. H. V. Routh, a. a. O. p. 288.

4.23 Protest gegen religiöse Entmündigung

Die unausgewogenen Zielvorstellungen des Erziehers Huxley gewinnen im Zuge seiner Religions- und Klerikalismuskritik an Präzision. Ein Klerus, der die Fortschritte der Naturwissenschaften nicht zur Kenntnis nimmt und den Menschen verbietet, sich ihre Urteile selbst zu bilden, betreibt noch immer das alte unselige Geschäft, die Bewegung der Welt anzuhalten, pervertiert die Religion und mißbraucht seinen Einfluß.[81] Wenn Huxley in Anspielung auf Hume und Kant erklärt, er wolle seine Landsleute aus ihrem dogmatischen Schlummer wecken,[82] so zeigt sich darin der Anspruch eines Denkens, das mit dem Zweifel beginnt und im Vertrauen auf die kritische Urteilsfähigkeit der Vernunft jeglichen Autoritätsglauben von vornherein verwirft.[83]

In dieser Überzeugung unterscheidet sich Huxley grundsätzlich von John Henry Newman. Dessen Theorie der Gewißheitsbildung führt nicht vom rationalen Zweifel zum streng logischen Beweis. Nach ihm entsteht „Gewißheit“ vielmehr aus der Anerkennung des dem Menschen „natürlichen“ Erkenntnisverhaltens, dessen Praktizierung einen „formlos“ folgernden Erkenntnisprozeß in Gang setzt. Im Verlauf dieses Erkenntnisprozesses gewinnen begründete Wahrscheinlichkeiten das Gewicht von guten Gründen, die ausreichen, um legitim den selbständigen personalen Akt der „Zustimmung“ zu vollziehen. Newman will mit seiner Zustimmungstheorie die Glaubwürdigkeit christlichen Glaubens legitimieren, um den „ungläubigen“ wie den „gläubigen“ Rationalismus seiner Zeitgenossen von dem Anspruch auf logisch zwingende Beweissicherheit abzubringen. Angemessen denken und glauben bedeutet für Newman grundsätzlich, vorgegeben Wirklichkeit so zu nehmen, wie sie ist – „to take things as they are“ zählt zu seinen ständig wiederkehrenden Formulierungen. Zumal die Erkenntnisausstattung des Menschen gehört für Newman zu den vorgegebenen und als solche hinzunehmenden Wirklichkeiten; darum heißt es in der „Grammar

---

[81] CE I 180; CE III 119 f.; CE V, p. VI–VIII, 80.

[82] CE V 270.

[83] CE V 240 f., 266 f. – Vgl. P. Ch. Mitchell, a. a. O. p. 240, 242; L. Stephen, a. a. O. p. 205: „Reason and authority may each be supreme in its own sphere. Huxley argues that this separation is radically untenable . . .“

of Assent": „We must take the constitution of the human mind as we find it, and not as we may judge it ought to be ... Introspection of our intellectual operations is not the best of means for preserving us from intellectual hesitations. To meddle with the spings of thought and action is really to weaken them."[84] Vorgegeben ist Newman zufolge auch die übernatürliche Offenbarung des christlichen Glaubens, deren autoritativem Anspruch darum von vornherein zu trauen ist.[85]

Huxley schätzt den eigenständigen Denker Newman, kritisiert jedoch den „Ecclesiasticism" und „Clericalism" des früheren Führers der anglikanischen Oxfordbewegung und des späteren Kardinals. Newman habe erklärt, vor dem Beweisen stünde das Behaupten; religiöser Irrtum sei in sich unmoralisch; Wunder bedürften keiner Beweise; die Geschichte bezeuge den Katholizismus als einzig wahres Christentum.[86] Es fällt weniger ins Gewicht, daß Huxley nur einzelne Sätze Newmans zitiert, die außerhalb ihres Zusammenhangs provozierend willkürlich wirken. Um einiges schwerer wiegt die Tatsache, daß er die „Grammar of Assent" – *das* für diesen Problemkomplex einschlägige Werk Newmans – nicht einmal erwähnt. Entscheidend aber bleibt, daß Huxley die Argumentationsweise Newmans nicht zu verstehen vermag, weil diese nach Ansatz, Verfahren und Zielsetzung gänzlich andersgeartet ist als seine eigene. Für Newman war gerade jenes mit dem Zweifel beginnende, ausschließlich durch Beweise überzeugbare Autonomiebewußtsein, das Huxley vertrat, Ausdruck falscher Gedankenfreiheit. Insofern mußten Huxley und Newman Antagonisten sein.[87]

---

[84] An Essay in Aid of a Grammar of Assent, London [5]1881, p. 216.

[85] Vgl. zum Ganzen meine Arbeit: Der Mensch unter dem Gericht der Wirklichkeit. Der Habitus als anthropologische Schlüsselkategorie im Denken von John Henry Newman, in: Newman-Studien VIII, Nürnberg 1970, S. 13–122, bes. 33–37, 54–57, 90–92, 103–109.

[86] CE V 313 f., 327 f., 336, 338 f., 342–345.

[87] Das Verhältnis der beiden Denker gewinnt allerdings einen erregenden und im besten Sinne fragwürdigen Aspekt, wenn man dem Sinn einer Bemerkung nachgeht, die Huxley halb ironisch, halb anklagend gegen Newman richtet und die zunächst ausgesprochen töricht anmutet. Wenn Huxley erklärt, er könnte, würde man ihn dazu auffordern, aus Newmans Schriften eine Fibel des Unglaubens zusammenstellen (CE V 333), so will er damit offensichtlich zu verstehen geben, daß Newmans Verfahren zur Wahrheitssicherung und Glaubensbegründung ebensogut die gegenteiligen Schlußfolgerungen und Ergebnisse erlaubt.

Huxley konzentriert seine Religions- und Klerikalismuskritik auf den „Schlußstein des orthodoxen Gewölbes",[88] auf den supranaturalistischen Dämonen- und Wunderglauben, den die Vertreter der instituierten Kirchen[89] verkünden, wobei sie – selbst uneinsichtig und keiner vernünftigen Überzeugung zugänglich – Andersdenkenden „Unglauben" vorwerfen. Im Kampf gegen diese ungerechtfertigten Glaubensansprüche verbündet sich die Kritik des englischen Naturwissenschaftlers mit der Bibelkritik der zeitgenössischen deutschen historisch-kritischen Theologie.[90] Sowohl Physik und medizinische Anthropologie als auch historisch-kritische Theologie arbeiten mit *wissenschaftlichen* Methoden[91] gegen die Behauptungen des Supranaturalismus.[92] Allein die Wissenschaft hat

---

Diese (wiederum nur anzudeutende) Ambivalenz der Zustimmungstheorie Newmans ist ernstzunehmen, auch wenn man nicht so weit geht wie Leslie Stephen, der Huxley am 18. April 1889 (im gleichen Jahr, als Huxleys einschlägiger Essay „Agnosticism and Christianity" erschien) schreibt: „J. H. N. [= John Henry Newman] was simply a sceptic who backed out of it." (zit. n. C. Bibby, a. a. O. p. 180 f.) Es wäre zwar ungerechtfertigt, Newman vorzuwerfen, er habe dem Standpunkt des Skeptikers verständnislos gegenübergestanden, obwohl er den Skeptizismus als falsche Geisteshaltung („habit of mind") eindeutig abgelehnt hat. Stephen meint jedoch, daß der explizite Antiskeptiker Newman dem seinem Denken implizit innewohnenden Skeptizismus keinen Raum gegeben hat und ihm ausgewichen ist (vgl. Stephens Nachruf auf Newman: L. Stephen, Cardinal Newman's Scepticism, in: Nineteenth Century 29 [1891] 179–201). – Diese durchaus bemerkenswerte und folgenreiche Interpretation ist bisher nicht genügend geprüft worden. Es wäre beispielsweise aufschlußreich, unter diesem Gesichtspunkt Huxleys und Newmans Hume-Verständnis miteinander zu vergleichen und dabei der Frage nachzugehen, wieviel Newman dem Skeptizismus und der Skeptizismus-Kritik Humes *verdankt*.

[88] CE V 363, 393.

[89] Dabei ist nicht nur an die Bischöfe zu denken. Ein zeitgenössischer Autor charakterisiert die Universitäten Oxford und Cambridge als akademisch und gesellschaftlich beherrscht von einer „clerical gerontocracy" (zit. n. C. Bibby, a. a. O. p. 177).

[90] Huxley bezeichnet sich als dankbaren Gefolgsmann von Ritschl, Harnack, Strauss und Baur (CE V 212 f., 296, 302, 363). Zumal das umfangreiche Vorwort zum V. Band der „Collected Essays" zeigt seine erstaunliche Vertrautheit mit den seinerzeit vorliegenden Ergebnissen der alttestamentlichen (Verfasserschaft des Pentateuch) und neutestamentlichen (synoptische Zweiquellentheorie) Traditionsgeschichte und Quellenkritik: CE V, p. V–XXXII.

[91] CE V 25–31.

[92] CE V 32–36. – CE VI 171 f., 179 wendet sich Huxley gegen den David Hume der „Dialogues", der es sich aufgrund seiner eigenen Argumentationsprinzipien hätte verbieten müssen, die Existenz Gottes als wahrscheinlich anzunehmen.

darüber zu entscheiden, ob die Worte und Taten Jesu sowie die biblischen Wunder- und Dämonenberichte integraler Bestandteil des ursprünglichen Christentums und insofern glaubwürdig sind.[93] Huxleys Stellungnahmen zu diesem Fragenkomplex sind nicht eindeutig. Obwohl es die Erforschung der synoptischen Evangelien nach seinem Dafürhalten höchst wahrscheinlich macht, daß die Dämonologie einen integralen und untrennbaren Bestandteil des ursprünglichen Christentums bildet und daß darum Jesus selbst die abergläubischen Vorstellungen seiner Jünger geteilt hat, verhält sich Huxley, bis zu diesem zentralen Problem ein eindeutiger Beweis pro oder contra vorliegt, ausdrücklich agnostisch.[94] Der Hume-Interpret Huxley scheint Wunder nicht für grundsätzlich unmöglich zu halten und in dieser Frage widerwillig eine „suspension of judgement" zu empfehlen.[95] Eindeutig aber negiert und verabscheut er den biblischen Dämonenglauben als durch keinerlei einsichtige Gründe gerechtfertigten Aberglauben, der – im Glauben an die Realität von dämonischer Besessenheit und Hexerei – die Christen zumal des 15.–17. Jahrhunderts dazu gebracht hat, Abertausende Unschuldiger zu ermorden.[96] Huxley, der die Spiritualität und Moralität der biblischen Schriften als erzieherisches Dokument ersten Ranges schätzt und empfiehlt,[97] ist davon überzeugt, daß die Bibel selbst neun Zehntel jener kruden Mischung aus sophistischer Metaphysik und uraltem Aberglauben zurückweist, womit die sogenannten Christen späterer Zeiten sie umkleidet haben,[98] und bekennt: „I utterly disbelieve in the existence of ‚unclean spirits'."[99] Insbesondere die, wie er sagt, monströs erfundene Geschichte von den Dämonen, die in die Schweineherde von Gerasa fuhren, hat für ihn exemplarische Bedeutung. Deshalb kommt er in vielen seiner einschlägigen Beiträge immer wieder auf diesen Bericht zurück; obwohl Huxley das ihm kirchlicherseits verliehene Prädikat „Ungläubiger" entschieden abgelehnt hat, erklärt er hier

---

93 CE V 212–214, 359 f.

94 CE V, p. XIX–XXXI, 193 f.

95 CE VI 159 f. – CE V 203 f., 228 f. äußert sich Huxley um einiges bereitwilliger zur apriorischen Möglichkeit von Wundern.

96 CE V 215 f.

97 CE V 55–58.

98 CE V 268.

99 CE V 216.

mit einem Freimut, der sogar für ihn außergewöhnlich ist: „I certainly shall rejoice not to be reckoned among ‚Christians' so long as the profession of belief in such stories as the Gadarene pig affair, on the strength of a tradition of unknown origin, of which two discrepant reports, also of unknown origin, alone remain, forms any part of the Christian faith."[100]

Huxley zufolge etablierte die frühe Menschheit eine theoretische Antithese und einen praktischen Antagonismus zwischen Natur und Übernatur, um sich fast gänzlich der Übernatur zuzuwenden; dabei entstanden Religionen, die sich wechselseitig ausschlossen. Doch sobald die Menschen ihre Aufmerksamkeit der Natur zuwandten, wurden sie für ihre Mühe belohnt. Historisch gesehen, sind Fortschritt und Humanisierung der Menschheit an die Preisgabe des „Supranaturalismus" zugunsten des „Naturalismus" geknüpft.[101] Die Kontroverse, welche Wegrichtung die richtige sei, mag weiter anhalten; der Klerus mag seine Appelle fortsetzen, an Gesetze zu glauben, die denen der Natur überlegen sind – „We have any quantity of genuine miracles of our own, and if you will furnish us with as good evidence of your miracles as we have of ours, we shall be quite happy to accept them and to amend our expression of the laws of nature in accordance with the new facts".[102] Für unseren Autor steht außer Zweifel, daß eine Christenheit, die ihre abergläubischen Anschauungen und Praktiken nicht aufgeben will, dem Untergang geweiht ist.[103] Da die institutionelle Kirche jedoch nicht bereit sein wird, sich mit dem Geist der Wissenschaft zu versöhnen,[104] erklärt Huxley: „... we admit that intelligent work is the only acceptable worship; and that,

---

100 CE V 308.

101 CE V 4–9; vgl. CE I 20–41.

102 CE V 80 f., hier: 81.

103 CE V 142: „That this Christianity is doomed to fall is, to my mind, beyond a doubt."

104 Vgl. LL I 221. In Huxleys Notizbüchern findet sich folgende Eintragung: „Religions rise because they satisfy the many and fall because they cease to satisfy the few. They have been the day dreams of mankind and each in turn has become a nightmare from which a gleam of knowledge has waked the dreamer. The religion which will endure is such a day dream as may still be dreamed in the noon tide glare of science." (unveröffentlicht, zit. n. C. Bibby, a. a. O. p. 48)

whether there be a Supernature or not, our business is with Nature".[105]

Diese überlegt und überlegen geäußerte Absicht, auf die Beschäftigung mit metaphysischen Fragen zu verzichten, entspringt dem Protest eines Fortschrittsbewußtseins, das sich nicht primär philosophischen Reflexionen verdankt. Es bleibt nun zu prüfen, inwieweit das grob gewebte philosophische Gewand[106] des Naturwissenschaftlers, Erziehers und Religionskritikers dem erklärten Agnostiker Huxley angemessen ist.

4.3 Die Signatur des agnostischen Denkens von Thomas Henry Huxley

Huxley hat sich nie definitorisch oder gar systematisch, sondern fast ausschließlich im Kontext zeitbedingter Kontroversen zu jenem Denken geäußert, das er selbst als „agnostisch" bezeichnete. Nun kann dieser Umstand zwar partiell die *vielseitig ausgrenzenden Formulierungen* seines Agnostizismus erklären, mit denen wir uns zunächst zu befassen haben, nicht aber dessen *einseitige Tendenz*, die abschließend zu erörtern ist.

Nach unserem Autor bleibt alle Erkenntnis von Menschen und Dingen auf empirisch erhebbare Phänomenerkenntnis reduziert.[107] „Materie" und „Geist" sind lediglich Namen zur Bezeichnung eines unerkennbaren Substrats, das erkennbaren Phänomengruppierungen zugrundeliegt.[108] Das Verhältnis von materiellen und immateriellen Erscheinungen, die Existenz einer menschlichen Seele, die Gewißheit der Unsterblichkeit, die Möglichkeit von Wundern lassen sich zwar nicht a priori leugnen, aber auch nicht aus Erfahrung beweisen und verlangen darum uneingeschränkte Urteilsenthaltung.[109] Der Agnostizismus, der keine Religionsphilosophie zu sein beansprucht,[110] ist das unausweichliche Ergebnis der Anwendung

---

105 CE V 38 (Hervorhebung von mir).

106 Diese gelungene Metapher verwendet T. A. Goudge, Huxley, Thomas Henry, in: Enc Phil IV 103.

107 CE VI 104 f., 171 f.

108 CE I 160; CE VI 166.

109 CE V 141 f., 196 f., 205–207, 327 f.; CE VI 176, 178, 304; CE IX 143.

110 CE V 251.

wissenschaftlicher Methoden[111] und die einzig lautere Haltung für Menschen, die sich weigern, etwas als Wissen zu bezeichnen, was sie nicht wissen.[112] Wer ihn verstehen will, muß die Arbeitsweisen der Naturwissenschaften und der historisch-kritischen Theologie kennen;[113] diese wissenschaftliche Theologie, die einzig ernstzunehmende, kann mit dem Agnostizismus ebensowenig in Konflikt geraten wie die Naturwissenschaften.[114] Denn der Agnostizismus ist kein Glaubensbekenntnis, sondern eine Methode, so alt wie das sokratische Wahrheitsstreben und das paulinische „prüfet alles, das Gute behaltet".[115]

Aus diesen Gründen ist es nach Huxley unsinnig und unlauter, den Agnostizismus mit religiös-theologischen oder weltanschaulich-spekulativen Positionen zu identifizieren. Das gilt einerseits für die Unterstellung, Agnostiker seien zu feige, sich „*Ungläubige*" zu nennen,[116] andererseits für die törichte Annahme, sie seien Vorläufer des Positivismus.[117] Wie die Naturwissenschaft weder atheistisch noch materialistisch ist,[118] so sind Agnostiker weder Atheisten noch Theisten, Spiritualisten, Idealisten oder *Materialisten.*[119] Gleich der Philosophie ist die Naturwissenschaft weder christlich noch unchristlich, sondern „secular". Die Physik arbeitet zwar insofern „materialistisch", als sie Vokabeln wie „Materie", „Kraft", „Gesetze" bei ihren Hypothesenbildungen verwendet; dieser methodisch legitime „Materialismus" wird aber erst dann illegitim, wenn er die Grenzen überschreitet, die ihm von der Begrenztheit des menschlichen Erkenntnisvermögens auferlegt sind, und in jenen Bereich eindringt, den Huxley „the mystery of existence" nennt.[120]

---

111 CE V 251.
112 CE V 40, 54.
113 CE V 253.
114 CE V 312 f.
115 CE V 245.
116 CE V 210 f., 230, 233, 309. – Zur Verwendung der Bezeichnungen „Agnostizismus"/„Agnostiker" und „Atheismus"/„Atheisten" in der Viktorianischen Gesellschaft s. oben Abschnitt 2.5, Anm. 89; zum angeblichen „Materialismus" Huxleys s. auch oben S. 9.
117 CE V 248.
118 CE IX 140.
119 CE I 150; CE V 317 f.; CE IX 128–130, 132–137.
120 CE I 193–195; CE VI 284–286; CE IX 44.

Friedrich Engels ist darum nicht zuzustimmen, wenn er in der Einleitung zur englischen Ausgabe seiner Schrift „Die Entwicklung des Sozialismus von der Utopie zur Wissenschaft" die rhetorische (eine bejahende Antwort insinuierende) Frage stellt: „In der Tat, was ist Agnostizismus anders als verschämter Materialismus?"[121] Es könnte freilich sein, daß Engels bei der Beurteilung des Agnostizismus[122] gar nicht an Huxley selbst dachte, sondern sich entweder auf eine kontaminiert umlaufende Agnostizismus-Version[123] oder auf eine bestimmte Agnostizismus-Kritik bezogen hat. W. I. Lenin, der in seinem „Materialismus und Empiriokritizismus" Engels' Deutung des Agnostizismus als „verschämter Materialismus" aufgriff und seinerseits vermutete, Engels habe damit Huxley gemeint,[124] kommt zu dem Urteil: „Huxleys Philosophie ist ebenso eine Mischung von Humeismus und Berkeleyanismus wie die Philosophie Machs. Nur sind Huxleys berkeleyanische Ausfälle zufällig, und sein Agnostizismus dient als Feigenblatt, um den Materialismus zu verhüllen."[125] Daß und warum diese Einschätzung fehlgeht, zeigen die Texte klar genug. Huxley hat Marx niemals gelesen,[126] und obwohl bei ihm deutliche Ansätze von Kapitalismus-Kritik vorliegen,[127] kann man seinen szientifisch motivierten Agnostizismus nicht auf „Materialismus" und auch nicht auf „historischen Materialismus" festlegen.

---

[121] K. Marx u. F. Engels, Werke. Bd. 22, Berlin 1963, S. 295.

[122] Vgl. den Kontext a. a. O. S. 295–298.

[123] Siehe oben Abschnitt 2.5, Anm. 89.

[124] Lenin rekurriert auf die Huxley-Kritik von James Ward in dessen Buch „Naturalism and Agnosticism" (London 1899).

[125] W. I. Lenin, Materialismus und Empiriokritizismus, Berlin 1968, S. 205 f., hier: S. 206.

[126] C. Bibby, a. a. O. p. 51.

[127] Davon zeugt nicht nur CE I 128 (von Bibby zitiert), sondern weit stärker noch die 1871 geäußerte Bemerkung: „What gives forth to the socialistic movement which is now stirring European society to its depths, but a determination on the part of the naturally able men among the proletariat, to put an end, somehow or other, to the misery and degradation in which a large proportion of their fellows are steeped? The question, whether the means by which they purpose to achieve this end are adequate or not, is at this moment the most important of all political questions – and it is beside my present purpose to discuss it." (CE I 256 f., hier: 256; vgl. auch CE III 68, 72 f.: Huxleys Engagement für die sozialen und politischen Rechte der Frau) Gleichwohl kann man aus den angegebenen Gründen Huxley nicht in die Nähe des „historischen Materialismus" rücken, wie C. Bibby es tut (a. a. O. p. 51).

Andererseits ist es unleugbar, daß Huxley bei dem Versuch, Mißdeutungen des Agnostizismus abzuwehren, auf eine sorgfältige Unterscheidung zwischen philosophischer Erkenntnishaltung und naturwissenschaftlicher Methodologie verzichtet hat. Man wird kaum annehmen dürfen, daß ihm die Unterschiede nicht aufgefallen sind, und muß eher davon ausgehen, daß er sie bewußt hat zurücktreten lassen, um die Ansprüche seiner „liege lady“, der Naturwissenschaft,[128] auch philosophisch abzusichern. Dieses Philosophieverständnis ist in genauer Parallele zu seinem Rekurs auf historisch-kritische Theologie zu sehen. Soweit philosophisches und theologisches Denken „wissenschaftlich“ ist, kommt es Huxley zur Begründung und Förderung seiner naturwissenschaftlich-aufklärerischen Intentionen äußerst gelegen. Wie theologische Reflexionen und religiöse Vorstellungen, die der voranzutreibenden zweiten „Reformation“ oder „Renaissance“ im Wege stehen, als unnütz und schädlich verworfen werden, so werden instrumentell nicht einsetzbare metaphysische Spekulationen und weltanschauliche Positionen als ungerechtfertigt und abwegig zurückgewiesen.

Die berechtigten Ansprüche der Erkenntnis – Kants „Rechtsame“ der Vernunft – müssen sich nach Huxley zweifach ausweisen: Zum einen legitimiert sich alles Wissen durch Einhaltung der Grenzen, die menschlicher Erkenntnisfähigkeit gesetzt sind; zum anderen legitimiert sich alles Wissen durch seinen – wissenschaftlich ermöglichten – Humanisierungseffekt. Das gibt Huxleys Denken eine eigenartige Ambivalenz, die er jedoch selbst keineswegs empfunden hat. Pointiert könnte man sagen, daß für ihn die philosophische Einsicht ins Unerreichbare, die wissenschaftliche Sichtbarmachung des Tatsächlichen und die Aussicht auf erreichbare Veränderung der Lebensverhältnisse komplementäre Momente innerhalb ein und derselben Zielvorstellung bilden: die Menschen individuell wie gesellschaftlich autonom und glücklich zu machen.

Es bleibt zwar unmöglich, das philosophische und speziell das agnostische Denken Huxleys außerhalb dieses Kontextes angemessen zu deuten, zumal dieser Kontext wiederum nicht ohne die biographisch bedingte Verflechtung von intellektueller Redlichkeit, Wissenschaftsethos, aufklärerischem und sozialkritischem Engage-

---

[128] CE V 236.

ment zu verstehen ist.[129] Wird jedoch dieser Kontext berücksichtigt, so verlieren Huxleys philosophische Aussagen den – oft allzu rasch kritisierten – Makel des Zufälligen[130] und gewinnen stattdessen den ihnen zukommenden Stellenwert. Dann erscheint es weniger befremdlich, wenn Huxley Sokrates den „ersten Agnostiker" nennt,[131] und Hume als „Fürsten der Agnostiker" oder „Protagonisten des Agnostizismus" bezeichnet, der auf eine Linie mit Locke, Berkeley und Kant gestellt wird.[132] Auch liegt keine Denk- und Sprachverwirrung vor, wenn er in der Absicht, aufzuklären und sich verständlich zu machen, zum Vokabular des Aberglaubens greift und versichert: „Sound metaphysic is an amulet which renders its possessor proof alike against the poison of superstition and the counter-poison of shallow negation; by showing that the affirmations of the former and the denials of the latter like deal with matters abouth which, for lack of evidence, nothing can be either affirmed or denied."[133]

Dessen ungeachtet bleibt Huxleys Verflechtung von erkenntnistheoretisch begründetem und szientifisch praktikablem Agnostizismus problematisch. Was für Hamilton das „Unknowable" war, das schlechthin Unerkennbare, dem als begrenzender Horizont alles Wissens Achtung gebührte, wird für Huxley zu einem Bereich, den es auszusparen und zu isolieren gilt, damit sich die Wissenschaft dem Unbekannten als dem Noch-nicht-Bekannten und empirisch Erkennbaren zuwenden kann.[134] Da nun eine „gesunde" Philosophie[135] und eine historisch-kritisch arbeitende Theologie nach Huxley ebenfalls wissenschaftlich legitim vorgehen, kann er ihnen die gleiche Kapazität zur Lösung einschlägiger Probleme zubilligen

---

[129] Vgl. zu dieser bereits ausführlich dargelegten Verflechtung auch CE II 19 f.
[130] In diese Richtung zielt die Kritik von Hist Phil VIII 107; PhStG I 95; W. R. Sorley, A History of British Philosophy to 1900, Cambridge 1965, S. 275. – Wenn Huxley das Denken und die Denkweise jener Philosophen aufgreift, die dem Gesamtentwurf seines eigenen Denkens integrierbar sind, so tut er damit nichts Ungewöhnliches; ungewöhnlich und für die meisten Philosophiehistoriker unakzeptabel ist nur, daß der Gesamtentwurf im Falle Huxleys kein rein und primär philosophischer ist.
[131] CE VI, p. VIII; vgl. CE IX 70.
[132] CE V 249; CE VI 50, 251.
[133] CE VI 306 f.
[134] CE V 39; CE VI 317–19.
[135] „sound metaphysic" (CE VI 308).

wie den Naturwissenschaften.[136] Im Vorwort seines Hume-Buches begegnet dieses pragmatische Philosophieverständnis in aller Deutlichkeit: „The negations of Pyrrhonism are as shallow, as the assumptions of Platonism are empty. Modern thought has by no means escaped from perversions of the same order. But, thanks to the sharp discipline of physical science, it is more and more freeing itself from them. In face of the incessant verification of deductive reasoning by experiment, Pyrrhonism has become ridiculous; in face of the ignominious fate which always befalls those who attempt to get at the secrets of nature, at the rules of conduct, by the high *a priori* road, Platonism and its modern progeny show themselves to be, at best, splendid follies."[137]

Huxleys gesamtes Denken ist durch eine Haltung bestimmt, die man als „Faktentreue" bezeichnen kann. Während ihm zufolge „gesunde Metaphysik" eher grundsätzlich die Ermöglichungsbedingungen und Grenzen jener wirklichkeitsgerechten Erkenntnis zu erforschen hat, die von den empirisch arbeitenden „Wissenschaften" tatsächlich geleistet wird, ist „Agnostizismus" für ihn spezifischer Ausdruck und zugleich instrumenteller Inbegriff solcher Erkenntnis. Agnostisch denken heißt für Huxley, das *niemals* Erkennbare konsequent und entschlossen eliminieren, um das *noch nicht* Erkannte tatsächlich zu erkennen. Sein Agnostizismus ist auf erreichbare Zukunft ausgerichtet, bar allen systematischen Anspruchs (Spencer) und bar allen Respekts vor dem Unerkennbaren (Hamilton).

Das Erkenntnisinteresse des Naturwissenschaftlers Huxley basiert auf dem Wissen, daß sich die Welt der Erscheinungen erkennen läßt, auf dem Willen, sie zu erkennen, und auf der Überzeugung, daß sie mit fortschreitender Zeit vollständig zu erkennen sein wird. Diese Überzeugung von der fortschreitenden, schließlich totalen Erkenntnis der Welt[138] trägt unverkennbare Züge quasi-

---

[136] CE III 43: Keiner weiß, was „Leben" ist; aber vielleicht werden die Philosophen (!) im Laufe der Zeit Gesetze entdecken, die das Zusammenspiel von physisch-chemischen und immateriellen Phänomen erklären. – CE V, p. XXX f.: Ursprung, Entfaltung und hartnäckige Befürwortung des biblischen Dämonenglaubens sind bislang unzureichend erklärt, aber die wissenschaftliche Lösung dieses Problems ist nur eine Frage der Zeit.

[137] CE VI, p. IX.

[138] CE I 158 f.; CE V 7–24, 218, 246, 347; CE VI 59.

religiöser Spiritualität und Ethik.[139] Huxleys fortschrittsgläubiger pragmatischer Agnostizismus entläßt das Denken aus jener Spannung zum Unerkennbaren, die der Philosophie eines Hamilton ihr Gepräge verlieh, und bindet die freigesetzte Kraft des Denkens an die Erkenntnis der erkennbaren Welt. Durch die Preisgabe jener Bindung des Denkens ans Unerkennbare bricht aber Huxley nicht nur mit dem philosophischen Erbe, dem sein Agnostizismus wesentliche Impulse verdankt; der „scientific Naturalism"[140] unseres Autors verzehrt und zerbricht die Kraft eines Denkens, dem Wirklichkeit mehr bedeutet als die Welt der Erscheinungen und das aus diesem Grund auf das Unerkennbare als den begrenzenden Horizont des Erkennbaren verweist. Huxleys Agnostizismus ist ein szientistisch mißbrauchter Agnostizismus.

---

[139] Vgl. H. Routh, a. a. O. S. 286 f.: „Assuredly the nineteenth century needed a new religion. So thought Huxley ... Thus science was recognized to be very much more than a disinterested quest for truth; it showed us how to live."
[140] CE V 37–39.

5. Zur fortdauernden Problematik agnostischen Denkens

Die philosophische Historiographie bevorzugt im allgemeinen die bekannt gebliebenen Philosophen und läßt sie als „Sieger“ erscheinen. Weil Hamilton, Mansel und Huxley nicht zu den „Siegern“, sondern zu den „Unterlegenen“ ihrer Epoche zählen, kommen sie in den einschlägigen Passagen der Philosophiegeschichten nur knapp und undifferenziert zur Darstellung. Daß damit über die Gültigkeit ihres Denkens nichts entschieden ist, liegt auf der Hand. Meine Untersuchung war von der Absicht geleitet, die übliche Einschätzung dieser Denker durch eine historisch angemessene Darstellung und Erörterung ihres Denkens zu korrigieren. Dabei hat sich gezeigt, daß die drei Agnostizismen auf ein gemeinsames Problembewußtsein zurückgehen, das jedoch im Zuge seiner jeweiligen Entfaltung erheblich divergierende Überzeugungen ausbildet. Nachdem die Gründe dieser divergent verlaufenen Problemgeschichte sichtbar geworden sind, gelten die letzten Seiten dem Versuch, die erörterten Agnostizismen einander gegenüberzustellen und dabei die teils verbrauchte, teils unausgeschöpfte „Sache“ agnostischen Denkens anzudeuten.

Gemeinsamer Ausgangspunkt der Viktorianischen Agnostizismen ist die Überzeugung von der Reduktion aller Erkenntnis auf Phänomenerkenntnis, so daß prinzipiell unerkennbar bleibt, was nicht der Welt der Erscheinungen zugehört. Während sich jedoch Hamiltons „Philosophie des Bedingten“ aus der dem Denken aufgegebenen Spannung zwischen Erkennbarem und Unerkennbarem konstituiert, werden die Überlegungen Mansels und Huxleys von Zielsetzungen geleitet, die solchem Denken äußerlich sind und darum dieser Spannung ausweichen. Sowohl der Apologet christlichen Glaubens als auch der Vorkämpfer wissenschaftlich fundierter Weltbeherrschung entziehen sich jenem „Streben nach dem Unbedingten", das dem Denken Hamiltons philosophische Dignität verleiht und bewahrt. Mansel identifiziert das Unerkennbare mit den Mysterien übernatürlicher Offenbarung und fordert die glaubende Hinnahme dieser Mysterien um den Preis des Erkenntnisverzichts.[1] Huxley hingegen identifiziert das Erkennbare mit naturwissenschaftlich erhebbarem Wissen und fordert zur ausschließlichen Anerkennung dieses Wissens die Isolation des nicht Wißbaren. Indem Mansel und Huxley das agnostische Denken bestimmten Zwecken unterwerfen, die sich aufgrund agnostischen Denkens keineswegs nahelegen, mißbrauchen sie dieses Denken. Ihre instrumentell eingesetzten Agnostizismen verfolgen zwar gegenläufige Intentionen, kommen jedoch insofern überein, als beide das aufs Unerkennbare verwiesene Denken abbrechen. In dieser Hinsicht erscheint Huxleys szientistischer Agnostizismus als die seitenverkehrte Variante von Mansels fideistischem Agnostizismus. Gleichwohl handelt es sich um Varianten, die sich gegenseitig ausschließen und die gerade in ihrer fatalen Übereinkunft vom Denken Hamiltons ausgeschlossen bleiben.

Um so irritierender wirkt es, daß jeder Autor dieser drei divergierenden Agnostizismen davon überzeugt ist, sein Denken werde der Vernunft gerecht – sei es in der Spannung zum Unerkennbaren (Hamilton), sei es im Erkenntnisverzicht (Mansel), sei es im Erkenntnisoptimismus (Huxley). Infolgedessen wird zunächst die geläufige Sprachregelung problematisch: Die erheblichen Divergenzen machen es – nicht nur im Kontext des 19. Jahrhunderts – unmöglich, die Bezeichnungen „Agnostiker", „agnostisch" und „Agnostizismus" univok zu verwenden.[2] Es ist freilich weniger die

---

[1] Mansels Fideismus ist mißbrauchter Agnostizismus, insofern die Ergebnisse der von Kant und Hamilton geleisteten Vernunftkritik benutzt werden, um verstohlen eine neue „Gnosis" zu etablieren. Was F. Nietzsche gegen Ende seiner Streitschrift „Zur Genealogie der Moral" bemerkt, scheint darum wie auf Mansel gemünzt: „Gewiß ist, daß alle Art Transzendentalisten seit Kant wieder gewonnenes Spiel haben – sie sind von den Theologen emanzipiert; welches Glück! – er hat ihnen jenen Schleichweg verraten, auf dem sie nunmehr auf eigne Faust und mit dem besten wissenschaftlichen Anstande den ‚Wünschen ihres Herzens' nachgehn dürfen. Insgleichen: wer dürfte es nunmehr den Agnostikern verargen, wenn sie, als die Verehrer des Unbekannten und Geheimnisvollen an sich, *das Fragezeichen* selbst jetzt als Gott anbeten?" (F. Nietzsche, Werke in drei Bänden, a. a. O. Bd. II, S. 894)

[2] Eine differenzierende Darstellung und Interpretation des Agnostizismus im

Selbst- oder Fremdbezeichnung einzelner Autoren als „Agnostiker"[3], sondern das problematisch gewordene agnostische Denken selbst, das einmal mehr die Frage nach den „Rechtsamen" der Vernunft provoziert. Indem Hamilton die Wahrhaftigkeit des Bewußtseins als unerkennbar einsichtig macht und sich so zum „Wesen" dieses gnoseologischen primum datum agnostisch verhält,[4] anerkennt er eine Grenzerfahrung der Vernunft, die ihn disponiert, auch das „Wesen" der materiellen Erscheinungen als unerkennbar anzuerkennen. Der bewahrte Respekt vor dem unergründlichen Grund von Bewußtseins- und Dingphänomenen bewährt sich in der bleibenden Verwiesenheit des Denkens auf jenes Absolute, das vom Erkennen nicht einzuholen ist. Die agnostische Achtung des Unbedingten entgeht damit der Versuchung, geschlossene Positionen mit totalem Erklärungsanspruch zu etablieren und zu legitimieren.

---

20. Jahrhundert ist ein Desiderat. Vgl. H. R. Schlette, Zur philosophischen Aktualität und gesellschaftlichen Relevanz des Agnostizismus, in: ders., Christen als Humanisten, München 1967, S. 84–111; ders., Aporetik – Kriteriologie – philosophische Ideologiekritik, in: ders. (Hrsg.), Die Zukunft der Philosophie, Olten 1968, S. 184–202; ders., Aporie und Glaube. Schriften zur Philosophie und Theologie, München 1970; ders. (Hrsg.), Der moderne Agnostizismus, Düsseldorf 1979.

[3] Eine Sonderstellung nimmt Bertrand Russell ein, dessen Religionskritik seit langem, auch in Deutschland, weit über den Bereich wissenschaftlicher Diskussion hinaus bekannt ist. Der 1872 geborene Russell, „Patenkind" J. St. Mills (seine Eltern waren „freethinkers", und Mill gehörte zum engsten Freundeskreis), hat seine von ihm selbst als „komplex" bezeichneten Auffassungen zur Religion und das, was manchmal übertreibend seine Religionsphilosophie genannt wird, mehrfach erläutert und umschrieben. Hier kann lediglich darauf hingewiesen werden, daß es zutreffender wäre, Russells Agnostizismus als latenten Atheismus zu bezeichnen, obwohl er begrifflich exakt den „Atheisten" vom „Agnostiker" abhebt (HistPhil VIII 481 f.). In unserem Zusammenhang einschlägig sind vor allem seine späteren Schriften „Why I am not a Christian" (1927), „Religion and Science" (1935), „What is an Agnostic" (1953) und „What I believe" (1957). – Vgl. E. S. Brightman, Russell's Philosophy of Religion, in: P. Schilpp (Ed.), The Philosophy of Bertrand Russell, New York ²1946, p. 537–556; C. H. D. Clark, Christianity and Bertrand Russell, London 1958; J. Pitt, Russell on Religion, in: International Journal of Philosophy and Religion VI (1975) 40–53.

[4] Diese Auffassung, daß die Wahrhaftigkeit des Bewußtseins nicht zu beweisen, sondern nur in ihrer Unbeweisbarkeit einsichtig zu machen ist, besitzt große Ähnlichkeit mit dem Resultat, zu dem W. Stegmüllers Erörterungen des Evidenzproblems gelangen (vgl. W. Stegmüller, Metaphysik, Skepsis, Wissenschaft, Berlin ²1969, bes. S. 1–47, 162–175, 450–456). Auch Hamilton vertritt einen „Evidenz-Agnostizismus" – so lautet die geglückte, den Standpunkt Stegmüllers charakterisierende Wortprägung von A. Kulenkampff, in: HPhG 434.

Doch gegen diese Denkhaltung lassen sich schwerwiegende Einwände vorbringen. Denn ohne Zweifel vertreten bereits Mansel und Huxley geschlossene Positionen, die sie für legitim agnostisch halten. Es wurde bereits gezeigt, inwiefern sich ihre instrumentalisierten Agnostizismen zu Unrecht auf Hamilton berufen. Aber ist Hamiltons Positionslosigkeit nicht ihrerseits eine Position? Wäre es so, läßt sich diese Position der Positionslosigkeit beibehalten, wenn das agnostische Denken aufhört, in sich selbst zu ruhen? Muß nicht jedes Denken, also auch das agnostische, seine Legitimation in der praktischen Anwendbarkeit auf die konkrete Lebenswelt des Menschen erbringen und bewähren? Wie kann eine Denkhaltung, die weder den letzten Grund ihres Denkens noch den letzten Grund ihrer Gegenstände rational nachzuweisen vermag, erwarten, ernstgenommen zu werden? Wird sie zwar nicht als solche ernstgenommen, aber doch zur Erreichung bestimmter nicht-agnostischer Zielsetzungen in Dienst genommen, wie kann sie solche Instrumentalisierung verhindern? Mit welchen Beweisen kann ein „offenes" agnostisches Denken (wie jenes Hamiltons) der Umdeutung zur „geschlossenen" Position entgegentreten? Doch sogar wenn sich nachweisen läßt, daß agnostische Positionen (wie jene Mansels und Huxleys) zu Unrecht auf agnostisches Denken rekurrieren – ist es nicht der positionslose Agnostizismus selbst, der aufgrund seiner selbstauferlegten Zurückhaltung mißbrauchbar wird und seine Umdeutung zur Position geradezu provoziert?

Bezeichnete man aber die illegitimen agnostischen Positionen in ihrer Unselbständigkeit als „parasitär", ist dann nicht die Verwerfung metaphysischer Erkenntnisgewißheit *und* die Verwerfung skeptischen Erkenntnisverzichts doppelt parasitär? Oder läßt sich etwa leugnen, daß der „offene" Agnostizismus metaphysischen Fragestellungen verpflichtet bleibt, ohne die Antworten der Metaphysik zu geben, und daß er skeptischen Fragestellungen verpflichtet bleibt, ohne die Antworten des Skeptizismus zu geben? Ist diese „unentschiedene" Denkhaltung, die den Eindruck der Gleichgültigkeit erweckt, verschämte Metaphysik, verschleierter Skeptizismus oder als Artefakt aus beidem[5] ein ebenso unredlicher wie gleißne-

[5] Kant bezeichnet den „Indifferentismus", das unentschiedene Schwanken der zeitgenössischen Philosophie zwischen dogmatischem und skeptischem Denken, als „erkünstelt" (KrV A X).

rischer Ausdruck mißlingender Selbstrechtfertigung? Wird damit nicht die agnostische Urteilsenthaltung, die dem Unerkennbaren verbunden bleiben und der kategorialen Fixierung auf eine „gnostische“ Position entgehen will, ihrerseits zur schlechtesten aller Positionen, nämlich zur Erkenntnis lähmenden, Praxis vereitelnden Position der Unentschiedenheit?

Hinter den genannten Fragen verbirgt sich die prinzipielle Frage nach dem Geltungsanspruch agnostischen Denkens. Diese Frage wiederum kulminiert in dem Begründungspostulat, das hier als Forderung der Begründbarkeit einer „Philosophie des Bedingten“ aufzugreifen ist. Das agnostische Denken Hamiltons erstreckt sich zwischen dem unerkennbaren, weil unbedingten Grund des Bewußtseins und dem unerkennbaren, weil unbedingten Grund der Dinge. Man kann diesem Denken entgegenhalten – Mill hat dies als erster und „siegreich“ getan –, daß die Annahme eines Geist und Welt zugrundeliegenden Unbedingten eine Voraussetzung ist, die sich im Rahmen einer Philosophie des Bedingten nicht beweisen läßt. Dieser Vorwurf wird bestehen bleiben, so lange es ein Denken gibt, das sich an Kants transzendentaler Vernunftkritik orientiert, und er ist im Argumentationsrahmen derer, die ihn vorbringen, nicht zu entkräften. Im Gegenteil, der Vorwurf trifft nicht nur zu, sondern bestand längst, bevor ihn Gegner äußerten, auf seiten des Agnostikers Hamilton als Selbsteinwand. Während allerdings der Metaphysik-Kritiker Hamilton – mit Kant – das Bewußtsein bzw. die Vernunft als einziges Erkenntniskriterium versteht, begründet der Common sense-Philosoph Hamilton – anders als Kant – die Wahrhaftigkeit dieses Erkenntniskriteriums ausdrücklich als unbeweisbar. Wie dieser unbedingte Grund der „Innenweltphänomene“, so muß auch der unbedingte Grund der „Außenweltphänomene“ unerkennbar und darum unbeweisbar bleiben. Die Existenz eines Absoluten, das den äußeren Gegenständen der Erkenntnis zugrundeliegt, ist nur im Hinblick auf jene „Evidenz“ einsichtig zu machen und zu begründen, die eines Beweises weder fähig noch bedürftig ist.

Wenn das „Unbedingte“ nurmehr im Horizont der Selbsterfahrung der Vernunft zu denken, nicht aber begrifflich zu demonstrieren ist, so zeigt sich darin die ursprüngliche Verlegenheit agnostischen Denkens. Es ist die Verlegenheit eines auf Begriffe angewiesenen Denkens, das bei dem Versuch, seinen Grund zu begreifen, einsehen muß, daß ihm der Zugriff begrifflichen Erklärens versagt bleibt. Was dem begrifflichen Denken vorausliegt, das diesem Denken „Selbstverständliche", kann nur in seiner Selbstverständlichkeit einsichtig gemacht, nicht aber erklärt werden.

Diese elementare Verlegenheit, Erbteil Kantischen Metaphysikverzichts,[6] muß als Bürde empfunden werden, die philosophisch schwer zu ertragen und noch schwerer gegen Einwände zu rechtfertigen ist. Um sich ihrer zu entledigen, haben nicht Gegner, sondern Befürworter agnostischen Denkens wie Mansel und Huxley ausschließlich die Begrifflichkeit dieses Denkens aufgegriffen und appliziert. Sie erließen sich zunächst die ursprüngliche Begründungsproblematik, sodann die damit verbundene Problematik, im Horizont eines auf phänomenale Gegenstandserkenntnis begrenzten Denkens begründet an der Existenz eines Unbedingten festzuhalten, und schließlich sogar die Frage, ob es philosophisch verantwortbar und überhaupt möglich ist, mit Hilfe eines derart seiner

[6] Es ist auffällig, daß der von Mill gegenüber Hamilton geäußerte Vorwurf, die Annahme eines den relativen Erscheinungen zugrundeliegenden Absoluten sei unbeweisbar, sowohl in kritischer Intention als auch in zustimmender Tendenz bei Max Horkheimer begegnet. Horkheimer äußert in seinen Notizen einerseits, „Kants Irrtum" bestehe darin, daß er entgegen seiner Theorie, die dem Menschen bekannte Welt sei die Welt der Erscheinungen, ins Reich jenes Intelligiblen ausschweife, das vom Absoluten zeuge. Andererseits heißt es in der Notiz „Zur Kritischen Theorie": „Das jüdische Verbot, Gott darzustellen, und das Kantische, in intelligible Welten auszuschweifen, enthalten zugleich die Anerkennung dessen, eben des Absoluten, dessen Bestimmung unmöglich ist. Dasselbe gilt von der Kritischen Theorie, sofern sie erklärt, das Schlechte, zuvorderst in der Sphäre des Sozialen, dann aber auch in der des einzelnen Menschen, der des Moralischen, lasse sich bezeichnen, nicht jedoch das Gute." (M. Horkheimer, Notizen 1950 bis 1969 und Dämmerung. Notizen aus Deutschland, hrsg. v. W. Brede, Frankfurt a. M. 1974, S. 216 f., 215) Vgl. auch Horkheimers Aufsätze „Zum Begriff der Vernunft" (1951) und „Pessimismus heute" (1971), in: ders., Sozialphilosophische Studien. Aufsätze, Reden und Vorträge 1930–1972 mit einem Anhang über Universität und Studium, hrsg. v. W. Brede, Frankfurt a. M. 1972, S. 47–58, 137–144; weiterhin ders., Die Sehnsucht nach dem ganz Anderen. Ein Interview mit Kommentar von H. Gumnior, Hamburg 1970. – Aus der einschlägigen Sekundärliteratur sei genannt: W. Post, Kritische Theorie und metaphysischer Pessimismus. Zum Spätwerk Max Horkheimers, München 1971. – Das oben exemplarisch angeführte Zitat mag darauf hinweisen, daß die „Kritische Theorie" die im agnostischen Denken anzutreffende Begründungsproblematik sowohl grundsätzlich als auch in ihrer Relevanz für ethische Praxis nicht unterschlägt. Auf die „Praktikabilität" agnostischen Denkens ist noch zurückzukommen.

Problemsubstanz beraubten Denkens Überzeugungen zu rechtfertigen, die mit eben diesem Denken nichts gemein haben. Wie aber kann sich ein Denken, das die Problematik seiner Selbstbegründung verleugnet, in der Begründung fremden Denkens bewähren? Die offenbarungspositivistische Einordnung des Unerkennbaren durch Mansel und die szientistische Aussparung des Unerkennbaren durch Huxley sind das Ergebnis eines Denkens, das auf jene Antriebe verzichtet, denen es sich ursprünglich verdankt. Beide Denkmodelle bieten insofern „problemlos" anwendbare und daher „erfolgversprechende" Erklärungskonzepte, als sie das Unerklärliche, das sich begrifflich fixierendem Denken entzieht, inhaltlich (Mansel) bzw. funktional (Huxley) festlegen und so verfügbar machen. Die Paradoxie und das Ärgernis liegen darin, daß sich auf diese Weise „neognostische" Positionen etablieren, die aufgrund ihrer Begrifflichkeit und deren historischer Abkunft den Anschein erwecken, legitimer Ausdruck agnostischen Denkens zu sein.

Wenn ein Agnostiker vom Gepräge Hamiltons dem Bewußtsein vertraut, das die Unerkennbarkeit des „Wesens" seiner selbst und der Dingwelt bezeugt, obwohl er die Wahrhaftigkeit dieses Bewußtseins nicht mehr begrifflich demonstrieren kann, so trifft er, statt irrational und dezisionistisch zu verfahren, eine durchaus vernünftige Entscheidung. Seine Vernunft trifft die Entscheidung, jene ursprüngliche Selbsterfahrung anzuerkennen, die sich nicht hinter ihren Ursprung zurückverfolgen läßt. Ohne befriedigende Antwort und in diesem Sinne fragwürdig ist agnostisches Denken darum nur sekundär, nämlich insofern, als es die erfahrene Fragwürdigkeit des unerkennbaren Grundes seiner selbst und der Dingwelt denken will, ohne diesen Anspruch einlösen zu können. Wenn das ebenso geläufige wie belastete Epitheton „irrational" in unserem Zusammenhang vergeben werden muß, dann nicht an das agnostische Denken, sondern an die zu denkende Wirklichkeit.[7]

---

[7] Auf diesen entscheidenden Aspekt hat neuerdings W. Weischedel aufmerksam gemacht, dessen Denken dem hier umrissenen offenen Agnostizismus nahekommt. Nach Weischedel kann die Philosophie der tödlichen Bedrohung durch den neuzeitlichen Nihilismus nur entgehen, wenn sie sich nicht mehr von ihren Gegenständen, sondern von ihrem Vollzug her versteht. Philosophie müsse sich künftig als radikales Fragen verstehen, das durch keine Antwort zu beruhigen sei. Dieses radikale Fragen könne die nihilistische Infragestellung aller philosophischen Gewißheit überdauern, weil ihm die Erfahrung der radikalen Fraglichkeit alles

Weil aber das Denken weiß, daß es die sich versagende Wirklichkeit ist, an der es versagt, kann es bis zum Äußersten gehen. Es kann sich selbst in Frage stellen[8] und damit einen Schritt vollziehen, den nicht einmal Hamilton vollzogen hat. Das agnostische Denken kann sich in Frage stellen, ohne damit seine Selbstvernichtung zu betreiben, weil es in der Erfahrung der eigenen Fragwürdigkeit den Grund einer Wirklichkeit erfahren hat, an der ihm unendlich viel mehr liegt als an der Realisierung seines Anspruchs – ja es liegt diesem Denken eigentlich an nichts anderem als daran, auf jene Wirklichkeit bezogen zu bleiben, von der es weiß, daß es ihrer nie habhaft werden kann, weil sie sich seinem Zugriff entzieht.

Wie jedes ursprüngliche Denken, so wird auch das agnostische von dem Impuls angetrieben und in Bewegung gehalten, schlechthin alles, was ist, oder – nach Hamilton – die „Einheit der Welt" zu erkennen. Weil es sich in diesem Anspruch von der Wirklichkeit selbst beansprucht weiß, kann sein „Streben nach dem Unbedingten" auch dann nicht ausgesetzt und preisgegeben werden, wenn ihm einsichtig wird, daß es sein Ziel nicht zu erreichen vermag. Das agnostische Denken bewährt sich in der Anerkennung seines Ver-

---

Seins vorausgehe. In seinem Entschluß, das radikale Fragen aufrechtzuerhalten, bleibe der Philosoph der vorausgehenden, nicht von ihm ausgelösten Erfahrung der radikalen Fraglichkeit alles Seins treu: „Eigentlich wirklich ist dies, daß nichts gewiß, nichts beständig ist: Die Hinfälligkeit, die Unheimlichkeit, das nicht Geheure, der Schleier der Ferne, der über allem liegt. Das Sein des Seienden ist das Schweben in der Fraglichkeit, in der nie festzuhaltenden, sondern immer wieder sich selbst aufhebenden Mitte zwischen Sein und Nichtsein." (W. Weischedel, Philosophische Theologie im Schatten des Nihilismus, in: J. Salaquarda [Hrsg.], Philosophische Theologie im Schatten des Nihilismus, Berlin 1971, S. 39 f.) Vgl. weiterhin W. Weischedel, Zum Problem der metaphysischen Erfahrung, in: ders., Wirklichkeit und Wirklichkeiten. Aufsätze und Vorträge, Berlin 1960, S. 103–112; ders., Der Gott der Philosophen. Grundlegung einer Philosophischen Theologie im Zeitalter des Nihilismus. Bd. I: Wesen, Aufstieg und Verfall der Philosophischen Theologie. Bd. II: Abgrenzung und Grundlegung, Darmstadt [3]1975; ders., Skeptische Ethik, Frankfurt a. M. 1976.

[8] Nach Weischedel hat das radikale Fragen, das sich philosophierend auf die radikale Fraglichkeit des Seins einläßt, kein Recht, als einziges übrig gebliebenes Gewisses von der Infragestellung bewahrt zu bleiben: „Nur wer jemals in diese sich gegen sich selbst kehrende Frage verstrickt wurde, weiß von den Schrecknissen, in die der Fragende dabei gerät. Und doch ist der Punkt der weitesten Ferne zu aller unfraglichen Gewißheit zugleich der Punkt des möglichen Neubeginns." (Philosophische Theologie im Schatten des Nihilismus, a. a. O. S. 45)

sagens. Es ist das einzige philosophische Denken, das der sich versagenden Wirklichkeit seiner selbst und der Welt gerecht wird. Dieses Denken gewinnt aus der Einsicht in die Unzulänglichkeit seiner Erkenntnisbedingungen und in die damit gegebene Begrenzung seiner Erkenntnismöglichkeiten die Berechtigung und die Kraft, jenen kritischen Weg zu verfolgen, der nach Kant „allein noch offen" ist.[9]

Indem der hier umrissene Agnostizismus seine Unfähigkeit, eine Position zu sein oder sich auf eine Position festzulegen, ausdrücklich akzeptiert und artikuliert, ist er dem Mißbrauch durch Wissenspositionen ausgesetzt, die ihn zur rückläufigen Rechtfertigung ihrer bereits festliegenden Erklärungskonzepte einsetzen. Dieser Mißbrauchbarkeit kann der Agnostizismus nicht entgehen, es sei denn durch Verleugnung des ihm innewohnenden Nichtwissens, womit er allerdings sich selbst aufgäbe. Das agnostische Denken darf, kurz gesagt, nie Mittel zum Zweck werden. Es muß, um integer zu bleiben, grundsätzlich auf seine Instrumentalisierung verzichten. Dieser Verzicht macht den Agnostizismus jedoch keineswegs zur resignativen und bequemen Ausflucht. Im Gegenteil, sein Erkenntnisverhalten, das zwischen Relativem und Absolutem ausgespannt bleibt, ohne an dieser Spannung zu zerbrechen, konstituiert eine Denkhaltung, die zu bewahren außerordentliche Kraft erfordert. Dieses Denken hat einen Schmerz durchzustehen, und es ist nur scheinbar widersprüchlich, zu sagen, daß sich seine Kraft aus diesem Schmerz herleitet.[10]

Andererseits aber gewinnt das agnostische Denken in dem begründet und frei getroffenen Entschluß, die Grenzen der Erkenntnis anzuerkennen, nicht nur die Fähigkeit und das Recht zur Bewährung seiner selbst, sondern schöpft eben daraus die Fähigkeit und das Recht, alle mit unberechtigten Wissensansprüchen auftretenden Positionen in Frage zu stellen. Darum besitzt das agnostische Denken eine bislang unausgeschöpfte ideologiekritische Sprengkraft. Die scheinbare Ohnmacht des Agnostizismus kann

---

[9] KrV B 884.

[10] A. Camus' Grunderfahrung der Absurdität impliziert diesen elementaren „Schmerz" des Nicht-wissen-könnens; statt jedoch den Sprung ins metaphysische Wissen oder in die resignierende Verzweiflung zu vollziehen, gewinnt er aus der klarsichtigen Feststellung der Absurdität die Kraft zur Empörung.

sich in Wahrheit als eine Macht erweisen, die so lange nicht zu beseitigen oder auch nur zu beeinträchtigen ist, als sie der Versuchung widersteht, das Wissen um ihr Nichtwissen zum Behauptungssystem zu erheben. Wenn die agnostische Urteilsenthaltung fragend an die Antworten der Metaphysik gebunden bleibt, so bleibt sie an diese Antworten *aufgrund* jener skeptischen Fragehaltung gebunden, deren resignative Entscheidungen sie ebensowenig übernimmt wie die behauptenden der Metaphysik. Philosophische Positionen werden damit zwar nicht hinfällig, aber agnostisches Denken kann sichtbar machen, inwiefern sie auf undurchschauten Optionen beruhen. Gerade weil der Agnostizismus keine selbständige philosophische Position sein kann, vermag er ein irritierendes Korrektiv sich selbständig dünkender philosophischer Positionen und ihrer Derivate zu sein.

Daß agnostisches Denken mit der Abweisung überzogener Wissensansprüche auch defiziente Verhaltensnormen kritisieren kann, läßt sich im Rahmen dieser gedrängten und ohnehin fragmentarischen Schlußbemerkungen kaum andeutungsweise zeigen, geschweige denn im einzelnen begründen.[11] Es muß genügen, einen ausschlaggebenden Gedanken der Ethik und Geschichtsphilosophie Kants mit wenigen Stichworten aufzugreifen. Wenn Kant darauf besteht, daß die „Idee" unbedingter Freiheit weder theoretisch noch praktisch einzuholen ist, so gewinnt er damit ein einzigartiges Kriterium zur Beurteilung bestimmter, jeweils geschichtlich bedingter Vorstellungen und Verwirklichungen von Freiheit. Diese „Idee" unbedingter Freiheit bietet als „Leitfaden" allen verantwortbaren Handelns zwar keine inhaltlich bestimmte Freiheitstheorie und auch kein konkretes Handlungsprogramm. Sie bietet jedoch die Möglichkeit, faktisch bestehende Freiheitstheorien und Handlungsprogramme darauf zu beziehen, daran zu messen und kritisch zu überprüfen. Der oft vorgebrachte Einwand, das zugrundeliegende Denken sei „nur formal" und deshalb belanglos für praktische Fragestellungen, verfängt nicht. Kant selbst wendet sich gegen „die

[11] Der Vf. erörtert einen zentralen Aspekt dieser praktischen Bedeutung agnostischen Denkens in einem Aufsatz, der sich mit dem Problem der Legitimierbarkeit von Toleranz befaßt; dieser Aufsatz wird unter dem Titel „Die Freiheit der anderen. Zur Rechtfertigung von Toleranz" in der Zeitschrift „Neue Rundschau" erscheinen.

wegwerfende Art, über das Formale" zu sprechen und erklärt mit ausdrücklichem Bezug auf das Freiheitsinteresse der moralisch-praktischen Vernunft: „In der Form besteht das Wesen der Sache."[12] Wer alle Erkenntnis auf Erfahrungserkenntnis reduziert, aus der nun einmal keine ethisch verbindlichen Prinzipien abzuleiten sind; wer deshalb über die normativen Inhalte der Freiheit schweigen muß; wer dennoch an der unverfügbaren „Sache" der Freiheit festhält, entzieht sich keineswegs den Auseinandersetzungen um das, was im konkreten Fall zu tun ist. Im Gegenteil: Nur ein Denken, das dem Richtungssinn unbedingter Freiheit folgt, ist in Konfliktsituationen kritikfähig.

Dieses Denken ist also ein Movens, kein Quietiv. Es mißtraut allen Problemlösungen, die aufgrund ihrer „Stimmigkeit" vorbehaltlose Anerkennung beanspruchen. Der offene Agnostizismus ist, anders gesagt, ein anarchischer[13] Agnostizismus. Er ist anarchisch, insofern er sich in kein (scheinbar) lückenloses Erklärungssystem integrieren läßt. Er ist anarchisch, insofern er sich weigert, die (scheinbar) unumschränkte Geltung bestimmter theoretischer und praktischer Rechtfertigungsmodelle zu sanktionieren. Er ist anarchisch, insofern er jedes (scheinbar) geschlossene Standpunktdenken unterläuft und jede (scheinbar) endgültige Position in Frage stellt. So verstanden, bildet der offene Agnostizismus mehr als eine konsequente Erkenntnistheorie. Selbst machtlos, stimuliert er eine in ihrer Unabhängigkeit schlechthin alternative Geisteshaltung. Diese unabhängige Geisteshaltung oder dieser radikal unabgesicherte Ha-

---

12 KGS VIII 404.

13 Um Mißverständnissen vorzubeugen, seien zwei kurze Bemerkungen erlaubt. Erstens hat der als offen und anarchisch bezeichnete Agnostizismus mit dem Machtzynismus und der Gewalttätigkeit politischer Anarchismen nichts gemein. Zweitens stimmt er nicht mit dem anarchistischen Dadaismus überein, den Paul Feyerabend in seinem Buch „Wider den Methodenzwang. Skizze einer anarchistischen Erkenntnistheorie" (Frankfurt a. M. 1976) vertritt. Im Gegensatz zu Feyerabends anarchistischem Theorienpluralismus wendet sich der anarchische Agnostizismus keineswegs gegen „allgemeine Grundsätze, allgemeine Gesetze, allgemeine Ideen wie ‚die Wahrheit', ‚die Vernunft', ‚die Gerechtigkeit', ‚die Liebe'" (a. a. O. S. 263), sondern gegen deren Festschreibung durch Positionen jeder Provenienz, mögen diese auch aus noch so unkonventionellen, einander befehdenden und zahlreichen Hypothesenbildungen hervorgehen. Der anarchische Agnostizismus zielt nicht auf wissenschaftlich fruchtbare Theorienvielfalt (vgl. a. a. O. S. 53–68), sondern auf die Relativierung aller Theorien.

bitus öffnet sich dem Problem, daß Wahrheit und Freiheit nicht einholbar sind. Das agnostische Denken bezieht aus der Anerkennung seiner Unfähigkeit, die Welt im ganzen zu erkennen, die Kraft, alle jene Denk- und Verhaltensentwürfe zu kritisieren und zurückzuweisen, die dem Problem der Unerkennbarkeit des Unbedingten ausweichen.

Abkürzungen*

Vorbemerkung zur Zitierweise: Bei mehrbändigen Werken bezeichnet die voranstehende römische Ziffer den Band, die nachgestellte arabische Ziffer die Seitenzahl. Ein „S.“ bzw. „p.“ vor römisch bezifferten Seitenzahlen verweist auf Vorworte und Einleitungen.

CE	Huxley, Collected Essays
D	Hamilton, Discussions
EncPhil	Edwards (Ed.), The Encyclopedia of Philosophy
Enqu	Hume, An Enquiry Concerning Human Understanding
GMS	Kant, Grundlegung zur Metaphysik der Sitten
HistPhil	Copleston, A History of Philosophy
HphG	Krings u. a. (Hrsg.), Handbuch philosophischer Grundbegriffe
HTW	Hegel, Werke (Theorie-Werkausgabe)
HWPh	Ritter (Hrsg.), Historisches Wörterbuch der Philosophie
JW	Jacobi, Werke
KGS	Kant, Gesammelte Schriften (Akademie-Ausgabe)
KpV	Kant, Kritik der praktischen Vernunft
KrV	Kant, Kritik der reinen Vernunft
KU	Kant, Kritik der Urteilskraft
L	Hamilton, Lectures on Metaphysics and Logic
LL	Huxley, Life and Letters
LLR	Mansel, Letters, Lectures and Reviews
Log	Kant, Logik
PhStG	Metz, Die philosophischen Strömungen der Gegenwart in Großbritannien
Prol	Kant, Prolegomena zu einer jeder künftigen Metaphysik, die als Wissenschaft wird auftreten können
R	Reid, Philosophical Works
RT	Mansel, The Limits of Religious Thought

* Vollständige Angaben enthält die Bibliographie.

SM	Huxley, Scientific Memoirs
Tr	Hume, Ein Traktat über die menschliche Natur
Treat	Hume, A Treatise of Human Nature
Unt	Hume, Eine Untersuchung über den menschlichen Verstand
VT	Kant, Verkündigung des nahen Abschlusses eines Traktats zum ewigen Frieden in der Philosophie

Bibliographie

1. Quellen

William Hamilton

Correspondence relative to phrenology, between Sir Wm. Hamilton, Bart., Dr. Spurzheim, and Mr. George Combe, in Jan., Feb., and March, 1828, Edinburgh–London 1828.

Discussions on Philosophy and Literature, Education and University Reform. Chiefly from the Edinburgh Review; corrected, vindicated, enlarged, in notes and appendices, London–Edinburgh ²1853.

Lectures on Metaphysics and Logic. IV Vols., ed. by H. L. Mansel and J. Veitch, Edinburgh–London ²1861–1866 (Reprint: Stuttgart–Bad Canstatt 1969).

Thomas Reid, Philosophical Works. With notes and supplementary dissertations by William Hamilton. II Vols., Edinburgh ⁸1885 (Reprint: Hildesheim 1967, with an introduction by H. M. Bracken).

Dugald Stewart, Collected Works, ed. by Sir William Hamilton. XI Vols., Edinburgh 1854–1860.

David Hume

The Philosophical Works, ed. by Th. H. Green and Th. H. Hodge. IV Vols., London 1886 (Reprint: Aalen 1964).

A Treatise of Human Nature, ed. by L. A. Selby-Bigge, Oxford 1888. – Deutsch: Ein Traktat über die menschliche Natur. Deutsch mit Anmerkungen u. Register v. Th. Lipps. Mit einer Einführung neu hrsg. v. R. Brandt, Hamburg 1973.

Enquiries Concerning the Human Understanding and Concerning the Principles of Morals, ed. by L. A. Selby-Bigge, 2nd edition, Oxford 1902. – Deutsch: Eine Untersuchung über den menschlichen Verstand. Übersetzt u. hrsg. v. H. Herring, Stuttgart 1967; Eine Untersuchung über die Prinzipien der Moral. Übersetzt, m. Einleitung u. Register versehen v. C. Winckler, Hamburg 1929 (Reprint: Hamburg 1972).

An Abstract of a Treatise of Human Nature. A Pamphlet hitherto unknown by David Hume. Reprinted with an Introduction by J. K. Keynes and P. Sraffa, Hamden/Connecticut 1965.

A Letter from a Gentleman to his friend in Edinburgh, ed. by E. C. Mossner and J. Price, Edinburgh 1967.

Thomas Henry Huxley

Collected Essays. IX Vols., London 1893–1894.
Scientific Memoirs, ed. by M. Foster and E. R. Lankester. V Vols., London 1898–1903.
Life and Letters of Thomas Henry Huxley, ed. by L. Huxley. II Vols., London 1900 (2nd edition, III Vols., London 1903).

Friedrich Heinrich Jacobi

Werke, hrsg. v. F. Roth u. F. Köppen. VI Bde., Leipzig 1812–1825.

Immanuel Kant

Gesammelte Schriften, hrsg. v. d. Königlich Preußischen Akademie der Wissenschaften. XXIII Bde., Berlin 1900–1955.

Henry Longueville Mansel

Prolegomena Logica. A Series of psychological Essays introductory to the Science, Oxford 1851.
A Lecture on the Philosophy of Kant, delivered at Magdalen College, Oxford, on May 20th, 1856, Oxford 1856.
The Limits of Religious Thought, examined in eight Lectures, preached before the University of Oxford, Oxford–London 1858.
Metaphysics, or the Philosophy of Consciousness, Edinburgh 1860.
The Philosophy of the Conditioned, comprising some Remarks on Sir W. Hamilton's Philosophy and on Mr. J. S. Mill's Examination of that Philosophy, London–Edinburgh 1866.
Letters, Lectures and Reviews, including the Phrontisterion, or Oxford in the 19th Century, ed. by H. W. Chandler, London 1873.

2. Literatur

Acton, H. B., Idealism, in: Enc Phil IV 110–118.
Adorno, Th. W., Philosophische Terminologie. Zur Einleitung, hrsg. v. R. zur Lippe. II Bde., Frankfurt a. M. 1973–1974.
Albert, H., Traktat über kritische Vernunft, Tübingen [2]1969.
–, Plädoyer für kritischen Rationalismus, München [2]1971.
–, Konstruktion und Kritik. Aufsätze zur Philosophie des kritischen Rationalismus, Hamburg 1972.
–, Theologische Holzwege. Gerhard Ebeling und der rechte Gebrauch der Vernunft, Tübingen 1973.
–, Transzendentale Träumereien. Karl-Otto Apels Sprachspiele und sein hermeneutischer Gott, Hamburg 1975.
Annan, N., Leslie Stephen. His Thought and Character in Relation to his Time, London 1951.

Apel, K.-O., Das Verstehen. Eine Problemgeschichte als Begriffsgeschichte, in: Archiv für Begriffsgeschichte 1 (1955) 142–199.

–, Transformation der Philosophie. Bd. I: Sprachanalytik, Semiotik, Hermeneutik, Bd. II: Das Apriori der Kommunikationsgemeinschaft, Frankfurt a. M. 1973.

Arendt, D., Nihilismus. Die Anfänge von Jacobi bis Nietzsche, Köln 1970.

–, Der Nihilismus als Phänomen der Geistesgeschichte in der wissenschaftlichen Diskussion unseres Jahrhunderts, Darmstadt 1974.

Armstrong, R., Agnosticism and Theism in the Nineteenth Century. An historical Study of the religious Thought, London 1905.

Artz, J., Newman im Gespräch mit Kant. Unveröffentlichtes Material, in: Philosophisches Jahrbuch 76 (1968) 197–203.

–, Newman und Kant. Verbindendes und Trennendes unter Verwendung unveröffentlichten Materials, in: H. Fries u. W. Becker (Hrsg.), Newman-Studien. Achte Folge, Nürnberg 1970, S. 123–217.

–, Newman-Lexikon, zugleich Registerband zu den Ausgewählten Werken von John Henry Kardinal Newman, Mainz 1975.

Bainton, R., Erasmus. Reformer zwischen den Fronten, Göttingen 1972.

Barion, J., Was ist Ideologie? Studie zu Begriff und Problematik, Bonn ³1974.

Baum, G., Vernunft und Erkenntnis. Die Philosophie F. H. Jacobis, Bonn 1969.

–, Über das Verhältnis von Erkenntnisgewißheit und Anschauungsgewißheit in F. H. Jacobis Interpretation der Vernunft, in: K. Hammacher (Hrsg.), Friedrich Heinrich Jacobi. Philosoph und Literat der Goethezeit. Beiträge einer Tagung in Düsseldorf (16.–19. 10. 1969) aus Anlaß seines 150. Todestages und Berichte, Frankfurt a. M. 1971, S. 7–26.

Beck, C. E. (Ed.), The English Catholics 1850–1950, London 1950.

Beck, L. W., A Commentary on Kant's Critique of Practical Reason, Chicago 1960. – Deutsch: Kants „Kritik der praktischen Vernunft". Ein Kommentar, München 1974.

Bell, W., Analysis of Mill's Examination of Hamilton's Philosophy, with Questions on Hamilton's Metaphysics, Calcutta 1889.

Benedikt, M., Kritische Erwägungen zur jüngeren englischsprachigen Kantliteratur, in: Philosophische Rundschau 17 (1970) 1–27.

Benn, A. W., The History of English Rationalism in the Nineteenth Century. II Vols., London 1906.

Berkeley, G., The Works of George Berkeley, Bishop of Cloyne, ed. by A. A. Luce and T. E. Jessop. IX Vols., London–New York 1948–1957.

–, Prinzipien der menschlichen Erkenntnis. Nach der Übersetzung v. F. Überweg mit Einleitung, Anmerkungen und Registern neu hrsg. v. A. Klemmt, Hamburg 1957.

Berlin, J., Hume and the Sources of German Anti-Rationalism, in: G. P. Morice (Ed.), David Hume. Bicentenary Papers, Edinburgh 1977, p. 93–116.

Bibby, C., T. H. Huxley. Scientist, Humanist and Educator, London 1959.
Bithell, R., The Creed of a Modern Agnostic. Paper read to the London Dialectical Society, London 1883.
Blumenberg, H., Die Legitimität der Neuzeit, Frankfurt a. M. 1966. Neuausg. d. 1. u. 2. Teils: Säkularisierung und Selbstbehauptung, Frankfurt a. M. 1974; d. 3. Teils: Der Prozeß der theoretischen Neugierde, Frankfurt a. M. 1973.
Bolton, M. P. W., Inquisitio philosophica. An Examination of the Principles of Kant and Hamilton, London 1866.
–, Examination of the Principles of the Scoto-Oxonian Philosophy with Replies to Objectors (revised edition), London 1869.
Bradley, F. H., Appearance and Reality. A Metaphysical Essay, London 1894 (²1897). – Deutsch: Erscheinung und Wirklichkeit. Ein metaphysischer Versuch, Leipzig 1928.
Brightman, E. S., Russell's Philosophy of Religion, in: P. Schilpp (Ed.), The Philosophy of Bertrand Russell, New York ²1946, p. 537–556.
Brody, B. A., Hamilton, William, in: Dictionary of Scientific Biography, ed. by Ch. C. Gillispie. Vol. VI, New York 1972, p. 80–83.
Bröker, W., Politische Motive naturwissenschaftlicher Argumentation gegen Religion und Kirche im 19. Jahrhundert. Dargestellt am „Materialisten" Karl Vogt (1817–1895), Münster 1973.
Brown, A. W., The Metaphysical Society, Victorian Minds in Crisis, 1869–1880, New York 1947.
Buchner, H., Zur Bedeutung des Skeptizismus beim jungen Hegel, in: Hegel-Studien, Beiheft 4 (1969) 49–56.
Buckley, J. H., The Victorian Temper. A Study in Literary Culture, New York 1964.
Budd, S., Varieties of Unbelief. Atheists and Agnostics in English Society 1850–1960, London 1977.
Burrow, J. W., Evolution and Society. A Study in Victorian Social Theory, London 1966.
Butler, R. J., Natural Belief and the Enigma of Hume, in: Archiv für Geschichte der Philosophie 42 (1960) 73–100.
Carré, M. H., Phases of Thought in England, Oxford 1949.
Chappell, V. C. (Ed.), Hume, London 1968.
Chisholm, H., Agnosticism, in: Encyclopedia Britannica, Cambridge ¹¹1910. Vol. I, p. 378–380.
Clark, C. H. D., Christianity and Bertrand Russell, London 1958.
Clausen, Ch., Victorian Buddhism and the Origins of Comparative Religion, in: Religion 5 (1975) 1–15.
Collins, J., God in Modern Philosophy, Chicago 1959.
Copleston, F., A History of Philosophy. VIII Vols., London 1946–1975.
Courtney, J., Freethinkers in the Nineteenth Century, London 1920.
Craemer, H., Der skeptische Zweifel und seine Widerlegung, Freiburg–München 1974.

Crooke, W., Agnosticism (Buddhist), in: Encyclopedia of Religion and Ethics, ed. by J. Hastings, Edinburgh–New York 1925. Vol. I, p. 220–225.

Cummins, Ph. D., Reid's Realism, in: Journal of the History of Philosophy 12 (1974) 317–340.

Cunningham, W., The Progress of Capitalism in England, Cambridge 1929.

Curtius, E. R., Europäische Literatur und lateinisches Mittelalter, Bern–München [8]1973.

Davie, G. E., Berkeley's Impact on Scottish Philosophers, in: Philosophy. The Journal of the Royal Institute for Philosophy XL (1965) 222–234.

–, Mansel, Henry Longueville, in: Enc Phil V 152 f.

de Quincey, Th., Essays on Philosophical Writers, and other Men of Letters, Boston 1854.

Dolch, J., Lehrplan des Abendlandes. Zweieinhalb Jahrtausende seiner Geschichte, Ratingen 1959.

Düsing, K., Die Bedeutung des antiken Skeptizismus für Hegels Kritik der sinnlichen Gewißheit, in: Hegel-Studien 8 (1973) 119–130.

Ebeling, G., Kritischer Rationalismus? Zu Hans Alberts „Traktat über kritische Vernunft", Tübingen 1973.

Edwards, P., Common Consent Arguments for the Existence of God, in: Enc Phil II 147–155.

– (Ed.), The Encyclopedia of Philosophy. VIII Vols., New York 1967.

Ehrhardt, W. E., Philosophiegeschichte und geschichtlicher Skeptizismus. Untersuchung zur Frage: Wie ist Philosophiegeschichte möglich? Bern–München 1967.

Feiereis, K., Die Umprägung der natürlichen Theologie in Religionsphilosophie. Ein Beitrag zur deutschen Geistesgeschichte des 18. Jahrhunderts, Leipzig 1965.

Feyerabend, P., Wider den Methodenzwang. Entwurf einer anarchistischen Erkenntnistheorie, Frankfurt a. M. 1969.

Fink, W. C., An Analysis of Sir William Hamilton's Lectures on Metaphysics, Calcutta 1880.

Flasch, K., Metaphysik und Skepsis in der frühen Neuzeit, in: Philosophisches Jahrbuch 73 (1966) 285–302.

Flew, A., Hume's Philosophy of Belief, London–New York 1961.

Flint, R., Agnosticism, Edinburgh–London 1903.

Gadamer, H.-G., Wahrheit und Methode. Grundzüge einer philosophischen Hermeneutik, Tübingen 1960.

Gall, U., Philosophie bei Heinrich von Kleist. Untersuchungen zu Herkunft und Bestimmung des philosophischen Gehalts seiner Schriften, Bonn 1977.

Garvie, A. E., Agnosticism, in: Encyclopedia of Religion and Ethics, ed. by J. Hastings, Edinburgh–New York 1925. Vol. I, p. 214–220.

Gawlick, G., Die Funktion des Skeptizismus in der frühen Neuzeit, in: Archiv für Geschichte der Philosophie 49 (1967) 85–97.
Gebhardt, J., Vernunft zwischen common sense und Theorie. Anmerkungen zum Problem von Rationalität und Gesellschaft, in: Zeitschrift für philosophische Forschung 28 (1974) 201–213.
Geduldig, G., Die Philosophie des Bedingten. Transzendentalphilosophische Überlegungen zur Philosophie Sir William Hamiltons (1788–1856), Bonn 1976.
Giannarás, A., Der Perspektivismus der griechischen Skepsis, in: R. Berlinger u. E. Fink (Hrsg.), Philosophische Perspektiven I, Frankfurt a. M. 1969, S. 216–228.
Gigon, O., Zur Geschichte der sogenannten Neuen Akademie, in: ders., Studien zur antiken Philosophie, Berlin–New York 1972, S. 412–431.
Goedeckemeyer, A., Die Geschichte des griechischen Skeptizismus, Leipzig 1905 (Reprint: Aalen 1968).
Goudge, T. A., Huxley, Thomas Henry, in: Enc Phil IV 103.
Grabmann, M., Geschichte der scholastischen Methode. II Bde., Freiburg i. Br. 1909–1911 (Reprint: 1961).
Graeser, A., Bemerkungen zum antiken Skeptizismus, in: Allgemeine Zeitschrift für Philosophie 3 (1978) 22–44.
Grave, S. A., The Scottish Philosophy of Common Sense, Oxford 1960.
–, Common Sense, in: Enc Phil II 155–160.
–, Reid, Thomas, in: Enc Phil VII 118–121.
Grisewood, H. (Ed.), Ideas and Beliefs of the Victorians. An historic Revaluation of the Victorian Age, London 1959.
Grote, J., Exploratio Philosophica, Cambridge 1865.
–, Review of the Work of Mr. J. S. Mill, entitled „Examination of Sir W. Hamilton's Philosophy", London 1868.
Habermas, J., Erkenntnis und Interesse, Frankfurt a. M. 1968.
–, Dogmatismus, Vernunft und Entscheidung. Zu Theorie und Praxis in der verwissenschaftlichten Zivilisation, in: ders., Theorie und Praxis. Sozialwissenschaftliche Studien, Frankfurt a. M. [4]1971, S. 307–335.
– (Hrsg.), Hermeneutik und Ideologiekritik, Frankfurt a. M. 1971.
–, Wahrheitstheorien, in: H. Fahrenbach (Hrsg.), Wirklichkeit und Reflexion. Walter Schulz zum 60. Geburtstag, Pfullingen 1973, S. 211 bis 265.
–, Strukturwandel der Öffentlichkeit. Untersuchungen zu einer Kategorie der bürgerlichen Gesellschaft, Neuwied–Berlin [7]1975.
Hall, R., Fifty Years of Hume Scholarship. A Bibliographical Guide, Edinburgh 1978.
Hammacher, K., Die Philosophie Friedrich Heinrich Jacobis, München 1969.
– (Hrsg.), Friedrich Heinrich Jacobi. Philosoph und Literat der Goethezeit. Beiträge einer Tagung in Düsseldorf (16. – 19. 10. 1969) aus Anlaß seines 150. Todestages und Berichte, Frankfurt a. M. 1971.

Harich, W., Jean Pauls Revolutionsdichtung. Versuch einer neuen Deutung seiner heroischen Romane, Reinbek 1974.

Hasler, L., Die skeptische Zerstörung der Esoterik. Ein Versuch, den Pyrrhoneer Sextus Empiricus beim skeptischen Wort zu nehmen, in: H. Holzhey u. W. Ch. Zimmerli (Hrsg.), Esoterik und Exoterik der Philosophie. Beiträge zu Geschichte und Sinn philosophischer Selbstbestimmung, Basel–Stuttgart 1977, S. 32–51.

Hazard, P., Die Krise des europäischen Geistes. La Crise de la Conscience Européenne 1680–1715, Hamburg 1939.

Heer, F., Europa – Mutter der Revolutionen, Stuttgart ²1964.

Hegel, G. W. F., Werke in zwanzig Bänden. Theorie-Werkausgabe (Redaktion E. Moldenhauer u. K. M. Michel), Frankfurt a. M. 1971.

Heidegger, M., Kant und das Problem der Metaphysik, Frankfurt a. M. ²1951.

–, Was ist Metaphysik?, Frankfurt a. M. ¹¹1975.

–, Phänomenologische Interpretation von Kants Kritik der reinen Vernunft, Frankfurt a. M. 1975.

Heimsoeth, H., Metaphysik der Neuzeit, München–Berlin 1929 (Sonderausgabe aus dem Handbuch der Philosophie, hrsg. v. A. Baeumler u. M. Schröter).

–, Studien zur Philosophie Immanuel Kants. Metaphysische Ursprünge und ontologische Grundlagen, Köln 1956 (Kantstudien, Ergänzungsheft 71).

Hemleben, J., Ernst Haeckel in Selbstzeugnissen und Bilddokumenten, Reinbek 1964.

–, Charles Darwin in Selbstzeugnissen und Bilddokumenten, Reinbek 1968.

Hendel, Ch. W., Studies in the Philosophy of David Hume, New York 1963.

Hepburn, R. W., Agnosticism, in: Enc Phil I 56–59.

High, D. M. (Hrsg.), Sprachanalyse und religiöses Sprechen, Düsseldorf 1972.

Hirsch, E., Geschichte der neuern evangelischen Theologie im Zusammenhang mit den allgemeinen Bewegungen des europäischen Denkens. V Bde., Gütersloh ⁴1968.

Horkheimer, M., Zur Kritik der instrumentellen Vernunft, Frankfurt a. M. 1967.

–, Kritische Theorie. Eine Dokumentation, hrsg. v. A. Schmidt. II Bde., Frankfurt a. M. 1968.

–, Sozialphilosophische Studien. Aufsätze, Reden und Vorträge 1930–1972, mit einem Anhang über Universität und Studium hrsg. v. W. Brede, Frankfurt a. M. 1972.

–, Notizen 1950–1969 und Dämmerung. Notizen aus Deutschland, hrsg. v. W. Brede, Frankfurt a. M. 1974.

Hossenfelder, M., Skepsis, in: HphG 1359–1367.

Irvine, W., Apes, Angels and Victorians. The Story of Darwin, Huxley, and Evolution, New York 1955.
–, Thomas Henry Huxley, London 1960.
Jessop, T. E., Bibliography of David Hume and of Scottish Philosophy from Francis Hutcheson to Lord Balfour, London-Hull 1938.
–, Some Misunderstandings of Hume, in: V. C. Chappell (Ed.), Hume, London 1968, p. 32–52.
Jones, J. H., Know the Truth. A Critique on the Hamiltonian Theory of Limitation, including some strictures upon the theories of Rev. Henry L. Mansel and Herbert Spencer, New York–Cambridge 1865.
Kaminski, J., Spencer, Herbert, in: Enc Phil VII 523–527.
Kamlah, W. u. Lorenzen, P., Logische Propädeutik. Vorschule des vernünftigen Redens, Mannheim 1967.
Kasanski, A. P., Philosophia W. Hamiltona, Odessa 1908.
Klaus, G. u. Buhr, M. (Hrsg.), Agnostizismus, in: Philosophisches Wörterbuch, Leipzig [10]1974. Bd. I, S. 49 f.
Klinkenberg, H. M., Artes liberales/artes mechanicae, in: HWPh I 531–533.
Kluxen, W., Geschichte Englands, Stuttgart 1968.
Knowles, D., The English Mystical Tradition, London 1961. – Deutsch: Englische Mystik, Düsseldorf 1967.
Koch, J., Artes liberales. Von der antiken Bildung zur Wissenschaft des Mittelalters, Leiden–Köln 1959.
Kolakowski, L., Die Philosophie des Positivismus, München 1971.
Kopper, J., Erscheinung, in: HphG 408–425.
Krings, H., Die Wandlung des Realismus in der Philosophie der Gegenwart, in: Philosophisches Jahrbuch 70 (1962) 1–16.
–, Die Bedeutung des Urteils, in: Hochland 54 (1962) 246–256.
–, Transzendentale Logik, München 1964.
–, Freiheit. Ein Versuch, Gott zu denken, in: Philosophisches Jahrbuch 77 (1970) 225–237.
–, Freiheit, in: HphG 493–510.
–, Baumgartner, H. M., Wild, Ch. (Hrsg.), Handbuch philosophischer Grundbegriffe (Studienausgabe), München 1973–1974.
Krüger, L., Der Begriff des Empirismus. Erkenntnistheoretische Studien am Beispiel Lockes, Berlin 1973.
Kulenkampff, A., Evidenz, in: HphG 425–436.
Landgrebe, L., Philosophie der Gegenwart, Berlin 1961.
–, Phänomenologie und Geschichte, Darmstadt 1968.
Lange, F. A., Geschichte des Materialismus und Kritik seiner Bedeutung in der Gegenwart, hrsg. v. A. Schmidt. II Bde., Frankfurt a. M. 1974.
Laurie, H., Scottish Philosophy in its National Development, Glasgow 1902.
Lechler, G. V., Geschichte des englischen Deismus, Stuttgart 1841. Mit einem Vorwort u. bibliographischen Hinweisen v. G. Gawlick, Hildesheim 1965.

Lehmann, G., Beiträge zur Geschichte und Interpretation Kants, Berlin 1969.
Lenin, W. I., Materialismus und Empiriokritizismus, Berlin 1968.
Lessing, G. E., Gesammelte Werke in zehn Bänden, hrsg. v. P. Rilla. Bd. VIII, Berlin 1956.
Locke, J., An Essay Concerning Human Understanding, London [5]1706 (Reprint, ed. by J. W. Yolton, New York–London 1961). – Deutsch: Über den menschlichen Verstand. II Bde., Hamburg o. J. (1968).
Lorenz, K., Elemente der Sprachkritik. Eine Alternative zum Dogmatismus in der Analytischen Philosophie, Frankfurt a. M. 1970.
Lübbe, H., Säkularisierung. Geschichte eines ideen-politischen Begriffs, Freiburg–München 1965.
–, Politische Philosophie in Deutschland. Studien zu ihrer Geschichte, München 1974.
–, Fortschritt als Orientierungsproblem. Aufklärung in der Gegenwart, Freiburg i. Br. 1975.
Mace, R. A., Ward, James, in: Enc Phil VIII 277 f.
Marquard, O., Skeptische Methode im Blick auf Kant, Freiburg–München 1958.
–, Schwierigkeiten mit der Geschichtsphilosophie, Frankfurt a. M. 1973.
Marshall, A. J., Darwin and Huxley in Australia, Sidney 1970.
Marx, K. u. Engels, F., Werke. Bd. 17, Berlin 1962.
–, Werke. Bd. 22, Berlin 1963.
Marx, W., Aspekte einer transzendentalen Topik. Zum Problem der Verhältnisbestimmung von Verstand und Vernunft im Rahmen der theoretischen Philosophie Kants, in: Philosophisches Jahrbuch 81 (1974) 259–283.
Mason, E. C., Deutsche und englische Romantik. Eine Gegenüberstellung, Göttingen 1959.
McCosh, J., The Scottish Philosophy biographical, expository, critical, from Hutcheson to Hamilton, London 1875 (Reprint: Hildesheim 1966).
Merlan, P., Kant, Hamann-Jacobi and Schelling on Hume, in: Rivista critica della storia della filosofia XXII (1967) 481–494.
Metz, R., George Berkeley. Leben und Lehre, Stuttgart 1925.
–, David Hume. Leben und Philosophie, Stuttgart 1929.
–, Die philosophischen Strömungen in Großbritannien. II Bde., Leipzig 1935.
–, A Hundred Years of British Philosophy, London 1938.
–, England und die deutsche Philosophie, Stuttgart–Berlin 1941.
Mill, J. St., An Examination of Sir William Hamilton's Philosophy and of the principal philosophical Questions discussed in his Writings. An Analysis, London 1865 ([6]1889). – Deutsch: Eine Prüfung der Philosophie Sir William Hamiltons, Halle 1908.
–, Three Essays on Religion, London [2]1874.

Mitchell, P. Ch., Thomas Henry Huxley. A Sketch of his Life and Work, New York–London [3]1901.
Mittelstraß, J., Neuzeit und Aufklärung. Studien zur Entstehung der neuzeitlichen Wissenschaft und Philosophie, Berlin 1970.
– (Hrsg.), Probleme einer normativ-kritischen Gesellschaftstheorie, Frankfurt a. M. 1975.
Monck, W. H. St., Sir William Hamilton, London 1881.
Moravia, S., Beobachtende Vernunft. Philosophie und Anthropologie in der Aufklärung, München 1973.
Morice, G. P. (Ed.), David Hume. Bicentenary Papers, Edinburgh 1977.
Mossner, E. C., Bishop Butler and the Age of Reason, New York 1936.
Müller-Lauter, W., Nihilismus als Konsequenz des Idealismus, in: A. Schwan (Hrsg.), Denken im Schatten des Nihilismus. Festschrift für W. Weischedel zum 70. Geburtstag am 11. April 1975, Darmstadt 1975, S. 114–163.
–, Der Idealismus als Nihilismus der Erkenntnis, in: Theologia viatorum (Jahrbuch der Kirchlichen Hochschule Berlin) XIII (1975/1976) 133–153.
Müllerott, M., Darwin und sein Kreis, in: Hochland 52 (1960) 250–255.
Nauen, F., Die Erkenntnislehre William Hamiltons, Straßburg 1911.
Newman, J. H., Fifteen Sermons preached before the University of Oxford between 1826 and 1843, London 1843 ([3]1871). – Deutsch: Zur Philosophie und Theologie des Glaubens. Oxforder Universitätspredigten, Mainz 1964.
–, An Essay in Aid of a Grammar of Assent, London 1870 ([5]1881). – Deutsch: Entwurf einer Zustimmungslehre, Mainz 1965.
Nieke, W., Ekletizismus, in: HWPh II 432 f.
Nielsen, K., Agnosticism, in: Dictionary of the History of Ideas. Studies of selected Pivotal Ideas, ed. by P. P. Wiener, New York 1973. Vol. I, p. 17–26.
–, Scepticism, London 1973.
Nietzsche, F., Werke in drei Bänden, hrsg. v. K. Schlechta, München 1966.
Noxon, J., Hume's Agnosticism, in: V. C. Chappell (Ed.), Hume, London 1968, p. 361–383.
Oehler, K., Der Consensus omnium als Kriterium der Wahrheit in der antiken Philosophie und der Patristik. Eine Studie zur Geschichte des Begriffs der Allgemeinen Meinung, in: ders., Antike Philosophie und byzantinisches Mittelalter. Aufsätze zur Geschichte des griechischen Denkens, München 1969, S. 234–271.
Oelmüller, W., Die unbefriedigte Aufklärung. Beiträge zu einer Theorie der Moderne von Lessing, Kant und Hegel, Frankfurt a. M. 1969. Neuausg. mit einer neuen Einteilung, Frankfurt a. M. 1979.
–, Was ist heute Aufklärung?, Düsseldorf 1972.
–, Aufklärung, in: HphG 141–154.
Oesterreich, T. K. (Hrsg.), Die Philosophie des Auslandes vom Beginn des 19. Jahrhunderts bis auf die Gegenwart (Friedrich Ueberwegs

Grundriß der Geschichte der Philosophie, Fünfter Teil), Tübingen [13]1953 (Reprint).
Ortega y Gasset, J., Gott in Sicht. Betrachtungen, München 1969.
Passmore, J. A., Hume's Intentions, Cambridge 1952.
–, A Hundred Years of Philosophy, Harmondsworth 1968.
Paul, H., Deutsches Wörterbuch. II Bde., Halle [5]1956.
Peters, R. S./Mace, C. A., Psychology, in: Enc Phil VII 1–27.
Peterson, H., Huxley. Prophet of Science, London 1932.
Pitt, J., Russell on Religion, in: International Journal for Philosophy and Religion VI (1975) 40–53.
Pöggeler, O., „Nihilist" und „Nihilismus", in: Archiv für Begriffsgeschichte 2 (1975) 197–210.
Popkin, R., The History of Scepticism from Erasmus to Descartes, New York 1964.
–, Scepticism, in: Enc Phil VII 449–461.
–, David Hume: His Pyrrhonism and his Critique of Pyrrhonism, in: V. C. Chappell (Ed.), Hume, London 1968, p. 53–98.
Popper, K. R., Zwei Seiten des Alltagsverstands: ein Plädoyer für den Realismus des Alltagsverstands und gegen die Erkenntnistheorie des Alltagsverstands, in: ders., Objektive Erkenntnis. Ein evolutionärer Entwurf, Hamburg 1973, S. 44–122.
Post, W., Kritische Theorie und metaphysischer Pessimismus. Zum Spätwerk Max Horkheimers, München 1971.
Prauss, G., Kant und das Problem der Dinge an sich, Bonn 1974.
Prufer, Th., Ancients and Moderns. Notes on Interpreting Hume, in: J. K. Ryan (Ed.), Studies in Philosophy and the History of Philosophy. Vol. IV, Washington 1969, p. 67–74.
Quinton, A., British Philosophy, in: Enc Phil I 369–396.
–, Knowledge and Belief, in: Enc Phil IV 345–352.
Rasmussen, S. V., The Philosophy of Sir William Hamilton, Copenhagen–London 1925.
Reininger, R., Locke, Berkeley, Hume, München 1922.
Richter, R., Der Skeptizismus in der Philosophie. II Bde., Leipzig 1904–1908.
Riedel, M. (Hrsg.), Rehabilitierung der praktischen Philosophie. II Bde., Freiburg i. Br. 1972.
Rilla, P., Lessing und sein Zeitalter, München 1973.
Ritchie, A. M., The Dialectic of Immaterialism, in: Philosophy. The Journal of the Royal Institute of Philosophy 40 (1965) 235–247.
Ritter, J., ‚Naturrecht' bei Aristoteles. Zum Problem einer Erneuerung des Naturrechts, in: ders., Metaphysik und Politik. Studien zu Aristoteles und Hegel, Frankfurt a. M. 1969, S. 133–179.
–, Gründer, K. (Hrsg.), Historisches Wörterbuch der Philosophie. Bisher IV Bde., Basel–Stuttgart 1971–1976.
Robertson, J. M., A History of Freethought in the Nineteenth Century. II Vols., London 1929.

Röd, W., Descartes. Die innere Genesis des cartesianischen Systems, München–Basel 1964.
–, Über die Möglichkeit der Metaphysik unter den Bedingungen der Gegenwartsphilosophie, in: Allgemeine Zeitschrift für Philosophie 1 (1976) 3–18.
Routh, H. V., Towards the twentieth Century. Essays in the spiritual History of the nineteenth, Cambridge 1937.
Rudolph, E., Skepsis bei Kant. Ein Beitrag zur Interpretation der Kritik der reinen Vernunft, München 1978.
Schian, R., Untersuchungen über das ‚argumentum e consensu omnium', Hildesheim 1973.
Schirmer, W. F., Der Einfluß der deutschen Literatur auf die englische im 19. Jahrhundert, Halle 1947.
Schlette, H. R., Zur philosophischen Aktualität und gesellschaftlichen Relevanz des Agnostizismus, in: ders., Christen als Humanisten, München 1967, S. 84–111.
–, Aporetik – Kriteriologie – philosophische Ideologiekritik, in: ders. (Hrsg.), Die Zukunft der Philosophie, Olten 1968, S. 184–202.
–, Aporie und Glaube, München 1970.
–, Skeptische Religionsphilosophie, München 1972.
–, Religion, in: HphG 1233–1250.
– (Hrsg.), Der moderne Agnostizismus, Düsseldorf 1979.
Schniewind, J. B., Stephen, Leslie, in: Enc Phil VII 523–527.
Schrader, W., Zum Denkansatz Kants. Eine Auseinandersetzung, in: R. Berlinger u. E. Fink (Hrsg.), Philosophische Perspektiven III, Frankfurt a. M. 1971, S. 148–175.
Sciacca, M. F., Agnosticismo, in: Enciclopedia Filosofica, Venedig–Rom 1957–1958. Bd. I, Sp. 98–103.
Segerstedt, T. T., The Problem of Knowledge in Scottish Philosophy. Reid – Stewart – Hamilton – Ferrier, Lund 1935.
Seidel, Ch., Agnostizismus, in: HWPh I 110–112.
Seth (Pringle-Pattison), A., Scottish Philosophy. A Comparison of the Scottish and German Answer to Hume, Edinburgh–London 1885.
Sextus Empiricus, Grundriß der pyrrhonischen Skepsis. Einleitung und Übersetzung von M. Hossenfelder, Frankfurt a. M. 1968.
Shaw, G., Das Problem des Dinges an sich in der englischen Kantinterpretation, Bonn 1969 (Kantstudien, Ergänzungsheft 97).
Simon, W. M., European Positivism in the Nineteenth Century. An Essay in Intellectual History, Port Washington, N. Y.–London 1963.
Smith, N. K., A Commentary to Kant's „Critique of Pure Reason", London ²1923.
–, The Philosophy of David Hume, London 1941.
Sobrevilla, D., Ortega und der Deutsche Idealismus, in: F. Kohlenberger u. W. Lütterfels (Hrsg.), Von der Notwendigkeit der Philosophie in der Gegenwart. Festschrift für Karl Ulmer zum 60. Geburtstag, Wien–München 1976, S. 142–156.

Sölle, D., Realisation. Studien zum Verhältnis von Theologie und Dichtung nach der Aufklärung, Darmstadt–Neuwied 1973.
Sorley, W. R., A History of British Philosophy to 1900, Cambridge 1965.
Spaemann, R., Philosophie als institutionalisierte Naivität, in: H. M. Baumgartner, O. Höffe u. Ch. Wild (Hrsg.), Philosophie – Gesellschaft – Planung. Kolloquium Hermann Krings zum 60. Geburtstag vom 27.–29. September 1973, Manuskriptdruck o. J., S. 95–101.
–, Natur, in: HphG 956–969.
Spencer, H., A System of Synthetic Philosophy. First Principles, London 1862 (^{6}1900). – Deutsch: Grundsätze einer synthetischen Auffassung der Dinge, Stuttgart ^{2}1901.
Stegmüller, W., Metaphysik, Skepsis, Wissenschaft, Berlin ^{2}1969.
Stempel, D., Angels of Reason. Science and Myth in the Enlightment, in: Journal of the History of Ideas 36 (1975) 63–78.
Stephen, L., Hamilton, Sir William, in: Dictionary of National Biography, ed. by L. Stephen and S. Lee, London 1890. Vol. XXIV, p. 227–232.
–, Mansel, Henry Longueville, in: Dictionary of National Biography, a. a. O. Vol. XXXVI, p. 81–83.
–, Cardinal Newman's Scepticism, in: Nineteenth Century 29 (1891) 179–201.
–, An Agnostic's Apology and other Essays, London 1893.
–, Studies of a Biographer. IV Vols., London 1898–1902.
–, The English Utilitarians. III Vols., London 1900 (Reprint: London 1950).
Sternberger, D., Panorama oder Ansichten vom 19. Jahrhundert, Frankfurt a. M. 1974.
Stirling, J. H., Sir William Hamilton, being the Philosophy of Perception. An Analysis, London 1865.
–, The Secret of Hegel. II Vols., London 1865.
Tangl, R., Leslie Stephens Weltanschauung, Diss. Hamburg 1961.
Thiseldon-Dyer, W. T., Huxley, Thomas Henry, in: The Encyclopedia Britannica, Cambridge ^{11}1910. Vol. XIV, p. 17–20.
Timm, H., Die Bedeutung der Spinozabriefe Jacobis für die Entwicklung der idealistischen Religionsphilosophie, in: A. Schwan (Hrsg.), Denken im Schatten des Nihilismus. Festschrift für W. Weischedel zum 70. Geburtstag am 11. April 1975, Darmstadt 1975, S. 35–81.
Todd, W. B. (Ed.), Hume and the Enlightment. Essays presented to Earnest Campbell Mossner, Edinburgh 1974.
Tonelli, G., Kant und die antiken Skeptiker, in: Studien zu Kants philosophischer Entwicklung, hrsg. v. H. Heimsoeth, D. Henrich und G. Tonelli, Hildesheim 1967, S. 93–123.
–, Lambert, Johann Heinrich, in: Enc Phil IV 377 f.
–, Wolff, Christian, in: Enc Phil VIII 340–344.
Treue, W., Wirtschaftsgeschichte der Neuzeit im Zeitalter der industriellen Revolution 1700–1960, Stuttgart 1962.

Trevelyan, G. M., Kultur- und Sozialgeschichte Englands. Ein Rückblick auf sechs Jahrhunderte von Chaucer bis Queen Victoria, Hamburg 1948.

–, Illustrated English Social History. IV Vols., Harmondsworth 1960.

Tulloch, J., Rational Theology and Christian Philosophy in England in the Seventeenth Century. II Vols., London–Edinburgh 1872.

–, Modern Theories in Philosophy and Religion, Edinburgh–London 1884.

Ulke, K.-D., Der Mensch unter dem Gericht der Wirklichkeit. Der Habitus als anthropologische Schlüsselkategorie im Denken von John Henry Newman, in: H. Fries u. W. Becker (Hrsg.), Newman-Studien. Achte Folge, Nürnberg 1970, S. 13–122.

–, An den Grenzen des vernünftigen Denkens. Überlegungen zum historischen und systematischen Stellenwert des Agnostizismus, in: Wissenschaft und Weisheit 38 (1975) 157–171.

–, Art. „Hamilton" und „Huxley, Th. H.", in: K.-H. Weger (Hrsg.), Religionskritik von der Aufklärung bis zur Gegenwart. Autoren-Lexikon von Adorno bis Wittgenstein, Freiburg i. Br. 1979, S. 140 f., 169–171.

–, Ausprägungen des Agnostizismus bei Hume, Kant und im Viktorianischen England, in: H. R. Schlette (Hrsg.), Der moderne Agnostizismus, Düsseldorf 1979, S. 11–30.

van Dooren, W., Der Dialog als Diskussionsform philosophischer und wissenschaftlicher Ansichten, insbesondere bei Leibniz und seinen Zeitgenossen, in: Akten des II. Internationalen Leibniz-Kongresses Hannover, 17.–22. Juli 1972. Bd. IV: Logik – Erkenntnistheorie – Methodologie – Sprachphilosophie, Wiesbaden 1975, S. 195–205.

Veitch, J., Memoir of Sir William Hamilton, Bart., Edinburgh–London 1869.

–, Hamilton, Edinburgh–London 1882.

Verra, V., Jacobis Kritik am deutschen Idealismus, in: Hegel-Studien 5 (1969) 201–223.

Ward, J., Psychology, in: Encyclopaedia Britannica, Cambridge ^{9}1886. Vol. XX, p. 37–85 (Cambridge ^{11}1911, Vol. XXII, p. 547–604).

–, Naturalism and Agnosticism. The Gifford Lectures delivered before the University of Aberdeen in the years 1896–1898, London ^{4}1915 (Reprint: New York 1971).

Ward, M., Gilbert Keith Chesterton, Regensburg 1956.

Warnock, G., Englische Philosophie im 20. Jahrhundert, Stuttgart 1971.

Watson, J., Kant and His English Critics. A Comparison of Critical and Empirical Philosophy, Glasgow 1881.

Webb, C. J., A Study of Religious Thought in England from 1850, Oxford 1933.

Weischedel, W., Zum Problem der metaphysischen Erfahrung, in: ders., Wirklichkeit und Wirklichkeiten. Aufsätze und Vorträge, Berlin 1960, S. 103–112.

–, Der Zwiespalt im Denken Fichtes. Rede zum 200. Geburtstag Johann

Gottlieb Fichtes, gehalten am 19. Mai 1962 an der Freien Universität Berlin, Berlin 1962.
–, Jacobi und Schelling. Eine philosophisch-theologische Kontroverse, Darmstadt 1969.
–, Philosophische Theologie im Schatten des Nihilismus, in: J. Salaquarda (Hrsg.), Philosophische Theologie im Schatten des Nihilismus, Berlin 1971, S. 24–48.
–, Der Gott der Philosophen. Grundlegung einer Philosophischen Theologie im Zeitalter des Nihilismus. Bd. I: Wesen, Aufstieg und Verfall der Philosophischen Theologie, Bd. II: Abgrenzung und Grundlegung, Darmstadt [3]1975.
–, Skeptische Ethik, Frankfurt a. M. 1976.
Weldon, W. F. R., Huxley, Thomas Henry, in: Dictionary of National Biography, ed. by L. Stephen and S. Lee, London 1901. Supplement Vol. III, p. 22–31.
Wellek, R., Immanuel Kant in England 1793–1838, Princeton 1931.
–, Confrontations. Studies in the intellectual and literary relations between Germany, England and the United States during the nineteenth century, Princeton 1965.
Wentscher, E., Englische Wege zu Kant, Leipzig 1931 (Hefte zur Englandkunde IV).
Wild, Ch., Skeptischer Einspruch gegen die Rehabilitierung der praktischen Philosophie, in: Philosophisches Jahrbuch 81 (1974) 237–246.
Wilde, N., Friedrich Heinrich Jacobi. A Study in the Origin of German Realism, New York 1894.
Willey, B., Nineteenth Century Studies. Coleridge to Matthew Arnold, London 1949.
–, More Nineteenth Century Studies. A Group of honest Doubters, London 1956.
Williams, W. C., Huxley, Thomas Henry, in: Dictionary of Scientific Biography, ed. by Ch. C. Gillespie, New York 1973. Vol. VIII, p. 589–597.
Wilson, L. G., Lyell, Charles, in: Dictionary of Scientific Biography, New York 1973. Vol. VIII, p. 563–576.
Windelband, W., Lehrbuch der Geschichte der Philosophie, hrsg. v. H. Heimsoeth, Tübingen 1935.
Wolff, R. P. (Ed.), Kant. A Collection of Critical Essays, London–Melbourne 1968.
Young, G. M., Victorian England. Portrait of an Age, London 1960.
Zabeeh, F., Hume Precursor of Modern Empiricism. An Analysis of his Opinions on Meaning, Metaphysics, Logic and Mathematics, The Hague 1960.

Personenregister

Seitenangaben zu W. Hamilton, H. L. Mansel und Th. H. Huxley verweisen nur auf Kapitel, in denen das Denken dieser Autoren *nicht* ausdrücklich thematisiert wird.

»Symposion«

1: *Theunissen, Michael: Der Begriff Ernst bei Sören Kierkegaard*

2: *Tugendhat, Ernst: Ti katà tinós.* Eine Untersuchung zu Struktur und Ursprung aristotelischer Grundbegriffe

3: *Gründer, Karlfried: Figur und Geschichte.* Johann Georg Hamanns „Biblische Betrachtungen" als Ansatz einer Geschichtsphilosophie

4: *Marquard, Odo: Skeptische Methode im Blick auf Kant*

5: *Körner, Franz: Das Sein und der Mensch.* Die existentielle Seinsentdeckung des jungen Augustin

6: *Otto, Maria: Reue und Freiheit.* Versuch über ihre Beziehung im Ausgang von Sartres Drama

7: *Hohl, Hubert: Lebenswelt und Geschichte.* Grundzüge der Spätphilosophie E. Husserls

8: *Castellote Cubells, Salvador: Die Anthropologie des Suarez.* Beiträge zur spanischen Anthropologie des XVI. und XVII. Jahrhunderts

9: *Heftrich, Eckhard: Die Philosophie und Rilke*

10: *Hünermann, Peter: Trinitarische Anthropologie bei Franz Anton Staudenmaier*

12: *Demske, James M.: Sein, Mensch und Tod.* Das Todesproblem bei Martin Heidegger.

13: *Hemmerle, Klaus: Franz von Baaders philosophischer Gedanke der Schöpfung*

14: *Guzzoni, Ute: Werden zu sich.* Untersuchung zu Hegels „Wissenschaft der Logik"

15: *Halder, Alois: Kunst und Kult.* Zur Ästhetik und Philosophie der Kunst in der Wende vom 19. zum 20. Jahrhundert

16: *Sciacca, Michele Federico: Akt und Sein.* Aus dem Italienischen

17: *Schneider, Peter K.: Die wissenschaftsbegründende Funktion der Transzendentalphilosophie*

18: *Pugliese, Orlando: Vermittlung und Kehre.* Grundzüge des Geschichtsdenkens bei Martin Heidegger

19: *Tsouyopoulos, Nelly: Strafe im frühgriechischen Denken*

20: *Splett, Jörg: Die Trinitätslehre G. W. F. Hegels*

21: *Walter, Jürgen: Sprache und Spiel in Christian Morgensterns Galgenliedern*

22: *Haskamp, Reinhold J.: Spekulativer und phänomenologischer Personalismus.* Einflüsse Fichtes und Euckens auf Schelers Philosophie der Person

23: *Rivera, Jorge: Konnaturales Erkennen und vorstellendes Denken.* Eine phänomenologische Deutung der Erkenntnislehre des Thomas von Aquin

24: *von Savigny, Eike: Die Überprüfbarkeit der Strafrechtssätze.* Eine Untersuchung wissenschaftlichen Argumentierens

25: *Wild, Christoph: Reflexion und Erfahrung.* Eine Interpretation der Früh- und Spätphilosophie Schellings

26: *Meinhardt, Helmut: Teilhabe bei Platon.* Ein Beitrag zum Verständnis platonischen Prinzipiendenkens unter besonderer Berücksichtigung des „Sophistes"

27: *Scannone, Juan Carlos: Sein und Inkarnation.* Zum ontologischen Hintergrund der Frühschriften Maurice Blondels

28: *Wiegels, Margot: Die Logik der Spontaneität.* Zum Gedanken der Schöpfung bei Bonaventura

29: *de Guereñu, Ernesto: Das Gottesbild des jungen Hegel.* Eine Studie zu „Der Geist des Christentums und sein Schicksal"

30: *Dümpelmann, Leo: Kreation als ontisch-ontologisches Verhältnis.* Zur Metaphysik der Schöpfungstheologie des Thomas von Aquin

31: *Jacobi, Klaus: Die Methode der Cusanischen Philosophie*

32: *Inciarte, Fernando: Forma formarum.* Strukturmomente der Thomistischen Seinslehre im Rückgriff auf Aristoteles

33: *Siep, Ludwig: Hegels Fichtekritik und die Wissenschaftslehre von 1804*

34: *Rebstock, Hans-Otto: Hegels Auffassung des Mythos in seinen Frühschriften*

35: *Eichhorn, Peter: Idee und Erfahrung im Spätwerk Goethes*

36: *Schweizer, Herbert: Zur Logik der Praxis.* Die geschichtlichen Implikationen und die hermeneutische Reichweite der praktischen Philosophie des Aristoteles

37: *Pöltner, Günther: Zu einer Phänomenologie des Fragens.*

38: *Bracken, Joseph A.: Freiheit und Kausalität bei Schelling*

39: *Kauz, Frank: Substanz und Welt bei Spinoza und Leibniz*

40: *Reiter, Josef: System und Praxis.* Zur kritischen Analyse der Denkformen neuzeitlicher Metaphysik im Werk von Malebranche

41: *Weisshaupt, Kurt: Die Zeitlichkeit der Wahrheit.* Eine Untersuchung zum Wahrheitsbegriff Sören Kierkegaards

42: *Scheier, Claus-Artur: Die Selbstentfaltung der methodischen Reflexion als Prinzip der Neueren Philosophie.* Von Descartes zu Hegel

43: *Homann, Karl: F. H. Jacobis Philosophie der Freiheit*

44: *Schachten, Winfried: Intellectus Verbi. Die Erkenntnis im Mitvollzug des Wortes nach Bonaventura*

45: *Ganter, Martin: Mittel und Ziel in der praktischen Philosophie des Aristoteles*

46: *Hager, Achim: Subjektivität und Sein.* Das Hegelsche System als ein geschichtliches Stadium der Durchsicht auf Sein

47: *Gethmann-Siefert, Annemarie: Das Verhältnis von Philosophie und Theologie im Denken Martin Heideggers*

48: *Maraldo, John C.: Der hermeneutische Zirkel.* Untersuchungen zu Schleiermacher, Dilthey und Heidegger

49: *Schmidt-Biggemann, Wilhelm: Maschine und Teufel.* Jean Pauls Jugendsatiren nach ihrer Modellgeschichte

50: *Verweyen, Hansjürgen: Recht und Sittlichkeit in J. G. Fichtes Gesellschaftslehre*

51: *Jergius, Holger: Philosophische Sprache und analytische Sprachkritik.* Bemerkungen zu Fichtes Wissenschaftslehren

52: *Weidemann, Hermann: Metaphysik und Sprache.* Eine sprachphilosophische Untersuchung zu Thomas von Aquin und Aristoteles

53: *Uehlein, Friedrich A.: Kosmos und Subjektivität.* Lord Shaftesburys Philosophical Regimen

54: *Samson, Lothar: Naturteleologie und Freiheit bei Arnold Gehlen.* Systematisch-historische Untersuchungen

55: *Balmer, Hans Peter: Freiheit statt Teleologie.* Ein Grundgedanke von Nietzsche

56: *Görtz, Heinz-Jürgen: Franz von Baaders „Anthropologischer Standpunkt"*

57: *Wimmer, Franz Martin: Verstehen, Beschreiben, Erklären.* Zur Problematik geschichtlicher Ereignisse

58: *Piepmeier, Rainer: Aporien des Lebensbegriffs seit Oetinger*

59: *Wenzler, Ludwig: Die Freiheit und das Böse nach Vladimir Solov'ev*

60: *Ebeling, Hans: Selbsterhaltung und Selbstbewußtsein.* Zur Analytik von Freiheit und Tod

61: *Fromm, Susanne: Wittgensteins Erkenntnisspiele contra Kants Erkenntnislehre*

62: *Ulke, Karl-Dieter: Agnostisches Denken im Viktorianischen England*

Verlag Karl Alber Freiburg/München